*„...nur zu den **Geduldigen**"*

die frühe Lebensgeschichte von Robert und Gertrud

aufgeschrieben und zusammengestellt

von ihrem Sohn

Jürgen R. Weber

CW01072408

Das Buch

Robert (geb. 1913) wächst in der Unterschicht auf, wird Kommunist, kommt in das Konzentrationslager Dachau und muss später im Strafbataillon 999 für das verhasste Nazi-Regime seinen Kopf riskieren.

Gertrud (geb 1923) entstammt einer bürgerlichen Familie, wächst ideologisch erzogen in die Nazi-Gesellschaft hinein und wird als Leiterin eines Reichsarbeitsdienst-Lagers ein hilfreiches Werkzeug dieses Unrechtsstaates.

Die Gegensätze können nicht größer sein. Doch als sich die beiden Menschen begegnen, wächst daraus etwas Neues. Sie verbinden sich und schaffen die Grundlage für ein freies, geschütztes und harmonisches Leben.

Dieses Buch dokumentierte den Weg dahin, Roberts und Gertruds Jugend sowie den gemeinsamen Aufbau. Es ist ein Zeugnis der verschiedenen Möglichkeiten, in einer Diktatur zu leben und ist zugleich eine ergreifende Liebesgeschichte

Der Autor

Jürgen Weber, geb. 1954 in Ludwigshafen am Rhein, ist promovierter Sinologe, Germanist und Musikwissenschaftler. Seit 1980 wohnt er mit seiner Familie in einem Dorf in Schleswig-Holstein. Er arbeitet in der Erwachsenenbildung.

Bisherige Veröffentlichungen: sinologische und germanistische Facharbeiten, Arbeitsschwerpunkt ist die Übersetzung klassischer chinesischer Gedichte aus dem 8. Jahrhundert und Aufsätze zum Themenbereich „Hermann Hesse und China".

„...nur zu den Geduldigen"

die frühe Lebensgeschichte von Robert und Gertrud

aufgeschrieben und zusammengestellt

von ihrem Sohn

Jürgen R. Weber

Bibligraphische Information der Deutschen Bibliothek:

Die Deutsche Bibliothek verzeichnet diese Publikation in der Deutschen Nationalbibliographie; detaillierte bibliographische Daten sind im Internet über http://dnb.ddb.de abrufbar.

© 2019, Jürgen R. Weber

Herstellung und Verlag:

Books on Demand, Norderstedt

ISBN 9783750422353

9 783750 422353

Inhalt

Zu diesem Buch

Nachdem ich im Alter von nur 51 Jahren meine berufliche Tätigkeit aus gesundheitlichen Gründen beenden musste, nahm ich die Gelegenheit wahr, Projekte, die ich mehrere Jahre zuvor aus Zeitgründen auf „später" verschoben hatte, umzusetzen. Meine vielfältigen Interessen, die meinen Schreibtisch bereits mit so allerhand Gedanken und Notizen gefüllt hatten, ließen mich insgesamt acht Bücher und zahlreiche Einzeltexte schreiben und veröffentlichen. Bei der Bandbreite der unterschiedlichen darin angesprochenen Themen und der grundsätzlichen Verschiedenheit der Publikationen blieb es nicht aus, dass diese Bücher ein unterschiedliches Schicksal hatten und von den Leser/innen nicht gleichermaßen aufgenommen wurden. In diesem Zusammenhang verblüffte mich der Umstand, dass die eigentlich ausschließlich für den engen Kreis der eigenen Familie gedachte Lebensgeschichte meiner Eltern auf das größte Interesse stieß.

Bedenkt man jedoch die Thematik, die sich hinter dem in ihrer Jugend Erlebten verbirgt, so muss dieses Interesse auch von Menschen, die meine Eltern gar nicht kannten, nicht verwundern. Die Zeit der Weimarer Republik; des Nationalsozialismus', des Dritten Reiches, des furchtbaren Krieges und des Neu-Aufbaus hat zweifellos die verrücktesten und abenteuerlichsten Geschichten, Biographien und zwischenmenschlichen Verwicklungen zu Wege gebracht. Aber auch aus diesen besonderen Lebensgeschichten scheint diejenige meiner Eltern herauszuragen.

Ein junger Kommunist, der seinen Widerstand gegen Hitler mit unbeschreiblichen Erlebnissen im Konzentrationslager Dachau und im Strafbataillon 999 bezahlt und von da an in der Gesellschaft als vorbestrafter Zuchthäusler gilt, steht auf der einen Seite der Geschichte. Auf der anderen Seite ist eine junge Frau, die ihre ganze Kraft dem nationalsozialistischen Staat widmet und als Arbeitsdienst-Funktionärin an vordester Front dem Unrechtsstaat dient. Dass sich zwei Menschen mit einem derart unterschiedlichen Hintergrund ehelich verbinden und ein neues Leben aufbauen, das ist auch für die damalige verrückte Zeit nicht alltäglich.

Dieser Tatbestand, der mir bei der umfangreichen Lektüre von außergewöhnlichen Lebensgeschichten aus dieser Zeit bewusst wurde, ist der Grund dafür, dass ich mich daran setzte, dieses Buch zusammenzustellen und auch für einen Leserkreis aufzubereiten, der weder mit meiner Familie bekannt, noch durch regionale oder altersmäßige Betroffenheit etwas mit der Thematik zu tun hat.

Und über die reine Darstellung des Gewesenen hinaus gibt es einen weiteren Anlass für dieses Buch: Ich hatte es noch vor Jahren nicht für möglich gehalten, dass die nationalsozialistische Ideologie oder einzelne Hetzparolen daraus noch einmal sich in unserer Gesellschaft breit machen würden, muss aber nun zur Kenntnis nehmen, dass es wieder hirnlose Menschen gibt, die rechte Parolen schreien, ohne auch nur die geringste Vorstellung davon zu haben, was sich damit verbindet; ja dass es sogar intelligente und gebildete Menschen gibt, die sich nicht zu schade dafür sind, diesen hirnlosen Schreihälsen das Vokabular vorzusprechen. Wie kurz der Weg ist von der Verbrennung von Büchern bis zur Verbrennung von Menschen und wie schnell es gehen kann, von der verbalen Verächtlichmachung menschlicher Gruppen bis zu deren physischen Vernichtung – zu dieser Erkenntnis beizutragen, ist der Wunsch, den ich mit diesem Buch verbinde.

Vor allem aber ist das Motiv für dieses Buch eine tiefe Dankbarkeit, die ich meinen Eltern gegenüber empfinde und die ich hoffe, durch diese Arbeit auch ausdrücken zu können. Leider können Sie diese Dankesgabe nicht mehr erleben. Auch wenn sie schon viele Jahre tot sind, mag sie dieses Buch wo auch immer erreichen und sich damit der Gedanke aus dem Lieblings-Zitat Gertruds des Dichters Rainer Maria Rilke als wahr erweisen, dem ich den Titel dieses Buches entnommen habe:

> *Nicht rechnen, nicht zählen, reifen wie ein Baum, der getrost in den Stürmen des Frühlings steht, ohne Angst, dass dahinter kein Sommer kommen könnte. Er kommt doch. Aber er kommt* **nur zu den Geduldigen***, die da sind als ob die Ewigkeit vor ihnen läge, so sorglos, still und weit. Ich lerne es täglich, lerne es unter Schmerzen, denen ich dankbar bin. Geduld ist alles." (R.M. Rilke)*

Die Darstellung der Lebensgeschichte von Robert basiert auf seinen eigenen Erinnerungen, die er 1979 aufgeschrieben hat. Auf einen nochmaligen Abdruck dieser Erinnerungen wurde verzichtet. Die erhaltenen Briefe und Dokumente sind dagegen in vollständiger Fassung aufgeführt. Dies hat den Vorzug, die jeweiligen Texte chronologisch und zusammenhängend lesen zu können, hat jedoch auch den Nachteil, dass dadurch Wiederholungen unvermeidlich werden, wenn Auszüge in der Lebensdarstellung zitiert werden.

Dies wird jedoch meines Erachtens durch den Vorteil aufgewogen, dass dieses Buch sozusagen die gesamten schriftlichen Hinterlassenschaften von Robert und Gertrud aus jener Zeit enthält. Eine gesonderte durchgehende Lektüre der im Anhang versammelten Dokumente lohnt sich auf jeden Fall, kann sie doch eine psychische Entwicklung deutlich machen und eine Änderung in der Reaktion auf die äußeren Umstände veranschaulichen; ganz besonderes lohnt sich eine Beschäftigung mit dem schon als literarisch anzusprechenden Briefwechsel zwischen Robert und Gertrud.

Neuengörs, 2019, Jürgen R. Weber

Robert

Robert Weber senior

Was bleibt übrig von eines Menschen Zeit? Das ist wohl sehr verschieden und nicht alleine abhängig von seinen Taten und seinem Wandel, den er in der Welt pflegte. So manchem hat das Schicksal nicht nur ein kurzes Leben beschert, es hat ihm auch wenig Gelegenheit gegeben, Bleibendes für die Nachwelt zu schaffen, dessen man sich seiner erinnern kann.

Von Robert Weber senior, dem Vater meines Vaters, wissen wir kaum etwas. Am 12. September 1887 wurde er in Boxberg geboren, das ist der Heiratsurkunde zu entnehmen, die die Zeiten überdauert hat. Er war Gärtner und übte damit einen Beruf aus, den anzunehmen man später auch seinem Sohn zugedachte, alleine dessen schmächtige Konstitution ließ dies wenig angeraten sein, so dass dieser einen gänzlich anderen beruflichen Weg einschlug. Vielleicht ist es kein Zufall, dass Robert, der Sohn, in seinen späten Jahren die Gärtner-Tätigkeit gerne und sogar fast wie eine Passion ausübte und es ihm, vermutlich unwissentlich, gelungen war, eine späte Verbindung zu seinem Vater herzustellen. Denn kennen gelernt hatte er ihn niemals.

Obwohl Robert junior mit seinem Vater niemals bewusst Kontakt gehabt hat, war ihm die Aufrechterhaltung familiärer Bindungen zu seinem Erzeuger sein ganzes Leben über wichtig. Der Lebensmittelpunkt von Robert seniors Familie war der fränkische Ort Boxberg. Boxberg ist (auch heute noch) ein kleines Dorf in der Nähe von Bad Mergentheim im westlichen Franken. Ich erinnere mich noch deutlich, als Kind mehrmals mit meinem Vater in einer aufwändigen Tagesreise mit Straßenbahn, Zug, und Omnibus nach Boxberg gefahren zu sein, weil dort Verwandte wohnten. Ich weiß es nicht genau, aber es scheint ein Bruder von Robert senior das Ziel dieser Reisen gewesen zu sein. Auch meine Patentante, eine Rotkreuzschwester, die ihr Leben lang unverheiratet geblieben ist, entstammt wohl dieser familiären Linie, thematisiert wurde das bei uns zuhause nie.

Zu dem Wenigen, das wir von Robert Weber senior noch besitzen, gehört eine Postkarte des jungen Robert an seine Braut aus dem Jahre 1908. Sie besteht aus einem aufgeklebten, mittlerweile etwas verblichenen Foto, das Robert Weber gemeinsam mit drei Kollegen bei der Arbeit im Garten vor Gewächshäusern zeigt. Wir glauben, ihn sicher zu erkennen- Die Postkarte enthält nur einen kurzen freundlichen Gruß.

Übrig geblieben ist auch eine Postkarte mit einem gestellten Foto der militärischen Einheit, zu der Robert Weber gehörte. Selbstbewusst, ja überheblich drappieren sich da zwei durch eine dunkle Uniform herausgehobenen Führer der militärischen Einheit auf einem Bärenfell, ein dritter sitzt bedeutungsschwer und ehrerbietend breitbeinig auf einem Stuhl in der vordersten Reihe. Dahinter, weit weniger bedeutsam, teilen sich 12 Rekruten eine Bank oder stehen. Sie scheinen von dem damals obligatorischen Vaterlands-Hurra-Geschrei nicht oder zumindest nicht in dem aus der damaligen Zeit gewohntem enthusiastischem Maße infiziert zu sein. Aus ihren ernsten Gesichtszügen scheint das Wissen darüber zu sprechen, was ihnen in den nächsten Tagen, Wochen, Monaten ja Jahre bevorsteht. Und so mancher auf diesem Bild mag schon mit dem Leben abgeschlossen haben. Ob Robert Weber senior zu denen gehörte? Stocksteif steht er da als zweiter von links in der hintersten Reihe, unverkennbar am runden Kopf und den abstehenden Ohren, an dem man auch seinen Sohn, also meinen Vater, später erkennen sollte. Wie um seine Angst vor dem, was da kommen mag, zu bändigen, stiert er unbewegt in die Ferne und sinniert möglicherweise über die Örtlichkeit nach, wohin er in den nächste Tagen zum militärischen Einsatz gebracht werden wird.

Es gibt keine Informationen darüber, ob Weber zu den Hurra schreienden sogenannten Patrioten gehörte oder ob er widerwillig und gezwungenermaßen zum Kampf auszog, wir haben nur dieses alte Foto. Die Mimik und die Art und Weise wie Robert Weber senior da steht legen die Vermutung nahe, dass er sich nicht hat anstecken lassen von der irrationalen militaristischen Massenhysterie, möglicherweise mit dem Gedanken im Hinterkopf, dass seinesgleichen, im politischen Jargon als Proleten oder Proletarier bezeichnet, in allen Lagen den Kürzeren ziehen und am Ende immer die Zeche der Herrschenden bezahlen müssen. Aber das ist reine Spekulation.

Am 21. September 1912 heiratet Robert Weber die berufslose Anna Huber aus Ludwigshafen am Rhein. Ein leider stark verblichenes Foto dokumentiert dieses Ereignis. Standesunterschiede waren nicht zu überwinden, mit der berufslosen Anna blieb Robert in seinen Kreisen, die man später mit wissenschaftlich-überheblichem Jargon „unterprivilegiert" zu nennen sich angewöhnt hat. Auch religiöse Schranken gab es für die junge Liebe offenbar nicht, wiewohl er protestantisch und sie katholisch war. Es ist dabei noch nicht einmal gesichert, dass es sich tatsächlich um eine „junge Liebe" handelte, die zur Eheschließung drängte. Akribisch nachgerechnet, ist festzustellen, dass es gerade einmal gut acht Monate dauerte, bis der Nachwuchs das Licht der Welt erblickte. War die Zeugung von dem kleinen Robert vielleicht ein Versehen, ein „Unfall" und die Eheschließung nur die notwendige, nicht abzuwendende Reaktion darauf, um im gesellschaftlichen Ansehen nicht noch weiter abzusinken? Ich weiß es nicht, muss mich jedoch mit dem Gedanken vertraut machen, dass meine Existenz und die meiner Kinder und Geschwister und deren Kinder einem unbeabsichtigten, vielleicht sogar bedauerten, Fehltritt zu verdanken ist.

Meine Schwester hält diesen Gedanken für völlig abwegig. Der von ihr, die drei ein halb Jahre älter ist als ich, erinnerte Tatbestand, dass bei unserer Großmutter noch in den 50er Jahren ein überlebensgroßes Porträt ihres ersten Ehemannes an der Wand hing (eine schreckliche Vorstellung, wie mag das wohl auf ihren aktuellen Ehemann gewirkt haben) ist für sie ein Argument, dass es sich bei der Beziehung der beiden jungen Leute um eine tiefe Liebesbeziehung gehandelt habe. Das eine schließt das andere ja nicht aus, meine ich.

Wie die Wahrheit auch aussehen mag, das junge Paar hatte wenig Gelegenheit, sich zu lieben oder zu streiten. Im Juni 1913 konnte Robert noch die Geburt seines Sohnes erleben, den man praktischerweise auf den gleichen Namen wie den Vater taufte, vielleicht aber auch aus einer unheimlichen Vorahnung, dass der ältere Träger des Namens bald nicht mehr sein werde.

Möglicherweise war für das junge Paar auch die Überlegung ausschlaggebend, dass eine Heirat kurz vor dem zu erwarteten Krieg vielleicht noch die letzte Gelegenheit gewesen sei, eine Familie zu gründen. Doch da haben die zwei sich verkalkuliert. Auch eine noch so intensive Liebesbeziehung oder junge Ehe entbindet nicht einen jungen Mann davon, für Volk und Vaterland in den Krieg zu ziehen und diesen ihren notwendigen Dienst zu leisten , und das hieß vor allem: zu sterben. Von dieser Warte aus gesehen, hat Robert Weber seine Sache gut gemacht.

Ganz egal ob er Hurra schreiend als sogenannter Patriot oder ob er widerwillig und gezwungenermaßen zum Kampf auszog, Tatsache ist, dass Robert Weber 1914 als Soldat in den Krieg zog und schon nach wenigen Tagen von dieser Welt verschwand. Er gehörte offenbar zu den Soldaten, deren

Körper durch die gegnerischen Waffensysteme derart zerlegt wurde, dass nichts mehr übrig blieb, das als Inhalt für ein würdiges Grab geeignet gewesen wäre. In diesen Fällen galt die Person als verschollen. So auch Robert. Ob sich Anna noch Hoffnung auf ein Wiedersehen gemacht hatte? Vermutlich war sie so realistisch, dass sie die Lage richtig einschätzte.

Dennoch dauerte es sechs Jahre, bis ihr Mann auch amtlich für tot erklärt wurde. Diesen Bescheid vom 3. März 1920 musste sich die dann 63jährige Anna 1947 noch einmal offiziell bestätigen lassen.

Die junge Frau, die sich mit ihrem kleinen Sohn jahrelang unter größter Anstrengung und in Armut am Leben erhielt, hatte keine Unterstützung für den „Opfertod fürs Vaterland" ihres Mannes erhalten, aber immerhin durfte sie sich seit 1935 mit dem Ehrenkreuz für Witwen schmücken, das ihr die neuen Machthaber „im Namen des Führers und Reichskanzlers" verliehen. Es muss ihr wie Hohn erschienen sein. Im gleichen Jahr wurde in Ludwigshafen ein Ehrenmal für die im Weltkrieg Gefallenen errichtet, die Namensliste wurde angeführt von Robert Weber. Seine Witwe wurde weder darüber informiert noch zur Einweihung eingeladen; ihr Sohn, Robert Weber der jüngere, saß wegen Hochverrats im Gefängnis bzw. wurde im Konzentrationslager Dachau drangsaliert und gefoltert.

Robert Weber senior: eine Heiratsurkunde und eine amtliche Todeserklärung, das ist alles, was von ihm blieb. Das war sein Leben-

Robert Weber junior

Da steht Anna Weber nun mit ihrem Säugling Robert alleine in der Welt, es ist Krieg und ihr Mann zwar unzweifelhaft tot, nach amtlichem Verständnis aber vermisst, also gibt es keine Unterstützung. So manchesmal wird sich Anna gewünscht haben, dass ihr Mann wenigstens ordentlich im Krieg gefallen wäre, mit Grab und Todesanzeige und: Kriegswitwen-Unterstützung. Doch sie muss sich alleine durchschlagen. Beherzt nimmt sie die fürsorgliche behördliche Empfehlung an, sie möge doch Putzen gehen, und verdient sich in allen möglichen Tätigkeiten ihren kargen Lebensunterhalt. Besonders faszinierend für den kleinen Robert ist die Tätigkeit seiner Mutter als Straßenbahnschaffnerin, bringt diese ihm doch so manche Freifahrt in der Tram ein. Was für die Mutter eine vermutlich unangenehme, aber unausweichliche Notlösung für die Betreuung des kleinen Kindes gewesen ist, war für dieses immer wieder eine große Attraktion, die sich nachhaltig seiner Erinnerung eingeprägt hat.

Dies kann man von der nächsten Station im Berufsleben der Mutter nicht behaupten. Nach einem Unfall mit der Straßenbahn wechselt Anna Weber in das Strebelwerk in Mannheim, wo sie Granaten dreht. Die Tätigkeit und das gesamte Umfeld der Fabrik, waren keineswegs geeignet für kleine Kinder und überdies auch für solche verboten. So mag der kleine Robert diese und andere Arbeitsstellen seiner Mutter nur vom Hörensagen gekannt haben.

Tagsüber ist er bei einer fremden Familie untergebracht, die ihm zwar zu essen gibt, es aber offensichtlich an allen anderen Formen der für ein Kind so wichtigen Zuwendungen ermangeln lässt. So müssen sich auch andere Nachb arn um das Kind helfend kümmern, als dieses beim ersten Luftangriff auf die Heimatstadt alleine auf der Straße spielt. Die junge Industriestadt war nämlich vorrangiges Ziel einer im 1. Weltkrieg erstmals angewandten Angriffstaktik, dem Luftkrieg im Hinterland des Feindes, fernab von der Front.

Was die Betreuer am Tage versäumten, das scheint die Mutter an ihrem Kind nach Feierabend nachgeholt zu haben. Liebevoll kümmert sie sich um ihr Kind, umsorgt es und tut alles ihr Mögliche, um es gesund groß zu ziehen. Trotz Armut und Arbeitsdruck versäumt sie es nicht, den vierjährigen Robert zum Fotografen zu bringen, der ein Foto des sauber herausgeputzten Kleinen mit einem großen Reifen, einem damals beliebten Spielgerät, anfertigt. Das Foto ist nicht nur gestellt, die ihm zugrunde liegende Choreografie wurde sogar schriftlich fixiert, wie die Rückseite des heute noch vorhandenen Papierbildes es uns preisgibt. Es ist das Jahr 1917 und immer noch Krieg. Anlass für das erste Foto, das wir von Robert besitzen, ist vermutlich der Einzug in den Kindergarten. Ein Gruppenbild zeigt ihn im Kreise von 26 weiteren Mädchen und Jungen und drei Betreuerinnen.

Roberts Kindheit war bestimmt nicht einfach, wenn auch der tägliche Überlebenskampf der Mutter aus der Sicht des Kindes vermutlich einen großen Erlebnischarakter aufwies. Dass die Kleinfamilie in Armut lebt und es an manchem mangelt, dies zu erkennen hat auch ein Kleinkind die nötigen Empfangssinne, aber die täglichen Nöte bei der Überwindung praktischer Hindernisse gehen doch an dem Erleben eines kleinen Kindes vorbei, glücklicherweise muss man sagen. Solche Situationen führen nicht nur dazu, dass das Kind früher selbstständig werden und Verantwortung übernehmen muss, sondern es kommt auch zu einer engen, intensiven, ja bisweilen krankhafte Züge annehmenden Bindung zwischen Mutter und Sohn, die aufzuweichen im Laufe des Lebens schwer fällt. Damit und selbstverständlich auch mit den kommenden Ereignissen im Leben Roberts, die damals noch niemand erahnte, ist es zu erklären, dass es der Mutter auch noch 30 Jahre später kaum möglich war, ihren Sohn loszulassen und sie ihn der Frau, die sich mit Robert gefunden hatte, nicht überlassen wollte. Nach all dem Erlebten und Erlittenen, wer mag ihr dies vorwerfen?

Jugend

Nach dem Krieg, Granaten braucht man (vorerst) keine mehr, verdient Anna den Lebensunterhalt für sich und ihren Sohn mit Waschen und Putzen. In der kümmerlichen Dachwohnung ohne Bad, mit Toilette auf dem Balkon, wird zudem noch ein Zimmer vermietet, so kommt man über die Runde.

Anna Weber war eine schöne Frau, erinnert sich Robert später, und auch in verworrenen und kriegerischen Zeiten richtet sich so manches Männerauge auf sie. War es ihr stolzer Wille, den kleinen Robert alleine aufzuziehen, oder die Angst davor, in Kriegszeiten mit einem neuen Mann das gleiche Schicksal noch einmal zu erleben und einen gerade geschlossenen Bund fürs Leben jäh durch den Soldatentod abgeschnitten zu bekommen, wir wissen es nicht – es dauert jedenfalls ganze sechs Jahre, bis sie sich wieder verheiratet und eine richtige, eine neue Familie gründet. Offenbar standen mehrere männliche Exemplare zur Wahl, Robert erinnert sich jedenfalls, dass er die Wahl treffen durfte. Karl Murawski hieß der Glückliche, ein Schreiner, der jahrelang zur See gefahren war und nun auf einer Werft arbeitete. Die Vaterrolle, die er für den nunmehr 7jährigen Robert übernimmt, wird von diesem dankbar akzeptiert, zumal sie bislang von keinem anderen besetzt gewesen war.

Er war mir ein guter Vater

erinnert sich Robert später, und es gibt keinen Grund, daran zu zweifeln. Dennoch wurde die Grenze zwischen Vater und Stiefvater offenbar niemals verwischt, was eine Sprachregelung entlarvt, die in einer viel späteren Zeit, nämlich meiner Jugend in den 50er und 60er Jahren, gepflegt wurde: Während man in unserer Familie von Roberts Mutter stets als „Webers Oma" sprach, bekam sein Stiefvater die Bezeichnung „Murawski-Opa". Die Gründe dafür waren uns Kindern zwar klar, aber richtig verstanden haben wir sie nie.

Mit der Geburt der Schwester Karola im Jahre 1922 wird die Familie komplett.

Wohlstand zieht nicht gerade ein in das Leben von Robert, aber sie haben ihr Auskommen, zumal die Mutter mit Waschen noch einiges dazuverdient. Aber vor allem: es war eine Familie und Robert hat einen Vater, den er so lange entbehren musste.

Fußball gespielt wird auf der Straße mit Stoffkugeln oder Blechbüchsen, Urlaub gibt es nicht, das herausragende Freizeitereignis ist ein sonntäglicher Spaziergang mit anschließendem Wirtshausbesuch einmal im Monat, an den drei anderen Sonntagen muss der Vater zur Schicht. Zur Feier des Tages gibt es Sauerkraut und Rippchen oder eine Portion Hausmacher Wurst. Für den Sohn gibt es ein Wurstbrot und eine Limonade dazu.

Das waren die Freuden des kleinen Mannes,

so Robert lapidar in seinen Aufzeichnungen.

Am Abend sitzen die Arbeiterkinder, häufig mehr als 20 Kinder, vor dem Haus auf dem Bürgersteig und singen und spielen. Robert ist zufrieden und entwickelt sich zu einem jungen Mann, der ohne größere Schwierigkeiten Schule und Alltagsleben bewältigt. An eine weiter führende Schulbildung ist jedoch überhaupt nicht zu denken. Bildung war damals ganz klar vom

Geldbeutel der Eltern abhängig, ein Missstand, der leider auch heute noch nicht gänzlich beseitigt ist. So verwundert es nicht, wenn Robert in seinen Erinnerungen den permanenten Streit der Volksschüler mit den eingebildeten Realschülern erwähnt.

Um ein Haar hätte Robert seinen neu gewonnenen Vater schon bald wieder verloren. Nur mit viel Glück übersteht Karl Murawski die schwere Explosion am 21.9.1921 in der BASF, bei der es viele Tote und schwere Schäden gab. Der Vater war auf Nachtschicht, und befand sich während des Unglücks gerade im Keller. Oben stürzt alles zusammen, er wird durch den Luftdruck herausgeschleudert und kommt mit einigen Prellungen davon. Der 8jährige Robert sieht vor allem die positive Begleiterscheinung des Unglücks. Da rings um die Fabrik nicht nur die Fensterscheiben der Wohnungen sondern auch die der Geschäfte in Trümmer gehen, liegt die Straße voller Süßigkeiten. Diese Gelegenheit lassen sich die Kinder nicht entgehen und decken sich damit ein.

Die verheerende Inflation 1923 scheint der Familie wenig zugesetzt zu haben, Robert erwähnt sie zumindest niemals; kein Wunder, wer kein Geld hat, kann auch keines verlieren.

1929 wird er konfirmiert, ein Bild zeigt die stolze Familie mit dem hageren, schlaksigen Robert, der irgendwie nicht so recht in seinen Anzug passen will.

Ende März 1928 wird Robert aus der Volkshauptschule entlassen. Nahezu in allen Fächern bekommt er die Note 2, lobenswert, im Singen sogar eine 1, hervorragend. Nur in Erdkunde lautet die Note 3, entsprechend. Betragen und Fleiß sind ebenfalls lobenswert.

Zum gleichen Zeitpunkt verlässt er auch den Knabenhort, eine Einrichtung des Vereins „Knaben- und Mädchenhort Ludwigshafen am Rhein". Diese offenbar freiwillig zu besuchende Einrichtung scheint sich um die handwerklichen Fähigkeiten gekümmert zu haben. Auch hier erhält Robert nach dreijährigem Unterricht ein Zeugnis, das ihm eine für das Arbeitsleben passende Eignung bescheinigt:

Der Zögling hat mit großem Fleiß am Handfertigkeitsunterricht teilgenommen und sich sehr anstellig geteigt. Auf Grund dieser unserer Wahrnehmungen können wir ihn jedem Geschäft bestens empfehlen

Im Beruf

Dieser etwas schwächliche junge Mann geht alsbald in die Lehre und erlernt den Beruf des Bau-und Kunstschlossers. Dass ihm das damals erlernte Handwerk ein Leben lang Freude bereitete, konnte man unschwer an der jeweiligen Wohnungseinrichtung in allen Lebensphasen erkennen. Robert fertigte alle möglichen Schmuck- oder Gebrauchsgegenstände aus Metall an, sei es Uhr, Kerzenständer, Kisten, Kleiderhaken, ja selbst die im Alter notwendig gewordene Ersatz-Lesebrille für die Werkstatt wurde mit schmiedeeisernen Winkel und Schrauben funktionstüchtig gemacht. Bereits auf den Fotos, die Robert als jungen Menschen zeigen, kann man aus Metall selbst hergestellte Bilderrahmen oder Kalenderschilder an der Wand ausmachen.

Die Anfänge waren für den jungen, schwachen Robert sicher nicht einfach, kann er doch kaum den Vorschlaghammer halten und muss sich, wie in solchen Fällen üblich, erst einmal gegen die Älteren und Erfahreneren behaupten. Doch er beißt sich durch, bewährt sich und ist nach einigen Jahren eine wichtige Stütze seines Betriebes, was dieser ihm durch ein solidarisches und honoriges Verhalten in den schweren Jahren, die noch kommen sollten, dankt.

An die Anfänge seines Berufslebens erinnert sich Robert:

Die ersten Lehrtage wurden Bauklammern geschmiedet. Ich stand an der Esse und sollte das Eisen warm machen. Es war nicht leicht ohne Vorkenntnisse die richtige Hitze zu sehen, manches Eisen ist durch zu großer Hitze verbrannt. Wenn aus dem Eisen Sterne sprühten, war es verbrannt. Der Geselle schimpfte und ältere Lehrlinge lachten mich aus. Bald aber fand ich mich überall zurecht und ich wurde bei den Gesellen ein begehrter Lehrling.

Verdient wird kaum etwas. Die Lehre ist zum Lernen da, nicht zum Geldverdienen. Im ersten Jahr bekommt der Lehrling pro Woche 1 RM (Reichsmark), im 4. Jahr 4 RM .Samstags ist um 13 Uhr offiziell Feierabend. Dann muss die Werkstatt, müssen die Maschinen und die Werkbänke mit

Schraubstock blitz sauber gemacht werden. Nach Kontrolle durch die Meisterin gibt es dann gegen 16 Uhr das Geld.

Nach dem erfolgreichen Ende der Lehre hat Robert kaum eine Wahl bei der Arbeitssuche. Er muss froh sein, von seinem Betrieb übernommen zu werden. Die Bedingungen kann der Arbeitgeber aufgrund der um sich greifenden Arbeitslosigkeit diktieren: Robert arbeitet als einziger Geselle mit 10 Lehrlingen für 5 Reichsmark in der Woche. Es bedurfte aber nicht erst dieser Erfahrung, dass Robert sich über das Arbeitsleben, die Gesellschaft und politische Fragen Gedanken machte. Bereits 1928, mit Beginn der Lehrzeit, tritt er in die Gewerkschaft ein. Deren Rolle in der damaligen Gesellschaft war eine grundlegend andere als heute. Gewerkschafter mussten damals Arbeiterrechte erst erkämpfen, die heute selbstverständlich sind. Somit waren auch Zusammenhalt und Solidarität völlig anders als Jahrzehnte später. Roberts gekränktes Unverständnis am Ende seines Berufslebens darüber, dass er im Gewerkschaftsbüro mit „Sie" angeredet wurde, ist nur zu verstehen, wenn man an die Anfänge zurückblickt. Der 1. Mai, der Arbeitertag, obwohl erst von den Nazis als Feiertag eingeführt, war Robert immer heilig. Ich erinnere mich noch deutlich, wie ich seine Empörung hervorrief als ich ihm beiläufig an einem 30. April erzählte, was ich am nächsten Tag alles arbeiten wollte. Dieser Tag war für ihn der einzige grundsätzlich arbeitsfreie Tag des Jahres und der alljährliche Gang zur Mai-Kundgebung war für ihn eine Selbstverständlichkeit. Ich begleitete ihn oft dabei und staunte Jahr für Jahr darüber, wie viele Menschen ihn grüßten, hier war er in seinem Element.

Doch zurück zu den politischen Anfängen. Robert lässt als junger Mann auch die schönen Seiten des Lebens nicht an sich vorüberziehen; die Kunst, das Leben mit einfachen Mitteln zu genießen, scheint er sein gesamtes Leben lang beherrscht zu haben. Er spielt Feldhandball im Arbeiter-Turn-und-Sport-Bund, trainiert offenbar auch eine Kindermannschaft und treibt andere Sportarten im Verein, was dem „bleichen langen Kerlchen" offensichtlich gut tut. Die zahlreichen Fotos aus dieser Zeit zeigen, dass diese Beschreibung Roberts der Wirklichkeit entspricht. Er ist dünn und lang, aber keineswegs ungesund hager, eher gut aussehend, ja auf manchen Bildern erinnert er an den jungen James Dean. Doch nicht der Sport steht im Mittelpunkt des Vereinslebens, sondern die gemeinschaftlichen Aktivitäten. Gemeinsame Ausflüge und Wanderungen füllen die Freizeit der jungen Menschen aus, die Bilder zeigen immer eine größere Gruppe junger Menschen, meist mehr Frauen als Männer, die fröhlich und ausgelassen erscheinen. Als Betrachter bekommt man den Eindruck, dass Robert immer mittendrin dabei und vollständig in die Gruppe integriert ist. Dass er auch Trommler bei dem vereinseigenen Spielmannszug war, hat mit Sicherheit die Zugehörigkeit Roberts gefestigt. Ob Sport, Ausflüge oder Musik, alle Aktivitäten des Arbeiter-Sport-Bundes standen im Zusammenhang mit einer sozialen und politischen Arbeit im Dienste der Arbeiterbewegung.

Politische Tätigkeit

Der Eintritt in die Gewerkschaft ist nur der Beginn eines politischen Lebens, das Robert mit wachem Blick für die Zeitumstände zu führen beginnt. Alleine die Wahl des Arbeiter-Sport-Bundes als sportliche Heimat ist bereits ein politisches Bekenntnis, er lernt die Welthilfssprache Esperanto, tritt dadurch in Kontakt mit Menschen aus fernen Ländern und beginnt, sich mit parteipolitischen Fragen zu beschäftigen. Obwohl noch nicht an der Macht, beherrschen die Nationalsozialisten bereits die Straßen, gewalttätige Auseinandersetzungen der Parteien sind an der Tagesordnung. Jede Partei bzw. Organisation hat ihre eigenen Schlägertrupps: Die Nazis haben SA, SS und Stahlhelm, die SPD den Reichsbanner, die KPD den Rotfrontkämpferbund und die Gewerkschaften haben die Eiserne Front. Wer genau hinsieht und die Aussagen der Parteien ernst nimmt, der kann vorausahnen, was sich da zusammenbraut. Auch Robert will Hitler verhindern und tritt 1929 in die sozialistische Arbeiterjugend der SPD ein. Was er dort mitbekommt, befriedigt ihn jedoch nicht. Statt den politischen Widerstand zu organisieren verbringt man dort mit Spielen, Tanz und Wandern die Zeit.

Diese Jugend der SPD hatte den Ernst der Stunde nicht begriffen.

So sein späteres Fazit.

1931 wechselt er in die Jugendorganisation der KPD.

Robert beteiligt sich an Demonstrationen gegen die Nazis, der Spielmannszug, in dem er die Trommel schlägt, stellt sein Wirken in den Dienst der Arbeiterbewegung. In Roberts damaligem Fotoalbum sind Fotos von einer Demonstration 1932 sowie einer Parade des Spielmannszuges zu sehen. Bei den Musikern ist Robert zu erkennen, auf dem Demonstrationsbild sind die abgebildeten Menschen zu klein, um identifiziert werden zu können.

Als die Polizei im Jahr 1932 das Parteibüro der KPD besetzt, wird Robert zum erstenmal verhaftet. Nach drei Tagen kommt er wieder frei, aufgrund einer Amnestie, noch war Hitler nicht an der Macht. Das sollte sich bald ändern mit der „Machtergreifung" im Jahre 1933, die ja wohl nur zum Teil eine solche war, zum anderen Teil der Erfolg einer politischen Bewegung, die sich auf die aktive und passive Unterstützung der Mehrheit der Gesellschaft stützen konnte. Den sensibleren unter den Blauäugigen dämmerte es recht bald, wozu die neue Führung fähig war, viele Verblendete brauchten noch weitere Jahre dazu, der Großteil erwachte erst mit dem Zusammenbruch 1945, manche selbst dann noch nicht. Diejenigen, welche das Unheil bereits vorher kommen sahen, sind die ersten Opfer der neuen Politik.

Parteien, Gewerkschaften, Vereine werden verboten. Überall finden Massenverhaftungen statt, recht bald werden Konzentrationslager errichtet, um die Hitlergegner auszuschalten.

Robert und seine Mitstreiter aber lassen sich nicht einschüchtern, sie versuchen trotz Terror, Widerstand gegen Hitler zu organisieren, doch ohne Erfolg. Widerstand, das hört sich so bedeutend, so gewaltig an, dabei ist das, was sie machen eher ein symbolischer Akt, ein Akt, der verdeutlichen soll, dass sie mit der neuen menschenverachtenden Bewegung der Nazis nicht einverstanden sind. Sie schreiben nachts Parolen an Wände, verteilen Flugblätter usw. und geben auf sonstigem Weg zu verstehen, dass sie die neue Politik ablehnen. Das sind alles Handlungen, die in unserer Demokratie zum Alltag gehören und die, wenn sie nicht legal sind, höchstens den Tatbestand der Sachbestätigung erfüllen.

Die Nationalsozialisten gehen taktisch geschickt vor. Sie verhaften den größten Teil der Funktionäre der oppositionellen Parteien und Organisationen, so dass die Arbeiterbewegung praktisch führungslos wird. Die bürgerlichen Parteien passen sich der neuen Lage an. Auch die Kirche leistet ihren Beitrag. Sie schließt mit Hitler ein Konkordat ab und fördert dadurch die neue Entwicklung. So schreibt das Rheinische Volksblatt in Speyer am 11 .Nov.1933 am Vorabend der Reichstagswahl.

Unser heutiges Abendgebet: Herrgott gib unserem Führer außenpolitisch und innenpolitisch deinen Segen. Der gute Katholik nur für Hitler und seine Liste.

Im Gefängnis

Die Widerstandsaktivitäten Roberts bleiben nicht unentdeckt und es kommt wie es kommen musste. Am 7.3. 1934 wird er verhaftet und unter Anklage gestellt: Man hatte einen Kurier aus Berlin abgefangen, der auch seine Adresse bei sich hatte. Mit ihm verhaftet werden drei weitere Aktivisten, darunter auch ein Kamerad, der später unser Nachbar werden sollte. Die Anklage lautet „Vorbereitung zum Hochverrat" und wird wie folgt begründet:

Die Angeschuldigten erscheinen dringend verdächtigt, ein auf gewaltsame Änderung der Verfassung des Deutschen Reiches gerichtetes Unternehmen vorbereitet zu haben, indem sie anfangs 1934 in Ludwigshafen eine Ortsgruppe der kommunistischen Jugend gründeten, um die Ziele der KPD zu fördern.

Die Anklageschrift des Generalstaatsanwaltes macht deutlich, dass das Vergehen der Beteiligten darin besteht, die seit dem Verbot aufgelöste kommunistische Jugendorganisation wieder neu beleben zu wollen. Akribisch wird jede Kleinigkeit aufgelistet, wer sich mit wem in wessen Wohnung getroffen hat. Daraus wird auch deutlich, dass Robert zum Organisationsleiter der neu aufzubauenden Gruppe bestimmt war. Weitere Vorwürfe sind Agitation für die kommunistische Weltrevolution und der KPD durch Herstellung und Verteilung von Flugblättern. Zuständig ist das Bayerische Oberste Landesgericht. Nach einer Gerichtsverhandlung in München verurteilt dieses Robert Weber und seine Mitangeklagten am 14.6.34 wegen Vorbereitung zum Hochverrat zu Gefängnisstrafen. Robert bekommt 18 Monate. Bis zu diesem Zeitpunkt hatte er bereits folgende Gefängnisse durchlaufen: Ludwigshafen, Würzburg, München Ettstr., Cornelius, Stadelheim. Nürnberg und Ansbach sollten folgen. Er ist fast die ganze Zeit in Einzelhaft, so dass er mit niemandem reden kann. In seiner ironisch-trockenen Art schreibt er rückblickend:

Vielleicht bin ich deshalb kein guter Unterhalter geworden.

Neben seinen Erinnerungen aus späterer Zeit sind auch noch zahlreiche Briefe Roberts als Quelle für die damaligen Ereignisse vorhanden. Die Korrespondenz ist allerdings nicht vollständig, sie war offensichtlich weitaus umfangreicher, dies geht aus Anspielungen und Bezügen hervor, die Gegenbriefe der Familie fehlen völlig. Dennoch ergeben die Briefe ein interessantes Charakterbild dieses jungen Menschen, der mit einer verblüffenden Unerschütterlichkeit und ungebrochenem Optimismus und Lebensfreude sein Schicksal in einer schlimmen Zeit ertrug und vielleicht gerade deshalb weitgehend heil überlebte.

Die Briefe, die Robert nach Hause schickte, sind zum Teil recht umfangreich und gehen bisweilen über mehrere Seiten. Robert schreibt in der modernen lateinischen Schrift, seine Handschrift ist sauber, ordentlich, gleichmäßig und gut lesbar. Zu besonderen Anlässen versieht er den Brief mit selbst gemalten Bildchen wie zum Beispiel zu Weihnachten mit einem geschmückten Tannenbaum und einem Adventszweig. Noch in Ludwigshafen am 13. Mai 1934 schmückt er seinen Muttertagsbrief mit einem aufwendig skizzierten Bildchen, das eine abwechslungsreiche Naturlandschaft darstellt, über die die Sommersonne scheint. Wenn er jemandem zum Geburtstag oder Vergleichbarem gratuliert, hält er stets einen klugen Spruch öder einen Vers aus einem Gedicht bereit. So zitiert er zu Weihnachten 1934 vier Verse des heute weitgehend unbekannten Dichters Ernst Schulze (1789-1817):

Lerne stark, das große Los ertragen,
womit der Kampf des Schicksals dich geehrt,
bald wird dein Herz mit kühnem Stolz dir sagen:
Du warst des Kampfs, du bist der Palme wert

Am Ende des gleichen Briefes zitiert Robert dann einige Verse von Karl von Gerok (1815-1890), die Hoffnung .und Zuversicht ausstrahlen:

Zum Neuen Jahr ein neues Hoffen
die Erde wird noch immer grün.
Auch dieser März bringt Lerchenlieder
Auch dieser Mai bringt Rosen wieder,
auch dieses Jahr läßt Freude blühn.

Ob er diese Zitate auswendig kennt oder aus einem Buch hat, ist nicht klar.

Robert spricht in seinen Briefen die Empfänger immer direkt an, häufig auch innerhalb des Briefes. Die Mutter wird fast immer gesondert bedacht. Robert schreibt nach Hause alles, was er so erlebt und was berichtenswert ist. Im Gegenzug bemüht sich die Familie, ihm möglichst einen genauen Bericht darüber zu geben, was in der Heimat Bedeutendes und Unbedeutendes geschehen ist. Das beinhaltet einen aktuellen Überblick wie es Freunden, Bekannten, Nachbarn in diesen schweren Zeiten ergangen ist, erstreckt sich auf Informationen über die Aktivitäten seines Sportvereins und Unternehmungen und Freizeitaktivitäten der Familie. Nicht zu vergessen, enthalten die Briefe an den Häftling auch immer wieder freundschaftliche Grüße von engeren Freunden und Weggefährten.

Roberts Eltern haben es zu Hause nicht: leicht, aber sie stehen hinter ihrem Sohn.

Nach meiner Verhaftung wendeten sich viele Bekannte von meinen Eltern ab. Man wollte mit solchen Leuten nichts mehr zu tun haben. Man grüßte sie nicht mehr und beim Einkaufen wurden sie sehr reserviert bedient.

erinnert sich Robert später.

Robert sieht von Anfang an, dass seine Mutter mit der neuen Situation nicht so ohne weiteres klar kommt. In ihrer "Affenliebe" zu ihrem Sohn wird sie sofort alle Hebel in Bewegung setzen, um ihren Sohn wieder aus den Fängen der Justiz zu befreien. Deshalb setzt Robert alles daran, seine Verhaftung herunterzuspielen und das Ganze als eine Art Pfadfinderspiel darzustellen. In einem seiner ersten Briefe (13.5.34) gibt er die Parole aus

Aushalten, es geht alles rum.

Wohl in Unkenntnis von den unsagbaren Unmenschlichkeiten, die ihn noch in den nächsten Jahren erwarteten, vertraut er auf sein jugendliches Selbstbewusstsein, obwohl die so vorgelebte Charakterstärke auch für einen so jungen Menschen wie ihn ungewöhnlich ist.

Um mich brauchst du dir gewiss kein Kopfweh zu machen, denn Ich bin kein Feigling und werde keiner, kanns kommen wie es will,

schreibt er an seine Mutter. Und einen Monat später setzt er seine Bitte aufmerksamkeitserregend als Postskriptum ans Ende des Briefes:

Nehmt die Sache nicht so schwer, denn es ist nicht der Mühe wert Bleibt unbesorgt um mich, es geht alles rum.

Man bekommt das Gefühl, Robert muss an verschiedenen Fronten kämpfen. Zum einen erfordert seine Inhaftierung seine höchste Konzentration und

Aufmerksamkeit, zum anderen muss er genau die Aktivitäten seiner Mutter im Auge behalten und ihr die Sorgen nehmen. Beides parallel nebeneinander zu leisten ist schon eine enorme Herausforderung für einen gerade einmal 21jährigen jungen Menschen. Robert bewältigt sie. Von Beginn an nimmt er die Haftzeit mit Humor, macht seine Witze darüber und tut so, als ob seine Strafe nicht der Rede wert sei. Auch wenn es offensichtlich ist, dass er damit seine Familie, die sich immer wieder große Sorgen macht, schonen und beruhigen will, gibt dieses Verhalten doch seine Grundüberzeugung wieder. Am 2. Oktober 34 schreibt er der Familie:

Ihr schreibt, "Lachen ist sehr selten bei uns". Hier macht Ihr einen Fehler, denn Ihr dürft nie den Humor verlieren auch nicht in schweren Zeiten. Ihr müsst immer versuchen, die angenehme Seite des Lebens zu erwischen, denn was Ihr versäumt habt, könnt Ihr nie mehr nachholen. Jeder Tag soll einen Inhalt haben und ein Erlebnis in unserem kurzen Dasein sein.

Zwei Jahre später schreibt er

Ihr seht also, dass ich das Leben immer von der lustigen Seite nehme, und ich kann Euch nur empfehlen, dasselbe zu tun.

Diese Grundhaltung zieht sich durch alle Briefe aus der Haftzeit. Noch in Ludwigshafen schreibt er launig über seine Haftperspektiven

Wann wir fortkommen, wissen wir noch nicht. Vor Pfingsten glaube ich nicht mehr. Es ist ja auch nicht nötig, wir haben ja Zeit.

Dieser flapsige Ton das müssen die Eltern gespürt haben, scheint aber nur zum Teil aus einem grundsätzlichen humorvolle Naturell auszugehen.

Robert selbst findet den Ton, den er in den Briefen angeschlagen hat, für seine Person zumindest so ungewöhnlich, dass er glaubt sich deswegen entschuldigen zu müssen. Er schreibt am Ende des Briefes vom 13.5.34:

Hoffentlich fühlt Ihr Euch nicht beleidigt über die Form der Schreibweise, Ich bin heute etwas humorvoll aufgelegt, das ist alles.

In den Briefen scheint immer wieder ein Augenzwinkern durch, als Leser kann man sich den realen Hintergrund ausmalen. So, wenn er über seine Buchlektüre scheinbar freudig berichtet

Nächste Woche erhalte ich das Buch des Reichsbauernführers Darre: „Bauernstand und Reichserbhofgesetz",

eine Lektüre, die nun wahrhaftig nicht auf das Interesse des auf gesellschaftliche Veränderungen gerichteten jungen Kommunisten getroffen haben durfte. Oder wenn er über das Essen schreibt

Es gibt hier viele Sachen, die ich noch nicht gegessen habe und auch daheim bei Euch nicht mehr sehen werde.

Es ist kaum zu vermuten, dass er damit die regionalen kulinarischen Köstlichkeiten Frankens meint.

Die Lockerheit, mit der Robert seine Briefe schreibt, stößt allerdings bei der Gefängnisleitung an. Im März 1935 bekommt er zwei Monate Briefsperre wegen ungehöriger Bemerkungen. Der Pfarrer schreibt an die Mutter:

Traurig ist, dass ihr Sohn noch immer von seinen kommunistischen Anschauungen durchdrungen ist.

Von Humor gekennzeichnet ist auch sein Bericht von der Gerichtsverhandlung, den er am folgenden Tag in einem ausführlichen Brief nach Hause schickt. Darin heißt es:

um halb 5 zog sich das Hohe Gericht zur Beratung zurück. Ich hatte scheinbar Missfallen erregt, denn ich konnte wirklich nicht den nötigen Ernst aufbringen.

Auch mit dem auf die Minute exakt ausgerechneten Entlassungstermin macht sich Robert über das Urteil lustig:

Ich komme also am 14. September 1935 abends um 6.25 Uhr wieder in Freiheit.

Die paar Monate sind bald herum.

Doch so flapsig Robert das auch hinschreibt, er fiebert von Beginn an der Freilassung entgegen. Immer wieder rechnet er die Monate, Wochen, Tage aus, die er noch in Unfreiheit absitzen muss. Bereits einen Monat nach dem Urteil spekuliert er auf Haftverkürzung

Am 22. Mai 35 ist meine dreiviertel Strafzeit zu Ende, ich werde dann ein Gesuch um Erlass des letzten Viertels machen.

Mit etwas Glück kann ich am 22. Mai entlassen werden oder aber sicher am 14. September 1935

schreibt er an Weihnachten 34. Die Rückreise ist schon genau geplant, Robert will die 300 km von Nürnberg mit dem Rad fahren.

Nun habe ich das letzte Viertel angebrochen und wie schnell wird es vorbei sein.

heißt es am 25.05.3Doch es kommt anders.

Am 14.9.35 ist die Haftzeit zu Ende und Robert scheint die dunkle Zeit überstanden zu haben. Doch das Martyrium sollte jetzt erst beginnen. Statt die Entlassung einzuleiten, beantragt die Polizeidirektion Ludwigshafen Schutzhaft, gegen die es kein Beschwerderecht gibt.

Begründung:

Da zu erwarten ist, dass Weber im Fall seine Freiheit sich wieder kommunistisch betätigt und er eine Gefahr für die Öffentliche Sicherheit und Ordnung bildet, wird er in Schutzhaft genommen

Im KZ Dachau

Sein neues Ziel ist das Konzentrationslager Dachau. Neben den Vernichtungslagern im Osten waren die KZs Buchenwald und Dachau die größten, grausamsten und berüchtigsten Exemplare der von den Nazis erfundenen Lager. Dieses KZ war von Beginn an ein wichtiges Instrument ihrer menschenverachtenden Unterdrückungspolitik, sein Name steht auch heute noch stellvertretend für das Grausame und Brutale in der Nazi-Herrschaft.

Dachau war eines der ersten von den Nazis aufgebauten Konzentrationslager, sozusagen ein Prototyp und Muster dieser unmenschlichen und brutalen Lager, die den Zweck hatten, allmählich sämtliche kritische Stimmen mundtot (bzw. ganz tot) zu machen und alle Personen, die auch nur im Entferntesten oppositionell gegen den neuen totalitären Staat eingestellt sein könnten, aus der Gesellschaft zu beseitigen und zu vernichten. Und zwar im wahrsten Sinne des Wortes. Denn

Umerziehung oder auf die Spur der neuen Ideologie zu bringen, wie die vordergründige Formulierung der Begründung für die Existenz dieser Einrichtungen lautete, konnte in diesen Lagern nicht geleistet werden, man versuchte es auch gar nicht erst. Es handelte sich bei diesen KZs vielmehr um Einrichtungen der Brutalität, in denen Unmenschlichkeit, Gewalt und Willkür den Alltag bestimmten, so dass es Häftlingen, die wider Erwarten nicht physisch vernichtet wurden und nicht an Erschöpfung, Hunger oder Krankheiten starben, nicht einfiel, nach der Entlassung über das Erlebte in den Lagern zu sprechen aus Angst, sie könnten erneut dort landen.

Die Nazis machten gar nicht erst den Versuch, den Bau und die Existenz der KZs (oder KLs, wie man damals sagte) zu verheimlichen, gehörten sie doch tatsächlich zu ihrem festen ideologischen Instrumentarium, um jegliche Opposition im Keim zu ersticken. So hatten nicht nur die in der räumlichen Nähe zum Lager angesiedelten Menschen Kenntnis von dem Lager, sie konnten sogar das dortige Treiben zum Teil mitverfolgen, die Bau- und Lebensmittel-Handwerksbetriebe waren ganz offen vertraglich mit den Lagern verbunden und waren deren Dienstleister.

Dachau und was es bedeutet, war bereits in den Anfangsjahren des „Dritten Reiches" allgemein bekannt. „Halt den Mund, sonst kommst du nach Dachau'" war eine gängige Redewendung seit 1933, wobei bezweifelt werden kann, dass damit auch Vorstellungen verbunden waren, die der unmenschlichen Realität einigermaßen nahekommen.

Auch aus der Zeit in Dachau existieren mehrere Briefe bzw. Postkarten Roberts. Schon an der dürftigen Korrespondenz lässt sich ablesen, dass er hier auf eine ganz andere Welt stößt. Während er aus dem Gefängnis umfangreiche Briefe mit ausführlichen Beschreibungen verschickt, in der Anfangszeit noch mit kleinen Bildchen ausgeschmückt, schreibt er in Dachau meist nur Postkarten mit wenigen Zeilen. Dies mag an strengeren Vorschriften liegen, aber sicher auch an der ernüchternden Lage. Die Hoffnung auf baldige Entlassung und Pläne für die Heimreise fehlen in Dachau völlig. Der Tenor herrscht vor:

es kommt wie es kommt, wir können es nicht ändern.

Schritt für Schritt setzt diese fatalistische Ernüchterung ein. In Dachau angekommen schreibt er noch vorsichtig optimistisch, dass er mindestens mit drei Monate Schutzhaft rechne. Auch dieser Optimismus wird ihm allmählich ausgetrieben, es wurden schließlich 15 Monate.

Die Familie ist verständlicherweise entsetzt. Anstatt den Sohn wieder frei in die Arme schließen zu dürfen, müssen sie tatenlos zusehen, wie er „nach Dachau" gebracht wird. Aus den Briefen geht deutlich hervor, dass den Beteiligten damals schon sehr wohl bewusst war, was dies bedeutete. Robert schreibt am 26.10.36:

> *Das hätte von Euch gewiss niemand geglaubt, dass ich auch mal nach Dachau komme.*

So wichtig ihm der Kontakt zu seiner Familie immer gewesen ist, so scheint sie für ihn auch durchaus bisweilen eine Belastung gewesen zu sein. So hatte sich Roberts Mutter in den Kopf gesetzt, ein Gnadengesuch einzureichen und alles daran zu setzen, dass ihr Sohn wieder frei kommt. Robert lehnt dieses Vorgehen ab, vermutlich hat ihm das auch geschadet. Immer wieder weist er seine Eltern auf die Erfolglosigkeit dieses Vorgehens hin, im März 1936 platzt ihm dann förmlich der Kragen:

> *So könnte man staunen über Eure Zähigkeit, mit der Ihr an Eurem Glauben hängt, wenn er auch noch so lächerlich ist. Wie oft habe ich Euch auf die Aussichtslosigkeit solcher Meinungen aufmerksam gemacht und doch muss ich immer wieder dasselbe hören, wenns nichts wird, dann wird geheult. Darum muss ich Euch bedauern und Euch den Trost geben: Macht`s endlich einmal wie ich und lasst alles laufen wie es will. Einmal wird`s schon wahr werden. Ich brauche bestimmt keinen Trost wegen so etwas.*

Wenige Wochen zuvor hatte er schon in leicht ironischer Weise geschrieben:

> *wie lange ich (im KZ) bin, weiß ich allerdings selbst. Doch ist meine Lage noch lange nicht schlimm. Ihr habt in diesem Begriff "Zeit" überhaupt keine Ahnung. ...Ich denke, wenn meine Zeit gekommen ist, werde ich entlassen und nicht früher.*

Wegen dieser Äußerungen haben sich die Eltern wohl heftig erregt. Robert schreibt in seiner nächsten Nachricht:

Am meisten Spaß macht mir Eure Entrüstung über meine letzte Karte.

Auch über die strengen und exakten Vorschriften, denen Briefe und Postkarten unterliegen, belehrt er mehrmals die Eltern. Es ist zu vermuten, dass er wiederholt Ärger bekam wegen fehlerhafter Post aus der Heimat. Als im Sommer 37 ein Freund und Mit-Verurteilter aus der Haft entlassen wird, reagiert die Familie offensichtlich mit Enttäuschung und Neid. Robert schreibt:

Ihr habt mich mit Eurer Nachricht auch enttäuscht, denn ich erwartete, dass Ihr Euch auch freut über die Heimkehr von Hermann XXX und nicht so engstirnig darüber denkt. Man soll nicht zuviel auf einmal erwarten, sonst wird man natürlich enttäuscht. Ich freue mich jedenfalls und damit Schluss.

Die Briefe aus Dachau dokumentieren auch den Beginn einer Beziehung Roberts zu einer junge Frau namen Liesel. In seinem Schreiben an die Familie vom Januar 1936 schreibt er:

Von Liesel erhielt ich einen Brief, der von 9. Dezember 1935 datiert ist. Den von 18.12. werde ich noch im Laufe der Zeit erhalten. In Händen ist er mir noch nicht. Heute bekam ich von Liesel wieder fünf Mark, für die ich mich herzlichst bedanke. Ich kann es als nicht fassen, dass sie so treu um mich besorgt ist, wo wir uns vor noch nicht langer Zeit so fremd noch waren. Eine solch treue Freundschaft ist wirklich nicht oft anzutreffen und lässt sich auch nicht mehr auslöschen. Meiner Freundin Liesel viele Grüße und nochmals herzlichen Dank.

Von da an ist Liesel bei jedem Brief in der Anrede ausdrücklich genannt.

Der Inhalt der Briefe aus Dachau ist häufig belanglos ist bestimmt von Alltäglichkeiten und Harmlosigkeiten. Bedenkt man jedoch die   grausame Realität, so ergibt sich ein anderes Bild. Wegen der strengen Zensur und vor allem, um die Familie zu Hause nicht zu beunruhigen, kommen all die unbegreiflichen Grausamkeiten, die Robert in Dachau erleben oder miterleben muss, nicht zur Sprache. Nur zwischen den Zeilen lässt sich der allgegenwärtige Druck ablesen, so etwa bei dem mehrmals wiederholten Hinweis an die Eltern, doch genauestens die Vorschriften bei der Korrespondenz einzuhalten. Aus den Briefen spricht die Haltung, nur dort zu kämpfen, wo das Kämpfen Sinn macht, und dort sich in sein Schicksal zu fügen, wo Widerstand zwecklos ist. Diese Haltung, die für einen jungen Menschen von Anfang Zwanzig bemerkenswert ist, hat Robert vor Schlimmerem bewahrt.

Die bei vielen sich erinnernden Zeitgenossen anzutreffende Sprachlosigkeit kann man auch bei Robert beobachten. Des warnenden Hinweises der SS-Männer hatte es wohl gar nicht bedurft, die ihn bei seiner Entlassung davor warnten, jemals etwas über das Lager zu sagen, weil er andernfalls erneut hinein käme und dann wohl nicht wieder zurück. Dies bezog sich allerdings auf die unmittelbar auf die Inhaftierung folgenden Jahre. Die Sprachlosigkeit aber blieb. Sie macht deutlich, was auch die Lektüre von zahlreichen Erinnerungsbüchern von Lagerhäftlingen zeigt: Es waren wohl nicht die brutalen Einzelereignisse, die in der Erinnerung geblieben sind, es war der schreckliche, unbegreiflich von körperlicher Gewalt, Willkür, Strafen und psycho-tötender Schikane geprägte Alltag. Dieser Alltag, in dem die Häftlinge in jeder Minute damit rechnen mussten, aus nichtigem oder auch gar keinem Grund rausgerufen und brutal zusammengeschlagen oder ausgepeitscht zu werden; ein Alltag, in dem man permanent Gefahr lief, Opfer der sadistischen Triebe der SS-Leute zu werden, vielleicht wegen eines Wortes oder einem Verhalten, das Tags zuvor noch als wünschenswert galt und eben zum jetzigen Zeitpunkt ein Anlass zur Bestrafung war. Dieser Alltag führte nicht nur zu einer körperlichen Erniedrigung und einer schleichenden physischen Vernichtung, er hatte auch ein unmenschliches Abstumpfen zur Folge: Das ging soweit, dass an einzelnen Häftlingen willkürlich vorgenommene Strafmaßnahmen (zum Beispiel Auspeitschungen oder mit nach hinten gebundenen Armen Aufhängen am Baum, wobei dem Häftling schmerzhaft die Schultergelenke ausgekugelt werden) von den Mithäftlingen dankbar als willkommene Abwechslung im unerträglichen Alltag angesehen wurden und sie ihre Zuschauerrolle höchstens mit dem dankbaren Gefühl schmückten, selbst nicht der Delinquent zu sein.

Was hätte Robert also in seinen Erinnerungen über diese Jahre in Dachau schreiben sollen, ohne die Brutalität der SS-Männer zu verharmlosen und ohne preiszugeben, dass das Lager ihm nicht nur die Freiheit genommen, sondern auch noch das Mindeste an menschlichem Mitgefühl und Fürsorgegedanken. Was hätte er schreiben sollen? Hätte er die Organisation des Lagers beschreiben sollen, eine Organisation, die unter Benutzung bürgerlicher Strukturen gebaut war, die aber in Wirklichkeit eine Gesellschaft der Anarchie, der Willkür, des Chaos war. Hätte er beschreiben sollen, was das Lager aus ihm gemacht hat, und sich so als Menschen darstellen sollen, der alle menschlichen Regungen verloren hat und nur noch wie ein Tier vor sich hin lebt?

Robert hat das Beste aus seiner Situation gemacht, seine Jugend gab ihm die körperliche Kraft und die Zuversicht, das Alles zu überstehen, seine ideologische Festigkeit bestärkte ihn in seinem (inneren) Widerstand, den er niemals aufgab. Und er traf in Dachau auf politisch Gleichgesinnte, die nicht ihr eigenes Schicksal in den Mittelpunkt ihres Denkens und Handelns stellten, sondern immer das Endziel ihrer politischen Arbeit im Auge hatten. Sie, das lässt sich aus der Sekundär-und Erinnerungsliteratur ablesen, bildeten diejenige Häftlingsgruppe, die noch am ehesten in der Lage war, durch eine straffe Organisation, die durchaus hierarchische Züge aufwies, das Beste für die Häftlinge zu ermöglichen. Erkennen konnte man sich durch eine anfangs noch wesentlich konsequentere Einteilung und Kennzeichnung der Häftlinge durch farbige Dreiecke. Die politischen Häftlinge erkannten sich am roten Dreieck, ferner gab es „Kriminelle" (grünes Dreieck), Zeugen Jehovas (lila Dreieck), Schwule (rosa Dreieck), sogenannte Arbeitsscheue (schwarzes Dreieck), natürlich Juden (gelbes Dreieck) und .Sinti und Roma (braunes Dreieck). Diese Einteilung der Häftlinge wie überhaupt die gesamte Ordnungsstruktur, der Strafenkatalog sowie die generellen Verhaltensvorschriften für die SS-Wachmänner wurden in Dachau entwickelt und erprobt. Der erste Kommandant von Dachau hat auf ausdrücklichen Befehl von „ganz oben" ein System zur Gefangenenbehandlung entwickelt, das für sämtliche damals schon bestehenden und die zukünftigen KZs gelten sollte. Leitgedanke dieses Systems war: Keinerlei Mitleid mit den Häftlingen, würden sie auch noch so brutal gequält und bestraft („Mitleid mit Staatsfeinden ist eines SS-Mannes unwürdig"), die Bestrafung der Häftlinge steht im Vordergrund (die SS-Wachmänner wurden regelrecht scharf gemacht auf die Häftlinge).

Somit gehörten Robert und seine Schicksalsgenossen, die in den ersten Jahren dieses Lager besiedelten, sozusagen zu den Probanten, an denen das perfide System der Freiheitsberaubung und Bestrafung ausgetestet wurde. Es ist kaum davon auszugehen, dass Robert von den brutalen willkürlichen Bestrafungsaktionen der SS-Mannschaften verschont geblieben ist. Ausdrücklich davon berichtet hat er nicht. Lediglich einmal, so erinnere ich mich, erwähnte er in einem Gespräch, dass er sich genau so verhielt, wie sich die SS-Wächter es wünschten.

Ich hab immer laut geschrien, wenn ich ausgepeitscht wurde,

berücksichtigte er die Psychologie der Situation,

denn wer den Helden spielen wollte, den haben sie noch härter rangenommen.

Es ist ein Segen, dass Robert damals noch nicht ahnte, dass seine Ideologie nach dem Ende dieser schrecklichen Zeit an der Aufgabe, eine neue, freie und gerechte Gesellschaft aufzubauen, kläglich und furchtbar scheitern werde und er selbst zu der bitteren Erkenntnis kommen wird: die Opfer von tausenden Widerstandkämpfern seien alle umsonst gewesen.

Was diese Zeit in Dachau mit Robert gemacht hat, wie tief sich die Erlebnisse und Wunden in sein Leben eingebrannt haben, zeigt andeutungsweise die Kargheit und Sprachlosigkeit, mit der er in seinen Erinnerungen diese Zeit beschreibt. Das Wenige, das er aus dieser sicher prägenden Phase seines Lebens preisgibt, leitet er mit den lapidaren, emotionslosen Worten ein:

Was ich hier erlebte, kann man schwer beschreiben. Tatsache ist, dass durch das Tor mit der Parole: „Arbeit macht frei" mehr hinein als heraus gingen.

Über kaum eine Phase in seinem Leben hat Robert später so wenig erzählt wie über die zwei Jahre in Dachau. Auch wenn ich stets den Eindruck gewann, mein Vater sei einer der wenigen Menschen, denen es gelungen war, die schrecklichen Erlebnisse bewältigt und vergessen zu haben, scheint diese Sprachlosigkeit doch etwas anderes auszusagen. Dennoch: einige Ereignisse, und man gewinnt den Eindruck, dass es nicht die schlimmsten waren, berichtet er in seinen Erinnerungen:

Auspeitschen, Totschlag und Mord waren an der Tagesordnung. Vor allem Juden hatten es schwer, zu überleben. Einmal waren zwei Monate lang an der Judenbaracke alle Fenster zugenagelt. Die Türen wurden nur morgens und abends kurz geöffnet, um Verpflegung zu übergeben. Viele starben oder verübten Selbstmord.

Den jungen SS-Leuten machte es Spaß, Häftlinge zu quälen. Vor dem Stacheldrahtzaun war ein drei Meter breiter Wassergraben und davor zwei Meter Rasen mit dem Hinweis: „Bei Betreten wird geschossen". SS Posten versuchten eine Unterhaltung mit Häftlingen. Im Verlauf des Gesprächs sagte der Posten: „Kommen Sie etwas näher ich kann Sie schlecht verstehen." Betrat der gutgläubige Häftling den Rasen, wurde er erschossen. Begründung, er wollte den Posten angreifen.

Beim Ein- und Ausmarsch zur Arbeit wurde gesungen. Ein Posten schrie mich an, warum singen sie nicht. Ich brüllte unentwegt weiter, bis er zu einem anderen Häftling ging, dieser sagte, „ich singe doch." Darauf hatte der SS-Mann gewartet. Er schrie den Häftling an, „Du sagst ich lüge!" Hinlegen, aufstehen und so weiter. Er jagte den Häftling hin und her, dann als er etwa 50 Meter von der Gruppe entfernt war, knallte er ihn ab: Auf der Flucht erschossen.

Robert war jung, ungebunden und vor allem davon überzeugt, für die richtige Sache einzutreten. Dies war vermutlich genau die richtige Kombination, um eine solche Zeit zu überleben. Fast kopfschüttelnd bekräftigte er später immer wieder, dass er sich für die Idee einer besseren Gesellschaft hätte totschießen lassen. Vielleicht war es gut, dass er zum damaligen Zeitpunkt noch nicht wusste, dass auch die Idee, für die er kämpfte, später, aber auch schon damals, für Unmenschlichkeit und Brutalität missbraucht wurde. Enttäuschung und Resignation wären in Dachau schlechte Gefühlsregungen gewesen und hätten ein Überleben sicher erschwert.

Am 22.12.1937 wird Robert entlassen. Zum Abschied sagt man zu ihm:

Ob Sie über das Lager schimpfen oder das Lager loben ist uns egal. Wenn Sie irgend etwas erzählen, sind Sie wieder hier. Was Ihnen dann blüht, wissen Sie selbst!

Wieder zu Hause

Zu Hause in Ludwigshafen hat sich die Welt verändert. Die Menschen in der Stadt, auch alte Bekannte, begegnen dem Rückkehrer mit Misstrauen und Hass. Der kahl geschorene Kopf deutet schon äußerlich darauf hin, dass der vier Jahre lang Verschwundene mit Distanz zu behandeln ist, und wer es nicht explizit weiß, der kann sich zumindest ahnungsweise ausmalen, woher der junge Weber gekommen sein muss. Wer es nicht aus weltanschaulichen Gründen ohnehin ablehnt, mit „so einem" Kontakt zu pflegen, dem scheint es zumindest zum eigenen Schutz ratsam, auf Distanz zu gehen. Sonst würde man womöglich noch in irgendwas hineingezogen. Roberts alter Lehrmeister Albert Schatz verhält sich glücklicherweise anders. Er zeigt Rückgrat, nimmt ihn freundlich auf und stellt ihn sofort wieder ein. Finanzielle Absicherung und das Eingefügtsein in einen Handwerksbetrieb sorgen wieder für Normalität und Stabilität in Roberts Leben. Er kann einen neuen Anfang machen. Fotos von seinem damaligen Arbeitsplatz zeigen Robert konzentriert bei der Arbeit, so wie wir ihn auch später immer kannten. Ein freier Mensch ist er allerdings nicht mehr. Er steht unter ständiger Beobachtung und muss sich zweimal in der Woche bei der Polizei melden. Sobald eine in den Augen der Machthaber verdächtige oder zweifelhafte Situation eintritt, ist die Staatsmacht sofort zur Stelle. Robert erinnert sich:

Wir fertigten vor allem Rührwerke und Laboreinrichtungen für die BASF an. Bei einer Montage erschienen zwei Kripo-Beamte, um mich abzuholen. Die BASF war kriegswichtiger Betrieb und es war verboten, politisch Vorbestrafte darin zu beschäftigen. Unter Aufsicht konnte ich die Arbeit beenden. Mein Meister wurde ermahnt, mich nur in der Werkstatt arbeiten zu lassen.

Der Umsicht seines Chefs hat Robert es auch zu verdanken, dass die neue, wiewohl eingeschränkte, Freiheit nicht schon nach zwei Jahren ein jähes Ende findet. Am 22.8.39 soll Robert dienstverpflichtet werden. Grund: Sicherstellung des Kräftebedarfs für die Kriegsmarine. Das hätte

Lager mit KZ-ähnlichen Bedingungen bedeutet, wo vor allem politisch Unzuverlässige untergebracht wurden. Der Schlossereibetrieb fertigte damals Schaltkästen an, die termingebunden ebenfalls für die Marine bestimmt waren. Um ihn eine Zeitlang aus dem polizeilichen Blickfeld zu entfernen, schickt der umsichtige Chef seinen Mitarbeiter auf Montage. Diese Montage-Tätigkeit für seinen Betrieb führt Robert durchs ganze Land. Von November 1939 bis Februar 1940 arbeitet er im Buna Werk Hüls-Recklinghausen, unterbrochen von einem 6wöchigen Einsatz in Schkopau. Die nächste Arbeit ist im Leuna Werk März bis Mai 1940 in Thüringen. Im Herbst 1941 geht es gar in die Nähe von Stettin zum Mineralölwerk Pölitz. Für vier Jahre, bis Juni 1943 hat Robert eine zufrieden stellende Beschäftigung. Er hat sein Auskommen, wird einigermaßen in Ruhe gelassen von der Staatsmacht und kann sich sogar ein Stück Leben gönnen. Bereits 1938 macht er den Führerschein, den er unter anderem dazu benötigt, um den Betriebswagen, einen Opel Olympia mit Anhänger, zu den Baustellen zu fahren.

1939 kauft er sich für 300 Reichsmark ein Motorrad NSU Ponny. Damit kann Robert die arbeitsfreie Zeit nutzen, um vom jeweiligen Montageort aus die Umgebung zu erkunden. Auf diese Weise lernt er Merseburg an der Saale kennen, Leipzig, Halle und auch die Reichshauptstadt Berlin. Ein Besuch in Köln endet überraschend. Der Krieg war ausgebrochen und es gibt kein Benzin mehr. Eine kleine Tankstelle verkauft ihm noch einige Liter, das reicht bis nach Hause. Im Verlauf des Krieges werden Auto und Motorradbereifung beschlagnahmt. Nach dem Krieg verkauft er das Motorrad für 300 RM und 3 Pfund Tabak.

Robert pflegt offenbar schon als junger Mann ein Hobby, das ihn sein Leben lang begleiten sollte: das Anfertigen von Metall-Kerzenständern, wie es ein Foto aus jener Zeit dokumentiert. Die im ganzen Haus herumstehenden Kerzenständer aus der Eigenproduktion gehören zu dem Bild von unserem Vater; und so manches Exemplar fristet aus Pietätsgründen noch heute sein Dasein im Haushalt der Kinder- Während aus den Jahren der Haftzeit, verständlicherweise, keine Fotografien vorhanden sind, ist die Zeit von 1938 bis 1943 durch zahlreiche Fotos dokumentiert. Bereits damals hat Robert wohl die Begeisterung für das Fotografieren erfasst, die Fotos scheinen alle von ihm bzw. seinem Apparat gemacht worden zu sein, auch solche, auf denen er selbst zu sehen ist, entweder durch Selbstauslöser oder durch eine befreundete Hand. Gewisse Eigenarten im Umgang mit dem Fotografieren, die uns Kinder viel später immer wieder belustigten oder gar nervten, sind bereits damals festzustellen. Gestellte Bilder, die durch schnell noch hinzugefügte dekorative Gegenstände aufgepeppt wurden, oder Gruppenfotos mit Selbstauslöser, bei denen Robert gerade noch schnell sich einreiht, zeugen unverkennbar von der Handschrift meines Vaters. Es ist eigenartig, welche banale Konstanten sich durch ein Leben ziehen.

Wer sich mit diesen Jahren beschäftigt und die erhaltenen Bilder Roberts betrachtet, den beschleicht unweigerlich ein komisches Gefühl. Die Jahre 1939-1943 waren gekennzeichnet von einer weiteren Intensivierung der Unterdrückung durch die Nazis, einer neuen Spirale des Judenhasses, brutalster Gewalt und natürlich dem Krieg, der anfangs noch nur für die betroffenen Soldaten, recht bald aber für das ganze Land zu einer einzigen Katastrophe wurde. Und was ist auf Roberts Fotos zu sehen? Wald, Heide, Burgen, Flüsse, Picknick mit Freunden.

Auf den ersten Blick irritiert das. Und doch scheint das unpolitische Verhalten, die Flucht in das unbeschwerte Freizeitverhalten die einzige Möglichkeit für einen politisch Verdächtigen gewesen zu sein, die Zeit einigermaßen zu überstehen.

Robert schließt sich einem Volkstanzkreis an und lernt die Wandergruppe von K.d.f. in Mannheim kennen. Junge fröhliche Menschen treffen sich zu Tanz und Wanderungen.

Es war eine schöne Zeit

schreibt Robert rückblickend. Ziele der Wanderaktivitäten sind der nahe gelegene Pfälzer Wald und der Odenwald. Auch seine Schwester nahm Robert in die Gemeinschaft mit, wo sie ihren späteren Mann kennen lernte. Welche Kraft und Fröhlichkeit das gemeinsame Tun in einer solchen Gemeinschaft zu erzeugen in der Lage ist, davon bekamen wir Kinder Jahre später immer wieder einen Eindruck, wenn zu Geburtstagen Roberts Schwester und ihr Mann zu Besuch waren und zu vorgerückter Stunde Akkordeon und Mandoline ausgepackt wurden und das Wohnzimmer vom Klang der Volkslieder erbebte.

Die Bilder aus jenen Jahren zeigen einen jungen Mann, gut aussehend und offensichtlich von jungen Damen, die ihn zahlreich umgeben, geliebt und geschätzt, immer fröhlich lachend, entweder formbewusst im Nadelstreifenanzug mit Krawatte gekleidet oder zünftig mit halblangen Lederhosen und Freizeithemd. Er scheint immer im Mittelpunkt einer Gruppe zu stehen, hat offenbar großen Anteil an deren Fröhlichkeit, zeigt aber auch immer wieder ein nachdenkliches Gesicht. Und bisweilen scheint er auch mitten in dem Gewühl entrückt zu sein, versunken in die Lektüre eines Buches. Robert zeigt sich mit unterschiedlichen Frauen in jenen Jahren, mit einer scheint ihn allerdings ein engeres Band verknüpft zu haben. Sie ist mehrfach auf den Fotos zu sehen, ein Bild zeigt sie in einem karierten Kostüm neben Robert mit Lederhosen und Lederjacke am Rhein stehend. Allerdings: die Frau ist aus einem anderen Foto ausgeschnitten und auf das Foto aufgeklebt, vielleicht ein Geschenk von ihr an ihn. Vermutlich handelt es sich um Liesel, von der auch schon in den kurzen Briefen Roberts aus Dachau die Rede war. Sie war offensichtlich eng an seine Familie gebunden, gleich mehrfach ist sie auf Fotos zusammen mit Roberts Eltern und seiner Schwester zu sehen, so z. B. bei einem Spaziergang 1941 in Neckargmünd. Liesel ist es auch, die ihn meistens begleitet, wenn Robert Urlaub hat und auf Reisen geht. Dabei kommen die beiden für damalige Verhältnisse recht viel herum. Schwarzwald, Karlsruhe, Baden-Baden als Ziel 1940 zählen wohl noch zur näheren Umgebung. Im Folgejahr ist der Besuch bei den Verwandten in Boxberg Ausgangspunkt einer kleinen Rundreise durch Unterfranken, Bad Mergentheim, Rothenburg, Würzburg. 1942 geht es von München über den Starnberger See nach Kufstein in Tirol.

Die scheinbar heile Welt der Reisen und Ausflüge wird nur durchbrochen in einem Foto, auf dem die Wandergruppe zu sehen ist vor einem Stadttor, das mit großen Schildern bestückt ist mit der Parole: Ein Volk – ein Reich – ein Führer. 1943, der Treffpunkt ist mittlerweile durch Bomben zerstört und fast alle jungen Männer sind beim Militär, ist die Zeit des Wanderns und Tanzens ist vorbei.

Ringsherum tobt der Krieg, immer mehr junge und ältere Männer müssen, zunehmend widerwillig, für die verrückten Großmachtziele einer wahnsinnigen Führung in die Schlacht ziehen und den Kopf hinhalten. In deren Augen ist es eine Ehre für jeden Deutschen, den „Rock des Führers" tragen zu dürfen. Regimegegnern, unzuverlässigen Elementen und politisch Andersdenkenden darf diese Ehre nicht zuteil werden. Folgerichtig erhält Robert am 13. März 1942 den sogenannten Ausschließungsschein, die Bescheinigung, dass er nicht zum Militär muss. Freude und Genugtuung über diesen Verlust der zweifelhaften Ehre währen jedoch nicht lange. Schon ein Jahr später, genauer am 6. Juni 1943 erhält er einen Gestellungsbefehl zum Truppenübungsplatz Heuberg auf der Schwäbischen Alb nahe der Stadt Stetten am kalten Markt.

Im Strafbataillon 999

Mit den Augen der Nazis gesehen, war die Lage unbefriedigend. Die eigenen Anhänger schickte man zum Sterben in den Krieg, und die Regimegegner verschonte man mit diesem Krieg. Warum nicht zwei Fliegen mit einer Klappe schlagen? Schickt man die Gegner in die Schlacht, hat man mehr Soldaten und auf diesem Weg kann man sich auch noch einfach seiner politischen Gegner entledigen. Man holt also Gegner des Naziregimes aus allen Gegenden zusammen, drillt sie in kurzer Zeit zu Soldaten und setzt sie in Brennpunkten des Krieges ein. Sie sollen in hoffnungslosen Lagen reguläre Truppen ersetzen. Sie werden nicht befördert und bekommen keine Auszeichnungen. Sie sollen sich bewähren, indem sie für Deutschland sterben. Sie stellen in den Augen der Nazis reines Kanonenfutter dar, die Überlebenschance dieser Menschen beträgt 1 zu 999. Genannt wurden diese Einheiten deshalb Bewährungs- oder Strafbataillone 999. Diese Bezeichnung hatte sich für Robert nicht nur im übertragenen Sinne, sondern tatsächlich ganz konkret bewahrheitet. Von mehreren Tausend Männern seiner Einheit blieben am Ende nur er und eine Handvoll Kameraden am Leben. Hatte er nun einfach mehr Glück gehabt als seine Kameraden oder war er stärker, tüchtiger? Je länger ich darüber nachdenke, umso mehr setzt sich bei mir der Gedanke fest, dass es neben einer Menge Glück auch die ungebrochene Zuversicht, der Humor und eine positive Denkweise gewesen sind, die meinem Vater das Leben retteten.

Für die Ziele der Nazis setzten sich diese Truppen nicht ein, dennoch blieb ihnen nichts anderes übrig, als sich ihrem Schicksal zu fügen und zu kämpfen. Wenn sich diese Truppen trotzdem teilweise hervorragend schlugen, geschah dies nur aus dem Willen, zu überleben.

In Heuberg angekommen, wird den Neuankömmlingen sogleich verdeutlicht, welcher Wind dort weht. Sie müssen zur Einführung an einer Erschießung teilnehmen, der Junge wollte türmen. Dann beginnt die „Ausbildung": vier Wochen lang werden die militärisch Unerfahrenen durchs Gelände gejagt, von morgens bis in die Nacht. Sie sollen in drei Monaten lernen, wozu andere Soldaten zwei Jahre brauchten. Als Infanteriepioniere müssen sie Brücken schlagen - Bunker und Panzer sprengen - Minen verlegen usw. Den ersten Ausgang haben die Männer nach acht Wochen, an einem Sonntag von 14 -20 Uhr.

Aus der Zeit vom Beginn der Ausbildung im Heuberg bis zum Ende des Krieges sind eine ganze Reihe von Briefen erhalten, die Robert an seine Familie nach Hause geschrieben hat. Sie sind wichtige und viel sagende Zeugnisse nicht nur über die Ereignisse, sondern vor allem über den Gemütszustand Roberts. Sie sind gekennzeichnet von einer Mischung aus jugendlicher Unbekümmertheit und erwachsenem Fatalismus und strahlen bei allem Leid immer die Zuversicht aus, es werde schon irgendwie alles gut gehen.

In Heuberg angekommen, berichtet er seiner Familie seine neue Situation und vertröstet vor allem seine Mutter, indem er immer wieder betont, dass es ihm gut gehe.

Mir geht es noch gut, was ich auch von Euch hoffe

ist so ein stereotyper Satz, der die nächsten zwei Jahre in fast jedem Brief zu finden ist. Dass die Redewendung in einem seiner Briefe "in alter Frische" die Realität wiedergibt, darf tunlichst bezweifelt werden. Dies dürfte eher der Fall sein bei der Äußerung:

Es ist nicht immer leicht, frohen Mutes zu bleiben.

Am Ende der Ausbildungszeit auf dem Heuberg wird Robert schon deutlicher:

Ich komme aus dem Taumel kaum noch heraus, es gibt nur noch Dienst und nochmal Dienst.

In einem Brief bittet er um die Zusendung von Streichhölzern und sonstige Kleinigkeiten, er erhält ein großes Paket mit weitaus mehr. Sein Dankesbrief und seine Gedanken an den Geburtstag seiner Mutter bezeugen den tiefen Zusammenhalt, der zwischen ihnen besteht.

Heuberg, den 5.7.43

Ihr glaubt gar nicht, wie ich mich glücklich fühle, zu Hause so liebe Menschen zu wissen, die alles für mich tun, wo ihr doch selbst nichts habt als das Notwendige zum Leben. Nun will ich aber sehr zufrieden sein und nichts mehr von Euch verlangen, denn das wäre ja glatte Ausbeutung, wo ich doch hier auch zu essen bekomme. Ja meine Lieben, ich wollte nur noch ein paar Kleinigkeiten haben und Ihr habt mir wieder ein Paket zusammen gemacht, daß ich mich fast schämen muß, es anzunehmen. Zuhause mußte ich doch auch mit jedem Stückchen Brot rechnen und wie oft haben wir ein Stück trocken verzehrt und hier würdet Ihr mich verwöhnen.

Nun liebe Mutter, heute an Deinem Geburtstag denke ich mit Stolz an Dich und hoffe noch manchen Freudentag mit Dir zu verleben. Nimm Dir von meinem Geld soviel Du willst und kaufe Dir etwas zum Andenken, egal was Dir gefällt und was es kostet. Zu Karolas Geburtstag nimmst Du 15 Mark und gibst es ihr. Was Liesel angeht, so weißt Du ja, daß mir nichts zu viel ist. Vielleicht findest Du auch etwas für sie zum Geburtstag. Wenn ich mal die Möglichkeit haben sollte, etwas zu erwischen, werde ich Euch natürlich nicht vergessen.

Nun danke ich Euch nochmals für alles, besonders Mutter und Liesel und wünsche Euch alles Gute. Mit den besten Grüßen verbleibe ich heute und immer

Euer Robert.

Liesel taucht in den Briefen fast immer auf, sie ist wohl die damalige Frau seiner Wahl. Sie stammte offenbar aus einer Gastwirtsfamilie, daher die Bezeichnung „meine hübsche Wirtin". Fast beiläufig, und wie wenn wir es nicht wissen sollten, erwähnte meine Mutter viele Jahre später, ich war schon erwachsen, dass Robert mit Liesel ein Kind hatte, das aber mit sechs Jahren gestorben sei. Von Liesel erfahren wir später nichts mehr, doch ein Opfer des Krieges ist sie nicht geworden. Anlässlich eines Briefes an einen ehemaligen Kameraden und Parteigenossen im Jahre 1947 schreibt er von Liesel:

Von unserer alten Freundin Liesel soll ich Dir recht viele Grüße bestellen. Sie ist immer noch der gute treue Kamerad, wie Du sie in Ansbach kennen gelernt hast. Seit Jahren besitzt sie eine saubere Gastwirtschaft, und wenn Dich Dein Weg einmal nach Ludwigshafen führt, so wird sie sich riesig freuen, mit Dir alte Erinnerungen auszutauschen.

Roberts Mutter hatte offensichtlich gleich zu Beginn des Aufenthaltes im Heuberg die Absicht geäußert, ihn dort zu besuchen. Mit deutlichen Worten lehnt er diesen Plan als sinnlos und wenig erfolgversprechend ab. Doch wenn sich seine Mutter etwas in den Kopf gesetzt hatte, führte sie es auch aus. Aus den Briefen geht hervor, dass sie ihn tatsächlich besucht, vermutlich in Ulm, wohin Robert ein paar Tage zu welchem Zweck auch immer verlegt wird.

Auch einige Fotos sind von den ersten Wochen seiner Militärzeit im Heuberg erhalten. Sie zeigen, wie gewohnt, einen fröhlichen, gut aussehenden, kräftigen jungen Mann, der zumindest gut verbergen kann, dass er Angst hat vor dem, was nun kommen mag. Wenn ich richtig gesehen habe, ist Robert auch abgebildet auf einem Foto vom Heuberg, das in der Ausstellung zum Widerstand gegen den Nationalsozialismus in Berlin gezeigt wird.

So brutal, grausam und gefährlich die folgenden zwei Jahre auch für Robert werden sollten, ist es doch auffällig, dass er in seinen Erinnerungen über keine Phase seines Lebens mehr aufgeschrieben hat als über diese Kriegsjahre. Dies ist sicher psychologisch dadurch zu begründen, dass er hier, im Gegensatz zu seiner Inhaftierung in Gefängnis und KZ, das Gefühl haben konnte, selbst ein Handelnder zu sein, selbst durch sein Verhalten sein Schicksal lenken zu können. In Dachau war man völlig in der Hand der SS, man konnte kaum Einfluss auf das eigene Schicksal nehmen.

In Kenntnis dessen, was Robert in den nächsten zwei Jahren erleben musste, was er erdulden musste und welchen Gefahren er ausgesetzt war, reibt man sich allerdings die Augen, wie und mit welchen Worten er seine Situation in seinen Briefen an die Familie beschreibt. Den grausamen Feldzug des Strafbataillons stellt er dar als ob es ein schulischer Wandertag sei, er bezeichnet ihn immer wieder als „große Fahrt", als „unsre Wanderfahrt", als „wunderbare Fahrt durch ein schönes Gelände". Wenn er seinen Brief auf einem Berggipfel schreibt, grüßt er „aus luftiger Höhe, den vorläufigen Endpunkt eines Gewaltmarsches wird bei ihm zu einem „schönen Städtchen"; die als Ziel angepeilte Insel wird von ihm charakterisiert als die „Insel, wo Orangen, Zitronen, Bananen und recht viel Wein gedeiht"; selbst als er, von den Engländern abgeschossen und am Oberschenkel verwundet, fast 12 Stunden im Meer liegt, spricht er von seinem „11 ½ - Stunden-Bad". Ja er versteigt sich sogar zu der Aussage

Wenn man nicht voll Waffen und Gerät hänge, so könnte man glauben, eine Kraft-durch-Freude-Reise zu machen.

Man muss kein Militärexperte sein, um zu wissen, dass eine solche Beschreibung kaum der Realität entspricht, und auch Robert gibt immer wieder, vor allem je länger der Krieg dauert, zu erkennen, wie es wirklich aussieht: nämlich dass er 24 Stunden am Tag jede Minute damit rechnen muss, entweder mit dem Zug in die Luft zu fliegen oder von einer MG-Salve des Feindes getroffen zu werden.

Es ist doch ein komisches Gefühl, jeden Augenblick in die Luft fliegen zu können.

Roberts Briefe aus der Zeit des Strafbataillons sind ein seltsames Dokument. Sie sind geprägt von einem unerschütterlichen Optimismus und einer kaum glaubhaften Zuversicht, dass es ihn nicht treffen werde, während um ihn herum Kamerad um Kamerad sein Leben abgeben muss. Immer wieder schreibt er Sätze wie

Über mich braucht Ihr Euch keine Sorgen zu machen, ich komme überall durch,

oder

keine Bange, ich komme schon wieder,

und wenn er einmal trübe Gedanken hat, dann meldet sich sein Humor, den er in all diesem Grauen nicht verliert.

Ich habe das Gefühl, dass mir nichts passiert und nehme alles von der leichten Seite. Meinen Humor und das Lachen werde ich nicht dabei verlieren.

Angesichts der militärischen Lage ist es schon ein ironisches Bonmot, wenn er schreibt:

Vorerst geht es mir noch gut und wenn es mal anders ist, dann hört Ihr es von mir.

Der Fall, als toter Soldat nicht mehr in der Lage zu sein, nach Hause akkurat „Meldung zu machen", ist für Robert offenbar so undenkbar, dass er ihn gar nicht erst erwägt.

In anderen Briefen flüchtet er sich in volkstümliche Redewendungen.

Und gibt's auch mal Zunder und Dreck,
das Alles geht wieder weg
Parole: Es geht alles vorüber, es geht alles vorbei.

Oder als es auf geht zu einem Gewaltmarsch von Athen nach Wien (!)

Nun heißt es also Füße schmieren und laufen unter dem Motto: Wozu
ist die Straße da, zum Marschieren!

Nur selten scheint Robert der Mut zu verlassen, ist er erdrückt von der Unausweichlichkeit der Katastrophe und der Ausweglosigkeit der militärischen Situation. So zum Beispiel wenn er schreibt

Diese paar Tage Russland werde ich nie vergessen.

Oder wenn er der Familie eröffnet, dass er heute keine Lust hat, Briefe zu schreiben:

Nicht dass ich etwa meinen Humor verliere oder ängstlich bin, das liegt
mir vollkommen fern, aber wenn Ihr die Landkarten betrachtet und die
militärische und politische Lage verfolgt, dann werdet Ihr verstehen,
dass mich das mehr interessiert und meine Gedanken beschäftigt als
alles andere.

In dem überwiegenden Teil seiner Briefe zeigt sich Robert immer wieder von seiner optimistischen, zum Teil auch fatalistischen Seite. Kaum einmal findet man in den Briefen trübe Gedanken, wie sie eigentlich angesichts der Situation zu erwarten wären. Eine Ausnahme bildet der Brief vom 24.9.44, in dem die schier aussichtslose Lage geschildert wird und aus dem die Gewissheit spricht, dass die nächsten Tage die Hölle bringen werden. Dieser Brief klingt wie ein Abschiedsbrief, zum erstenmal wird Liesel anders angesprochen als mit ihrem Namen: „meine hübsche Wirtin, meine Freundin Liesel". Der Brief schließt mit dem seltsam düsteren „Gute Nacht Mutter":

Nun wird es langsam ernst hier und die Zukunft ist für uns nicht gerade
angenehm. Wenn wir hier abhauen, müssen wir zunächst mal nach
Saloniki über das Thermopylengebirge marschieren. Das sind 600 km.
Wie viele von uns dort ankommen, ist ungewiss.

*Ich mache Euch hier nichts vor, sondern sage die Wahrheit, dass Ihr
Bescheid wisst und nicht kopflos werdet, wenn eine Zeitlang die Post
ausbleibt. Es wird schon noch alles gut werden.*

Nach der „Turbo-Ausbildung im Schnelldurchlauf soll es im Oktober 1943 zum
ersten Kampfeinsatz für die Truppe kommen. Robert bereitet seine Familie
gleich auf die neue Situation vor, dass von nun an nicht mehr so häufig mit
Briefen zu rechnen sein würde.

Die aufregenden Ereignisse in den letzten Jahren des Krieges hat Robert
derart ausführlich und plastisch in seinen Erinnerungen beschrieben, dass sie
hier weitgehend in seinen eigenen Worten wieder gegeben werden sollen.

*Im September ging es auf große Fahrt durch den Balkan nach
Griechenland. Gesprengte Brücken und Züge boten gespenstige
Anblicke. 84 Tunnel wurden durchfahren bis wir in Athen ankamen. In
Piräus warteten 8 Landungsboote auf uns. Voll Munition beladen,
sollten wir die Insel Cos anlaufen. Im Morgengrauen des 6. Oktober
ging es los. Nach ruhiger Fahrt wurden wir am 7. Oktober von 2
englischen U-Booten entdeckt. Sie eröffneten morgens um ½ 5 das
Feuer, wurden aber durch unsere Abwehr vertrieben. Ich hatte das Pech,
einen Schuss in den rechten Oberschenkel zu bekommen. 1 Std. später
war der Teufel los. 1 Kreuzer 1 Zerstörer und 2 Kanonenboote kreisten
uns ein. Wir wehrten uns bis unser Schiff in Flammen stand. Dann
sprangen wir ins Meer. Alle 8 Schiffe flogen in die Luft. Viele Kameraden
gingen mit unter, oder wurden im Wasser getroffen. Mit
Maschinengewehren schoss der Tommy noch auf schwimmende
Soldaten. Erst als einige deutsche Flugzeuge auftauchten, drehten die
Schiffe ab. Viele Kameraden versuchten schwimmend die Türkei zu
erreichen. Dort empfing sie Gewehrfeuer und keiner kam an Land. Ich
schwamm vor allem von den untergehenden Schiffen weg, Eine
Schwimmweste mit Halsring hielt mich über Wasser. Das Wetter war
schön, das Wasser warm, was sollte ich tun? Ich konnte nur auf ein
Wunder warten, nachmittags versuchten die Jungs der Luftwaffe uns
aufzufischen. Wir waren nur kleine Punkte in der großen Wasserfläche.
Nach 11 ½ Std. hatte man mich entdeckt und in das Flugzeug gezogen.
Nur 1/3 wurde gerettet. Nach 3 Tagen auf der Insel Cos brachte uns*

eine Ju 52 nach Athen ins Lazarett. Nach 8 Tagen humpelte ich auf 2 Krücken durch die Gegend.

Einen seiner Briefe aus Griechenland lässt Robert enden:

Hoffentlich steht die Kneipe von Liesel noch und ich wünsche mir einmal nur noch die schöne Zeit, wo ich manche Stunde verbracht habe. Nun für heute alles Gute Grüße und recht viele Küsse

Euer Robert.

In einem ausführlichen Brief schildert er das Leben im Lazarett, wo es verhältnismäßig human zugeht. Einige Fotos zeigen Robert im Schlafanzug auf *der Krankenpritsche, wohlgemut und lachend ein Buch in der Hand haltend.*

Nachdem die Verwundung einigermaßen verheilt ist, geht es nach Wien, von wo aus *Robert zu einer Einheit nach Baumholder geschickt wird. Einige Wochen* hat er Ruhe, dann geht er mit einem Transport nach Russland, er stößt zum 15. Bataillon 999.

Am 11.3.1944 schreibt er nach Hause:

Meine Lieben, diese paar Tage Russland werde ich nie vergessen. Am Dienstag wurden wir mit der Kleinbahn 4 Stunden nach vorn gebracht. Dann marschierten wir von 11 Uhr nachts bis morgens 6 und da wir uns verlaufen hatten, kamen wir an derselben Stelle wieder raus, wo wir weggingen. Hundemüde suchten wir uns in Panjehütten eine Unterkunft. Mit 7 Mann lagen wir in einem Raum, der ungefähr so groß ist wie Euer Keller, und außer uns hausten noch 2 Frauen und 2 Kinder darin. Die Flöhe tanzten auf uns herum, doch das störte uns nicht. Abends um 5 zogen wir wieder los und nach mühevollem Marsch gelangten wir nachts um 2 Uhr in Beroslav am Dnepr an. Der Russe lag uns 200 Meter gegenüber. Die Fronttätigkeit war verhältnismäßig ruhig. Morgens um 9 Uhr traten wir an zum Appell. Das erste war, politisch Bestrafte links raus. Wir waren 25 Mann. Man nahm uns die Waffen ab und dann warteten wir auf besondere Verwendung. Abends um 10 Uhr nahmen wir unser Gepäck auf und trabten wieder zurück. 25 km durch Dreck und Schlamm mit 60 Pfund auf dem Buckel, das macht den stärksten Mann fertig. Der Boden klebt wie Pech an den Stiefeln und manchmal möchte man am liebsten liegen bleiben. Doch um 6 Uhr waren wir da und da sahen wir von allen Seiten Truppen marschieren. Der Russe war durchgebrochen und nun kam der Rückzug. Unser Gepäck wurde verladen und wir marschierten weiter auf dem Schienenstrang entlang. Nach 15 km lagerten wir und warteten, bis sich die Kleinbahn nahte und dann fuhren wir in kleineren Trupps zur Hauptbahn zurück. Der Russe griff uns mehrmals mit Flieger an, doch war nichts besonderes. Abends wurde dann die Strecke teilweise gesprengt. Um 7 Uhr suchten wir uns eine Notunterkunft, um wenigstens ein paar Stunden zu schlafen, der Russe belästigte uns die ganze Nacht mit Fliegern. Um 3 Uhr zog ich auf Wache und um halb 11 fahren wir zurück nach Nikoleijev. Dort sollen wir zu einer Baukompanie, das heißt schanzen. Doch kann uns nichts erschüttern. Das ist alles halb so wild, mit Waffen trauen sie uns halt nicht.

Wenige Tage später schreibt er:

Nun bin ich schon 5 Tage hier und weiß noch nicht, was jetzt eigentlich kommt. Wir sind praktisch deutsche Kriegsgefangene. Wir sitzen hinter Stacheldraht und werden von Posten bewacht. Im selben Lager sind auch 15 000 Russen untergebracht. Morgen soll es weiter gehen, wahrscheinlich ins Reich. Der Russe stand gestern 13 km vor der Stadt. Das Essen ist knapp, dafür haben wir wenigstens Ruhe. Russische Flieger sind jede Nacht hier, doch es stört uns nicht. Den letzten Brief schrieb ich Euch am 11.3. morgens 8 Uhr. Wir sollten dort um halb 11 verladen werden. Bekanntlich mussten wir versuchen, aus dem Kessel rauszukommen. Der Russe warf laufend Bomben auf Ziele rund um den Bahnhof, obwohl alles voll stand mit Soldaten, schoss er nicht auf uns. Um 1 Uhr hieß es dann "alles auf den Güterzug, der Russe versucht, die Bahn zu durchbrechen". Ich saß auf der Lokomotive und wir zogen los. Das war 60 km vor Nikoleijew. Nach 20 km standen tatsächlich russische Panzer 5 km vor der Bahn in einem Dorf. Alles war schon gestürmt, da rasselten Sturmgeschütze und deutsche Panzer heran. Unsere Flieger warfen auch schon mehrere in Brand. Alle Landser mussten den Zug verlassen und wurden zur Verteidigung eingesetzt. Nur wir 255 Mann entwaffnete Truppe fuhren weiter und kamen abends um 7 Uhr in Nikoleijew an. Nach einstündigem Marsch zogen wir ins Gefangenenlager ein, wo schon weitere 200 Mann auf uns warteten.

Wir sind alle als politisch unzuverlässig aus den Stellungen rausgezogen worden, entwaffnet und nach hier gebracht. Es soll jetzt ein Bericht aus Berlin abgewartet werden, was mit uns geschehen soll. Wir sind alle von 999 und nun will keiner über uns die Verantwortung übernehmen. Das Wichtigste für mich ist jetzt, erst mal aus dem Kessel rauszukommen, denn der Russe kommt überall bedenklich näher. Wir sind schon überall feste am sprengen und von der Stadt wird nicht mehr viel übrigbleiben. Nächstes Ziel ist vermutlich Odessa, vorausgesetzt, dass der Russe nicht schon vor uns darin ist. Wenn die Bahn zu stark überlastet ist, werden wir halt laufen, es sind bloß 120 km, dann werden wir weiter sehen, was kommt. Gestern wurden wir entlaust, bekamen Schnaps und 50 Zigaretten. Nun gehts wieder eine Weile.

In seinen späteren Erinnerungen schreibt Robert über diese Tage:

Um 9 Uhr wurde angetreten und der Befehl war, politisch Bestrafte links raustreten. Man entwaffnete uns, denn vor Tagen waren einige Landser über den gefrorenen Fluss übergelaufen. Abends um 10 traten 25 Mann von 999 unter Bewachung den Rückzug an. 25 km. mit 60 Pfund auf dem Buckel war die erste Station. Der Schlamm klebte wie Pech an den Stiefeln. Durch russische Flieger dauernd belästigt, marschierten wir nach Nikolajew, wo wir zu einem Bautrupp sollten. Zunächst saßen wir aber hinter Stacheldraht als deutsche Kriegsgefangene, mit 15000 Russen. Unsere Gruppe war inzwischen 455 Mann stark. Als sogenanntes Meutererbataillon wurden wir unter strenger Bewachung von 67 Wehrmachtsangehörigen über Odessa - Jassi - Tirrapol durch Polen nach Baumholder gebracht. Die Gruppe war isoliert und jeder Einzelne wurde überprüft.

In diese Zeit fällt offenbar auch ein Kurzurlaub zu Hause. Ein Foto zeigt Robert im Kreise seiner Mutter, Karola, der Schwester, und Liesel, wie sie spazieren gehen; ein anderes die drei Frauen einträchtig im Gras sitzend. Auch im elterlichen Wohnzimmer lässt sich die gesamte Familie ablichten, Karola mit Akkordeon in der Hand. Man wusste zu feiern, schließlich konnte es immer das letzte Mal sein.

Im Juli1944 geht ein neuer Transport nach **Athen**. Nach abenteuerlicher Fahrt kommt die Truppe am 12. August an. Ein Auszug eines Briefes:

Zurück möchte ich diese Fahrt nicht mehr machen. Überall ausgebrannte Züge und gesprengte Brücken. Angriffe von Partisanen . Kaum hatten wir die Thermopylenpässe passiert, flog hinter uns die größte 10 mtr. hohe Brücke in die Luft. Wir sind in einer Kaserne in Piräus untergebracht. Bei 50⁰ Hitze werden wir im Gelände gejagt, der Landser muss fit bleiben.

Die politisch Unzuverlässigen sind beim Militär nicht besonders beliebt, sie werden stets rumgereicht. Die 90 Mann der 999er, unter denen sich Robert befindet, will keiner haben. Entsprechend einer Verfügung von General Hauser werden sie unter den einzelnen Verbänden aufgeteilt. Roberts Einheit wird das Alarmregiment Athen, welches am 16. Oktober 1944 als letzte den langen Rückzugsmarsch antritt. Nach 14 Tagen und 700 km Fußmarsch über Berge und Täler, bei Schnee und Regen erreicht der verbliebene Rest an Weihnachten Sarajewo. Robert als MG-Schütze muss immer den Schluss bilden. Einige Erlebnisse schildert er später in seinen Erinnerungen:

Beim Überqueren der Thermopylen von Athen nach Lami befanden wir uns auf einer Passstraße, rechts und links dichter Wald. Wir Pioniere von 999 bildeten den Schluss. Lediglich eine Fahrradgruppe war noch hinter uns. Plötzlich gerieten wir in einen Feuerüberfall der Partisanen, die nachts im Wald versteckt waren. Der Abstand betrug etwa 80 - 100 mtr. Die Radfahrer versuchten zu türmen. Unser Leutnant rief mir zu, „M.G. übernehmen sie Feuerschutz." Ich warf mich an die Böschung und knallte wahllos in den Wald. Nachdem ich einige Magazine verschossen hatte, war es plötzlich still. Ich schaute mich um und stellte fest, dass ich allein war. Da zischten auch von der linken Seite Geschosse um mich. herum. Ich war eine Zielscheibe ohne Deckungsmöglichkeit. Ich reagierte sofort und rannte die Straße hinab, verfolgt von den Kugeln der Scharfschützen. Bald merkte ich, dass es so keine Rettung gab. Ich warf das M.G. in den Straßengraben, schnappte mir ein Fahrrad, dessen Besitzer tot daneben lag und radelte wie der Teufel die Straße entlang. Doch die Freude währte nicht lang. Ein kurzer Schlag und ich flog auf die Straße. Eine Kugel hatte den Rahmen genau unter dem Sattel zerfetzt. Wäre ich eine Idee langsamer gefahren, so hätte sie mir das Kreuz abgeschlagen. Sofort rappelte ich mich wieder auf und rannte im Zick-Zack auf eine Bretterhütte zu, die wahrscheinlich einem Straßenwärter gehörte. Völlig erschöpft rollte ich die Böschung hinunter um zu verschnaufen. Plötzlich hörte ich Stimmen. Ich nahm meine Pistole und spähte vorsichtig in die Gegend. Voller Freude rannte ich auf die Kameraden zu, die mich wie einen Geist anstarrten. Sie hatten mich längst aufgegeben. Sie brachten mich zum Leutnant, um Bericht zu erstatten. Der brüllte mich an mit den schönsten Schimpfworten, die der Barras kennt. Er drohte mir mit dem Kriegsgericht, wenn ich nicht sofort mein M.G. wieder beibrächte. Inzwischen waren einige 2 cm Flak aufgefahren, um die Partisanen zu vertreiben. Sie nahmen mich mit und ich fand auch mein M.G. unbeschädigt wieder. Die toten Kameraden blieben zurück, denn die Parole war, Vorwärts Kameraden, wir müssen zurück.

Inzwischen waren wir über Larissa auf dem Götterberg Olymp. Leider hatten wir wenig Muse, uns an der schönen Landschaft zu erfreuen. Fast alle Brücken waren gesprengt, in den Schluchten lagen Züge und Lastwagen. Die Partisanen waren uns ständig auf den Fersen. Nachts wurde marschiert, tagsüber eingeigelt oder Angriffe abgeschlagen. So gelangten wir über Saloniki, Skopje nach Prestina. Hier waren alle Löcher zu. Es ging nicht weiter, die Passstrasse war eine ausgebaute Bunkerfestung. Unser Regiment hatte vor allem Matrosen, Flieger und Verwaltungspersonal. Infanteriepioniere gab es nur bei uns 999, denen man aber nicht so recht traute. Nun erinnerte man sich an uns und dachte, wenn die hops gehen ist es nicht schade. Man hielt uns einen Vortrag, dass alle Hoffnung bei uns liege und wir uns bewähren könnten. Im Morgengrauen keuchten wir schwer beladen den Hang hinauf, unterstützt von Granatwerfern und MG-Feuer. Wir sprangen von Baum zu Baum wie ein gehetzter Hase. Wenn ich heute daran denke, muss ich lachen, doch es war leider nicht zum Lachen. Wir wurden von einem Feuerzauber empfangen und mancher Kamerad rollte den Berg hinunter. Ich hatte die Aufgabe einer .Nachbargruppe Feuerschutz zu geben, damit sie an die Bunker herankamen und mit Handgranaten die Besatzung in die Flucht schlug. So rollten wir die einzelnen Bunker auf und der Vormarsch ging weiter. In der nächsten Stellung musste ich mir ein Loch schanzen und Sicherungsposten beziehen. Außer mir waren noch ein Gefreiter und ein Unteroffizier anwesend. In der Nacht sollten wir uns absetzen. Ich hatte mein Loch neben einem hohen Baum gegraben, was sich als falsch erwies. Der

Gegner belegte die Straße mit Granatwerferfeuer. Eine Granate schlug einen dicken Ast ab, der mir das Kreuz abgeschlagen hätte, wäre ich nicht in meinem Graben tiefer als die Straße gelegen. Meine 2 Kameraden befreiten mich aus der komischen Lage und wir zogen uns tiefer in den Wald zurück. Wir erkundeten das Gelände und plötzlich waren wir starr vor Überraschung. Etwa 100 mtr. unter uns lagerte eine größere Abteilung Soldaten mit Pferden. Unser Unteroffizier, ein begeisterter Hitlerjunge, wollte mir sofort das M.G. entreißen und in die Gruppe feuern. Nur mit Unterstützung des Gefreiten gelang es mir ein Unglück zu verhindern. Er wollte nicht begreifen, dass wir nach der 1. Salve verloren wären.

Bei Einbruch der Dunkelheit setzten wir uns ab und gelangten nach 2 Tagen mit Karte und Kompass wohl behalten bei unserer Einheit an. Sie hatten uns nicht mehr erwartet. Doch es blieb alles beim alten.

Die ausgegebene Parole war: die 999er haben sich erst bewährt, wenn sie unter dem Boden liegen. Die Tapferkeit, welche die zum Dienst gezwungenen Soldaten an den Tag legen, entspringt nur dem Willen zur Selbsterhaltung. Jeder will nur überleben und nach Hause. Das waren auch Roberts Motive, und schließlich hat er auch noch eine ganze Portion Glück.

Die Reihen werden durch Hunger; Krankheit und Partisanenüberfälle immer lichter. Doch als die Einheit am Weihnachtsabend in Sarajewo ankommt, scheint für die Männer das Schlimmste überstanden. Nach Wochen gibt es zum erstenmal wieder etwas Warmes zu essen: Grießsuppe, Salzkartoffel und Gulasch. Danach marschieren sie weiter bis Brod, wo der 73tägige Gewaltmarsch endet. Vermutlich ist es das „Training" dieses Marsches gewesen, das Robert zu einem unermüdlichen Wandersmann hat werden lassen. So mancher Sonntagsausflug in den nahen Pfälzer Wald geriet in meiner Erinnerung zum anspruchsvollen Marsch, der für die ganze Familie äußerste Kraftanstrengung erforderte, während der Vater eine unermüdliche Kondition bewies.

Über sein weiteres Schicksal schreibt Robert:

Mit wunden Füßen, Schultern und einer Rippenfellentzündung durch die Strapazen und Kälte, kam ich nach Agram und dann nach Michelstadt bei Pegnitz ins Lazarett. Ende Jan.1945 wurde ich entlassen, ich sollte mich in Torgau melden. Da ich seit Monaten von zu Hause keine

Nachricht hatte, riskierte ich eine Fahrt über Würzburg - Heidelberg - Mannheim. Beinahe wäre es schief gegangen, da ein Fliegerangriff in Neckargmünd unseren Zug erheblich beschädigte. Zu Hause war die Freude groß, wir waren alle noch gesund und nach wenigen Stunden trat ich die Reise in die Endphase an. In Torgau angekommen, fand ich noch einige Leidensgenossen von 999. Unsere Einheit bestand nicht mehr. Wir sollten nach Olmütz zur Wehrmachtsstrafeinheit 500. Dort war man nicht entzückt von uns, denn diese Leute hatten alle einmal einen höheren Dienstgrad, den sie nach 3 Fronteinsätzen wieder erlangen konnten.

In all diesen Monaten informiert Robert stets in Briefen seine Familie zu Hause so gut es geht über die aktuelle Situation und hält sie auf dem Laufenden. Hin und wieder bekommt er auch selbst Briefe von zu Hause, diese sind aber nicht erhalten. Auch von seinen Briefen existiert nur eine Auswahl, offenbar waren es viel mehr Briefe, die möglicherweise auch gar nicht alle angekommen sind. Es fehlen vor allem Briefe aus dem letzten halben Kriegsjahr. Geschrieben sind die Briefe mit Tinte oder Bleistift auf offiziellem Feldpostpapier oder irgendwelchen Papierstücken, manchmal auch auf Postkarten.

Geradezu als pervers empfindet man Postkarten, deren Vorderseite eine Karikatur fröhlich zechender Soldaten abbildet, die im Chor singen: „Nie kehrst du wieder, goldne Zeit, so frei und ungebunden!"

Der letzte Brief, der erhalten ist, stammt vom 30.10.44, er endet mit

Keine Bange, ich komme schon wieder.

Robert übersteht auch noch die letzten Wochen und Monate des Krieges, gestärkt durch einen ungebrochenen Überlebenswillen, eine fatalistische Weltsicht und jugendlicher Unbekümmertheit. Dabei wird er immer wieder gefordert und befindet sich jeden Tag am Rande des Abgrundes. Täglich werden Soldaten erschossen. Die letzten Verbliebenen von 999 müssen sie wegbringen: Wie unfassbar die Verblendung gerade der am Ende des Krieges von den Nazis aufgebotenen Jugendlichen gewesen ist, beschreibt er in einem Erlebnis:

HJ-Führer übten mit Kindern Panzerfaust und Handgranaten Einsätze. Ein Panzerfeldwebel, der vorbei kam, sagte, sie sollen nach Hause

gehen, sie könnten den Sieg auch nicht mehr retten. Wie eine Meute wilder Hunde fielen die Jungen den Soldaten an, sprachen von Verrat und knüpften ihn am nächsten Baum auf. Das war 8 Tage vor Kriegsende.

In Polen geriet eine Truppe in den Hinterhalt von Partisanen. 5 Landser konnten sich retten. Die Feldpolizei brachte sie zu uns, wo sie wegen Feigheit vor dem Feind erschossen wurden.

Kriegsende

Am 7. Mai 1945 kommt endlich das Ende dieses grausamen Krieges. In seinen Erinnerungen berichtet Robert von dem letzten Kriegsereignis, das ihm fast noch das Leben gekostet hätte:

Hinter einer Panzersperre bei Johnsdorf sollten wir Stellung beziehen. Alles war ruhig. Plötzlich heulten Granaten einer Stalinorgel über uns. Die Wirkung war verheerend. Fast alle tot oder verwundet. Ich spürte eine Druckwelle und einen Schlag am rechten Handgelenk. Als ich wieder klar denken konnte, hatte ich das Gewehr noch in der Hand in 3 Teile zerbrochen. Mein Stahlhelm war fortgeflogen, zum Glück hatte ich den Kinnriemen nicht angelegt. Nun hatte ich die Nase voll. Ich warf die Waffen weg und ging in das nächste Haus.

Nur 16 Landser hatten überlebt. Der Bewohner des Hauses führt Robert auf den Speicher. Nach einigen Stunden kommt ein junger Russe, der deutsch spricht, und nimmt ihn mit. Die aufkeimende Hoffnung, als politisch auf der Seite der Sieger Stehender nun besser behandelt zu werden, trügt jedoch. Beim Verhör nimmt man Robert das Soldbuch und Privatgegenstände ab. Die Russen handelten wie überall: Die Offiziere wurden besonders höflich behandelt. Die Landser waren für sie alle gleich, egal wo sie herkamen.

Der Krieg ist zu Ende, eine Ordnung gibt es nicht und auch in Tschechien geht es drunter und drüber. Nach 3 Tagen kommen die letzten Soldaten von Roberts Einheit nach Mährisch-Schönberg, wo sie an die Tschechen übergeben werden. Die Bewohner sind 90 % Deutsche, die Tschechen sind dabei, die Macht zu übernehmen. Sie haben keine Lust, sich mit den besiegten Soldaten zu beschäftigen und schicken sie einfach fort. Dabei wissen sie genau, dass niemand aus dem Land kommt. In ihrer Euphorie machen sich die meisten gleich auf den Weg in die Heimat und landen bald in Gefangenenlagern. Robert jedoch war nicht nur jung, die letzten Jahre hatten ihm auch viel Erfahrung beschert, eine Erfahrung, die ihm die Fähigkeit verleiht, Situationen richtig einzuschätzen. Er bleibt zunächst in Tschechien und geht mit einer Frau Tschund, die ihm Zivilkleidung von ihrem verstorbenen Mann gibt. Nach 10 Tagen müssen alle Deutschen die Papiere umtauschen. Nach anfänglichen Schwierigkeiten gelingt es ihm, sich als Schlosser zu betätigen. Er wird einem Schlossermeister zugeteilt und arbeitet 3 Monate lang. Die Tschechen hassen die Deutschen, wozu sie schließlich auch allen Grund haben. Sie zwingen sie, auf der Kleidung ein großes N (für Nemec = Deutscher) zu tragen. Morgens wird ein Großteil der Bevölkerung gesammelt und zum Arbeitseinsatz gebracht. Abends stehen viele vor der verschlossenen Wohnung und müssen sehen, wo sie unterkommen. Robert wird oft geholt, um die Wohnungen zu öffnen und wieder zu verschließen. Das Inventar wird von der Behörde beschlagnahmt. Dem Meister, bei dem Robert untergekommen ist, wird mitgeteilt, dass der Betrieb nun -von einem Tschechen geleitet wird. Er könne als Geselle weiter arbeiten oder auswandern.

Auch wenn Robert anfänglich einer unter vielen besiegten Deutschen gewesen ist, bringt ihm seine politische Gesinnung allmählich doch noch einige Vorteile. Bei Arbeiten in einer Villa lernt er den Polizeichef Dr. Bosbischil kennen, der in Deutschland studiert hatte. Er vermittelt eine Zusammenkunft mit den örtlichen Kommunisten. Nach Überprüfung seiner Angaben kann er das Parteizeichen tragen, was ihm viele Schwierigkeiten erspart. (Nebenbei bemerkt: Der geflüchtete deutsche ehemalige Polizeipräsident Graf von Matuschka taucht nach Jahren als Abgeordneter der CDU auf.)

Mit Unterstützung der Partei kann Robert Ende Juli bei Asch über die Grenze gehen. Doch er hat Pech. Bei Pegnitz nehmen ihn die Amerikaner fest und sperren ihn in ein Gefangenenlager. Dort herrscht eine Kasernenhof-Atmosphäre, in der die deutschen Offiziere schon wieder Oberwasser bekommen. Er versucht nun alles, um so schnell wie möglich wieder in Freiheit zu gelangen.

Da er weiß, dass in die französische Zone niemand entlassen wird, gibt er als Wohnort Weidelwang in der Oberpfalz an. Das Kalkül geht auf. Die

Amerikaner entlassen viele Soldaten für den Ernteeinsatz auf dem Land. Robert ist dabei. Was nun folgt, ist für Robert nichts Neues: tagelange Fußmärsche und einzelne Bahnfahrten in überfüllten Güterwagen. Diesmal aber mit dem eindeutigen Ziel: die Heimat und die Familie. In Boxberg macht er eine Zwischenstation und verbringt einige Tage bei dem Bruder seines Vaters. Dieser Ort sollte später mehrmals das Ziel eines größeren Ausflugs werden. Ich erinnere mich zumindest als Kind an Besuche des entfernten Verwandten auf dem Bauernhof, der nur nach halbtägiger Bahnfahrt mit mehrmaligem Umsteigen erreicht werden konnte.

Dann geht es wieder auf die Landstraße. Im September 1945 kommt Robert wohlbehalten zu Hause an. Die Freude ist groß, denn alle sind gesund und das Haus steht auch noch. Die unfassbaren und schrecklichen Ereignisse der vergangenen drei Jahre seines Lebens charakterisiert Robert in seinen Erinnerungen mit den lakonischen und fast verniedlichenden Worten:

Eine Episode voller Abenteuer und Erfahrungen war glücklich beendet.

Auch wenn man Roberts Wesen und seine manchmal etwas hölzerne und geschraubte Art, sich auszudrücken, berücksichtigt, ist doch dieses Resumè geeignet, Roberts Urteilfähigkeit in Frage zu stellen.

Er wird gleich zu Beginn der Nazi-Herrschaft verhaftet, sitzt zwar noch relativ behütet in Nürnberg im Gefängnis, muss aber anschließend zwei Jahre im Konzentrationslager Dachau verbringen, wo das alltägliche perfide Bestrafungskonzept darauf ausgerichtet ist, die Überlebenschance der Häftlinge zu reduzieren. Er wird zusätzlich in das berüchtigte Strafbataillon gesteckt, wo er im Grunde nur einen Zweck erfüllen soll: sein Leben zu lassen. Es gleicht schon einer kleinen Sensation, dass Robert sich am Ende des Krieges einigermaßen heil in Tschechien wieder findet. Über die gefährlichste und bedrohlichste Phase seines Lebens fällt er ein Urteil wie nach einem Pfadfinder-Wochenende.

Ein neuer Anfang

Am 5. Oktober 1945 steht Robert wieder in seinem alten Betrieb, wo er bis Mai 1947 als Schlosser arbeitet. Doch die Politik lässt ihn nicht los. Jetzt, nach dem Zusammenbruch des nationalsozialistischem Systems sieht Robert die Chance, eine Gesellschaft aufbauen zu helfen entsprechend der Ideale, für die er gekämpft hatte und für die er bereit war, in den Tod zu gehen. Er gibt seinen so geliebten Schlosserberuf auf und geht als Parteisekretär zur Landesleitung der KPD. Er wird zum Mitbegründer der Metallarbeiter-Gewerkschaft, die im Herbst 1945 neu aufgebaut wird. Er nimmt an Schulungskursen teil und wird Jugendsachbearbeiter, zunächst in Ludwigshafen, dann im Kreisverband und im Landesverband. Robert wird zum richtigen Aktivposten seiner Partei, er gründet Ortsgruppen mit gutem Erfolg. In Ludwigshafen besteht die Jugendgruppe schon nach wenigen Monaten aus 170 Mitgliedern. Der erste Landeskongress findet unter Roberts Leitung in Worms statt.

Im Sept. 1946 hält Robert im Pfalzbau, dem Theatergebäude Ludwigshafens in einer Jugendfeierstunde seinen ersten öffentlichen Vortrag. Unterstützt wird die Feier von Mitgliedern des Pfalzorchesters, dem Gesangsverein Liederkranz und Robert Kleinert von National-Theater Mannheim, der Gedichte von Kästner und Weinert rezitiert.

Die KPD ist salonfähig geworden, weite Teile der Bevölkerung setzen große Hoffnungen in die Partei. Man erwartet von ihr eine vernünftige, großzügige Politik für alle Schichten. Die Ausgangslage ist günstig: In allen Ludwigshafener Großbetrieben stellen die Kommunisten den Betriebsratsvorsitzenden oder den Großteil der Betriebsräte.

Doch so hervorragend sich viele in den K.Z. oder in der Emigration bewährt hatten, in der praktischen Politik versagten sie.

stellt Robert in seinen Erinnerungen enttäuscht fest.

Theorie und Praxis in Einklang zu bringen ist nicht leicht. Sie überschätzten ihre Macht und waren zu wenig kompromissbereit. Man hatte in der Parteileitung nicht den Mut, deutsche Politik zu machen. Man lobte alles, was in der Ostzone oder in Russland sich abspielte. Der Einfluss der Kommunisten ging laufend zurück.

Um eine größere überparteiliche Jugendbewegung zu schaffen, wird 1946 die „Freie demokratische Jugend" ins Leben gerufen.

Achtung vor jeder ehrlichen Überzeugung. soll uns leiten. Friede - Freiheit- Fortschritt sind die Säulen, auf denen unsere Zukunft ruht. Grundrechte der Jugend müssen beschlossen werden.

Unter diesem Motto tritt man vor die Jugend, die sich nach dem Zusammenbruch schwer zurecht findet. Robert wird zum 1. Jugendsekretär für das Land gewählt. Über Trier - Mainz - Neustadt - Pirmasens - Freiburg usw. reist er unter größten Strapazen per Bahn und Fahrrad umher, um neue Jugendgruppen zu gründen, ausgestattet mit einem von den Franzosen ausgestellten Ausweis, damit er die Züge benutzen darf. Im Februar1947 veranstaltet er im Feierabendhaus der BASF eine Feierstunde. Die Lokalzeitung „Rheinpfalz" schreibt darüber:

> „Hermann Kapp mit seinen Solisten verlieh der Feier einen würdigen Rahmen. Die weitere Ausgestaltung übernahmen Mitglieder der F D J. Die auf einem hohen Niveau stehende Feierstunde endete mit dem Appell an die Jugend, sich der F D J anzuschließen und Mitkämpfer für die Grundrechte der jungen Generation zu werden."

Im April 1947 hält Robert auf einer Veranstaltung eine programmatische Rede, deren Manuskript noch vorhanden ist. Darin zeigt er großes Verständnis für die fehl geleitete Jugend und wirbt um deren Mitarbeit. Robert sagt:

> In Krieg und Inflation wurde sie (die Jugend) geboren. Weltwirtschaftskrise und Arbeitslosigkeit als Erscheinungen der kapitalistischen Wirtschaft überschatteten ihre Kindheit. Als Hitler Reichskanzler wurde, waren sie noch Kinder. Sie sahen mit ihren Kinderaugen den Freudentaumel der Erwachsenen und freuten sich kindlich mit.

> Man schickte oder lockte sie in die H.J. mit Fanfaren und schönen Worten und sie folgten begeistert, nichts ahnend~ gutgläubig wie Kinder sind. Sie waren in der Schule geistig darauf vorbereitet worden. Der Militarismus hatte bei der Geburt der deutschen Schule bereits Pate gestanden, sein Geist bestimmte seither den Schulunterricht. Moltke sagte einmal; "Der preußische Schulmeister hat die Schlacht von Königsgrätz gewonnen." Diese Erfahrung machten sich die Jugendführer im 3.Reich zu eigen. Sie wussten: "Jugend schaut auf und begeistert sich an Vorbildern Krieg und Feldherrn, das zeigte man ihnen. Sie nützten vor allem den Weg der Deutschen zur Romantik aus, weil sie dadurch die Jugend bequem u. unauffällig an ein primitives Lagerleben gewöhnen konnten. Sie verdrängten das frohe Jugendspielen durch kriegerische Geländespiele. Sie lehrten die Jugend anstatt die Schönheit

der Landschaft zu schauen, nur noch das Gelände zu betrachten. Sie verdrängte jede geistige Regsamkeit, impften die Jugend mit Kummer, Ideen und Rassenhass, züchteten eine dumme Überheblichkeit gegen andere Völker.

Sie lenkten mit· gaunerhafter Fertigkeit, den jugendlichen Widerspruchsgeist von der totalen Autorität des nazistischen Parteiregimes ganz auf das Elternhaus, die Liebe und die humanistischen Kräfte innerhalb der Schule ab. Sie taten alles für Deutschland und entwürdigten in Wirklichkeit den heiligen Vaterlandsbegriff. Viele fanden dieses Führerprinzip eben darum so bequem, weil man nicht viel zu denken brauchte. Denken setzt außerdem Wissen voraus und das wurde dem Volke bewusst vorenthalten. Man wünschte keine Dichter und Denker, man erzog Soldaten. Diejenigen die also noch menschlich fühlten, wurden durch die sich überstürzenden Ereignisse alle in ihren Bann gezogen und abgelenkt.

... Die Jugend war begeistert, war stolz, Angehörige eines Volkes sein zu dürfen, dessen Wehrmacht von Sieg zu Sieg eilte. Aber der Rückschlag kam schnell. Niederlage vor Moskau - Eiswinter - Rückzug - Stalingrad wurde ein Fanal. Die Kritik erwachte, die Jugend wurde nachdenklich, sie suchte nach dem Sinn des Lebens. Man hatte den Krieg satt. Dieses Hundeleben und Dahinvegetieren. Man wollte einmal wieder Mensch sein. Die Geschwister Scholl - Probst- und viele Unbekannte erregten Verzweiflungstaten. Diese Jugend wusste kaum wofür, sie wusste nur wogegen. Diese Rebellen aus innerer Ehre wollte das Naziregime beseitigen, aber Hitler erschien wieder vor ihnen unantastbar. Sie hatten immer wieder gelernt: Hitler ist. Deutschland aber war der heilige Vaterlandsbegriff für die Jugend. Unter dieser Parole kämpften sie heroisch und oft sogar bestialisch. Sie folgten aus missverstandener Nibelungentreue ihrem Verderber in den Untergang.

Inwieweit die Gedanken in dieser Rede von Robert selbst gekommen sind und inwieweit sie von der Partei vorgestanzte Floskeln sind, lässt sich nicht sagen. Sicher dem Programm der kommunistischen Jugend entnommen sind die politischen Forderungen, die Robert vorträgt. Diese sind zum Teil sehr konkret und auch fortschrittlich, und mit Staunen muss man zur Kenntnis nehmen, dass einige davon auch heute, mehr als 70 Jahre danach, immer noch auf ihre Verwirklichung warten, So etwa die Forderung nach gleichem Lohn für gleiche Arbeit oder die konkrete Umsetzung des Rechts auf Bildung durch kostenlosen Zugang zu allen Schulen und Ausbildungsstätten. So richtig verwirklicht ist heute eigentlich nur das neben den politischen Rechten, dem Recht auf Bildung und dem Recht auf Arbeit als viertes das von der FDJ geforderte Recht für die Jugend: Das Recht auf Freude und Frohsinn. Allerdings dürfte die Umsetzung dieses „Rechts", welche die jungen Menschen eher in eine kommerzielle Abhängigkeit getrieben hat, doch nicht dem entsprechen, was Robert und seine Mitstreiter damals im Sinn hatten.

Anfang Oktober 1947 findet der erste Landeskongress der FDJ in Pirmasens statt, 84 Ortsgruppen existierten mittlerweile. Der Erfolg seiner Arbeit beflügelt Robert, seine Zukunft in der politischen Arbeit zu sehen. Er gibt seinen Schlosser-Beruf auf und tritt hauptberuflich in den Dienst der kommunistischen Partei. Dieser folgenschwere Schritt bedarf allerdings der Vorbereitung. Robert ist ja kein Politprofi, sondern ein junger Mann von 34 Jahren, der die besten Jahre seines Lebens unter Terror und Quälerei zugebracht hat und dessen einzige Qualifikation objektiv gesehen darin besteht, diese Terrorzeit überstanden zu haben und unter den unsäglichen körperlichen und seelischen Belastungen nicht zerbrochen zu sein. Erst seine ehrenamtliche Arbeit beim Aufbau der kommunistischen Jugendbewegung (der FDJ) legen seine bisher geheimen organisatorischen Fähigkeiten und Qualitäten offen. Was die ideologische Festigkeit anlangt, herrscht bei dem jungen zukünftigen Mitarbeiter noch Schulungsbedarf. Ende Oktober fährt er für ein halbes Jahr nach Berlin zur Karl Marx Hochschule, um sich ideologisch fort- und auszubilden.

Robert sieht sich nun auch in einer ganz neuen gesellschaftlichen Position. Er, der von den Nationalsozialisten Verfolgte und Geächtete, wird nun wiederholt um Hilfe gebeten von Bekannten, die ihre angeblich saubere Gesinnung oder zumindest nur minder schwere Verstrickung in das Geschehene von ihm bestätigen lassen wollen. Robert entledigt sich dieser Aufgabe souverän. Er bestätigt zwar die tadellose Solidarität, welche die jeweilige Person ihm gegenüber gezeigt habe, aber was die Person in ihrer Betätigung zum Beispiel im Reichsarbeitsdienst gemacht habe, das entziehe sich seiner Kenntnis. So schreibt er an eine Bekannte. begleitend zu der gelieferten eidesstattlichen Erklärung:

Ich bin gerne bereit, Dir ein Zeugnis auszustellen, ob es Dir aber etwas nützt, ist eine andere Frage. Was Du beim BdM und bei der Werkgruppe getan hast, weiß ich nicht. Hoffentlich warst Du dort der selbe Mensch und Kamerad wie ich Dich kennen und schätzen lernte.

Vor allem bitte ich Dich um eins: vergiss nicht, dass Du als deutsches Mädel auch heute noch den Mut und die Kraft aufbringen musst, die Dir die Anerkennung und Achtung Deiner Mitmenschen sichert. Nicht Du bist Schuld an der politischen Entwicklung gewesen, sondern die Leute, die Dich und Millionen junge Menschen erzogen und verblendet haben. Das kannst Du jederzeit betonen und durch Dein Verhalten heute unter Beweis stellen, dass Du gewillt bist, beim demokratischen Neuaufbau unseres Vaterlandes zu helfen, um eine Wiederholung der Katastrophe zu verhindern.

Nach vorne gucken, das ist die Devise für Robert. So gibt er selbst für einen jungen Mann, der bei der Waffen-SS gewesen ist, eine wohlmeinende Erklärung ab. Auch wenn es sich dabei um einen Vetter Roberts handelt, ist sein Verständnis für die Menschen, die ohne aktives Zutun und gegen die eigene Überzeugung in das üble Tun der Nazi-Bewegung schon bemerkenswert. Nachdem er dessen verkorkste Jugend mit einem trinkenden Vater als Entschuldigung herangezogen hat, schreibt er grundsätzlich:

Ich bin ein anerkanntes Opfer des Faschismus und nicht daran interessiert, wirklich Schuldige- vor ihrer verdienten Strafe zu schützen. Als Mensch will ich aber überall dort helfen, wo eine Möglichkeit entstanden ist, aus einem auf Irrwege geleiteten jungen Menschen ein brauchbares Mitglied der Gesellschaft zu machen.

Ernüchterung und Enttäuschung

Als die Landesleitung der KPD nach Mainz verlegt wird, bleibt Robert als Kreissekretär in Ludwigshafen. Die Bezahlung ist miserabel. 1950 monatlich 190 DM. Als Schlosser hätte er mehr verdient, doch sein Idealismus ist noch ungebrochen. Dies ändert sich allerdings bald. Bereits im September 1949 sieht er sich in seiner Funktion als KPD-Parteisekretär veranlasst, angesichts einer offenbar ziemlich verkorksten Demonstration seiner Partei die Leviten zu lesen und an das Verantwortungsgefühl der Mitglieder zu appellieren.

Es kommt außerdem in den Jahren des Aufbaus der neuen Bundesrepublik Deutschland zunehmend zu Reibereien innerhalb der Partei. Der Streit entzündet sich hauptsächlich an der Frage, wie man hier im Westen mit der aus dem Osten, also Moskau und Ost-Berlin vorgegebenen strengen Parteilinie umgehen sei. Soll man sie als „Empfehlungen" einstufen oder als „Anordnung", als „Befehl"?

In die Auseinandersetzung über diese für den Aufbau von Partei und Gesellschaft so wichtigen Frage gerät Robert direkt hinein. So hatte er sich gesellschaftliche Aufbauarbeit im Dienste seiner humanistischen Weltanschauung nicht vorgestellt. Für solche ideologischen Grabenkämpfe hatte er nicht in Gefängnis, KZ und Strafbataillon sein Leben aufs Spiel gesetzt.

Die Differenzen mehren sich und Roberts Zweifel an der Richtigkeit seiner Entscheidung für die Partei auch. Die ersten Landtagsabgeordneten der KPD verlassen de Partei und gehen zur SPD. Sie werden als „Zu menschlich" eingestuft, weil sie ihre Aufgabe darin sehen, die zertrümmerte Gesellschaft so aufzubauen, dass die Menschen darin frei und unabhängig ihr Leben gestalten können. Robert hat für die Beweggründe dieser Politiker Verständnis und weigert sich, der Anordnung der Partei, diese Menschen nunmehr als politische Gegner zu bekämpfen, nachzukommen. Es kommt zum Eklat. Am 31. März 1951 zieht Robert die Konsequenz und kündigt seine Arbeit als Parteisekretär. Er legt dem Vorstand einen Hand geschriebenen Zettel auf den Tisch mit den Worten:

Wo kein Vertrauen mehr besteht, ist auch eine Zusammenarbeit nicht mehr möglich.

Im gleichen Zuge tritt er aus der Partei, der KPD, aus. In seinem Rückblick führt er als Begründung an:

Ich konnte diese Schaukelpolitik nicht mehr mit ruhigem Gewissen vertreten. In der Landesleitung war man blind für die Lage der Bevölkerung, Ich brachte praktische Beispiele in Mengen, was getan werden müsse. Doch man nannte mich einen Versöhnler, weil ich für Genossen eintrat, die in Verwaltungen tätig waren und dort nicht sture Parteipolitik machen konnten Man sah lieber, dass diese Leute auf die Straße flogen. Man wollte nicht einsehen, dass viele Positionen von reaktionären Elementen und alten Nazis wieder besetzt waren. Man drosch alte Phrasen und trieb einen Stalinkult, der selbst verdienten Genossen auf die Nerven ging.

Nach Jahren des Widerstands, in denen er sein Leben aufs Spiel gesetzt hatte, nach einigen Jahren des aktiven Aufbaus kommt Robert zu einem ernüchternden Fazit:

Wenn ich heute zurückdenke, muss ich sagen, die Opfer von tausenden Widerstandskämpfern waren umsonst.

Alle Illusionen meiner Jugendzeit waren verflogen. Man hatte nichts dazugelernt.

Die Resignation ist mit Händen zu greifen, wenn man in Roberts Erinnerungen sein Urteil über die „Aufbau"-Jahre liest. Für die internationale Einheit der Arbeiterklasse hatte er in KZ und Strafbataillon seinen Kopf hingehalten, und was machen die Verantwortlichen? Sie bekämpfen sich gegenseitig und verprügeln sich im Streit um die richtige Auslegung der Lehren von Marx, Engels, Lenin, Stalin und Mao Tse-tung. Obwohl man eigentlich das gleiche Ziel anstrebt, bekämpft man nicht den politischen Gegner sondern die eigenen Mitstreiter. Dies gilt für alle Ebenen der Politik.

Der gesellschaftliche Aufbau im Osten Deutschlands in der damaligen Ostzone und späteren DDR erfolgte unter ähnlichen psychologischen Bedingungen und die politisch Agierenden hatten mit ähnlichen Problemen zu kämpfen wie die links-radikal gestimmten Westdeutschen. Hier wie dort war man der Auffassung, dass das unsagbare Leid, das die Insassen der Konzentrationslager über sich ergehen lassen mussten, ausreichte, um aus einem einfachen Arbeiter oder politisch interessierten Menschen einen kenntnisreichen Politiker zu machen. Doch da hat man sich getäuscht. Eine straff formulierte politische Ideologie und die bedingungslose Bereitschaft, dieser Ideologie zu folgen, waren das einzige Rüstzeug, das diese „Politiker" mitbrachten. Eine unerschütterliche Standfestigkeit in den von der Partei erlassenen Losungen, war die hauptsächlich geforderte Tugend. Das war zu wenig, Politik ist eben doch mehr als nur „das Richtige zu wollen" und wer in Ost oder West zuerst an die Menschen und ihre individuellen Probleme denkt, muss in einem solchen Umfeld wie eine Gegenbewegung wirken. Diese Menschen wurden dann von den ideologisch Unerschütterlichen bald tatsächlich so behandelt, wie man eben gewohnt ist, Fremdkörper zu behandeln. Sie wurden nämlich beseitigt. So unterschiedlich die Lage in der DDR und der BRD gewesen war, so ähnlich war doch die Entwicklung in den links-ideologischen Kreisen. Es dauerte nur wenige Jahre und die DDR hatte sich entwickelt von einem Staat, der die Ideale von Freiheit, Selbstbestimmung und Wohlstand zu realisieren begann, hin zu einem spießigen, verknöcherten, ideologisch keine Abweichungen duldenden totalitären Staat, der seine „Abweichler" gnadenlos verfolgt und drangsaliert.

Mangels Macht konnten die Kommunisten im Westen dem nicht gleichtun, aber innerhalb ihrer eigenen Organisationen waren sie ebenso verknöchert und mehr interessiert an ideologischer Korrektheit als an einer effektiven Hilfe und Unterstützung für die Menschen. Die Kommunisten hatten also nichts dazugelernt, wie Robert enttäuscht feststellt.

Nichts dazu gelernt hatten offenbar auch weite Teile der Bevölkerung und der politischen Kaste. 1945 versuchte im Westen ein großer Teil der Bevölkerung, der begeistert für Hitler tätig war, unterzutauchen oder sich in der neuen Partei CDU zu sammeln. Auch die ehemals politisch Verfolgte schlossen sich zusammen, unter dem Namen VVN (das heißt „Verfolgte des Naziregimes".) Diese Vereinigung ist in Rheinland-Pfalz seit Jahren als kommunistische Tarnorganisation verboten. Dagegen halten ehemalige SS-Verbände ohne Schwierigkeiten jedes Jahr bundesweit ihre Kameradschaftstreffen ab, bei denen sie sich und ihre verbrecherischen „Großtaten" feiern. Diese Ungleich-Behandlung hat Robert trotz seines sonst so ruhigen Temperaments und seiner Besonnenheit immer wieder in Rage gebracht. Das Gleiche war alljährlich der Fall, wenn die offizielle politische Öffentlichkeit mit großem Betroffenheitsschmalz der Widerstandskämpfer des 20. Juli 1944 gedachte. Nicht hauptsächlich die Ausblendung des Widerstands von unten schon zu Beginn des Naziregimes machte Robert wütend, sondern vor allem die Tatsache, dass die so gepriesenen Offiziere jahrelang zu den Steigbügelhaltern und Unterstützern der unmenschlichen Politik Hitlers gehörten, zu einem Zeitpunkt als schon viele Menschen in den KZs ermordet wurden. Erst als die hohen Militärführer erkannt hätten, dass der Krieg nicht zu gewinnen ist, habe sich deren Gewissen gemeldet und sie zum Handeln veranlasst, erklärte Robert immer wieder. Soweit ich mich zurück erinnern kann, ist dieser Gedenktag der einzige Anlass gewesen, dass sich Robert über politischen Fragen wirklich aufregte, und das jedes Jahr.

Zu seiner ernüchterten politischen Bilanz kommt für Robert auch noch seine eigene Erfahrung hinzu, die er in der neuen Bundesrepublik machen muss. Obwohl die aus den Konzentrationslagern Befreiten unmittelbar nach dem Krieg eine besondere, durchaus herausragende Stellung in der Gesellschaft hatten und die Alliierten bei der Verteilung der gesellschaftlichen Aufgaben und Posten immer wieder auf die nicht-mit-den-Nazis-Verstrickten zurückgriffen, musste Robert dennoch wie seine Gesinnungsgenossen die bittere Erfahrung machen, dass der Stellenwert der unter den Nationalsozialisten Leidenden auch in dem neuen Staat der gleiche ist wie zuvor. Am Status dieser Menschen in der Gesellschaft hat sich nichts geändert, es sind und bleiben eben Zuchthäusler, Vorbestrafte, Vaterlandsverräter, wobei man sich fragen muss, wer das Vaterland mehr verraten hat, diejenigen, welche einer unmenschlichen Politik die Unterstützung versagten oder diejenigen, die für ein verbrecherisches Regime in den Krieg zogen.

Nachdem von Seiten des Staates beschlossen wurde, mehr als Anerkennung denn als Ausgleich den ohne rechtsstaatliche Begründung im Nazi-Staat Inhaftierten eine einmalige Entschädigungszahlung zukommen zu lassen; stellt auch Robert einen entsprechenden Antrag. Am 28. Mai 1951 teilt man ihm mit, dass die ihm für45 Monate Haft (Gefängnis und KZ) zustehende Entschädigung 6.750 DM betrage. Doch Robert bekommt das Geld nicht ausbezahlt. Er vermutet ein Versehen oder ein Missverständnis und fragt mehrere Male beim Regierungspräsidium nach. In einem Brief vom 2. Februar 1955 (!), zehn Jahre nach Kriegsende, heißt es:

Ob ehemaligen Funktionären der KPD Entschädigung zusteht, ist noch nicht geklärt. Rheinland-Pfalz vertritt die Meinung, dass diesen Personengruppen keine Entschädigung zusteht.

Das sind unsere christlichen Demokraten,

schimpft Robert in seinen Erinnerungen.

Am 20. Juli feiert man Offiziere als Widerstandskämpfer, die jahrelang die Politik von Hitler mitgetragen haben. Die tausende kleinen Leute will man vergessen.

Die Ungleichbehandlung der politisch unterschiedlich ausgerichteten Opfer des Faschismus bei der Entschädigungszahlung war kein Einzelfall. Die bei den Nazis begonnenen Schikanen setzten sich auch in der Bundesrepublik fort, die herab setzende Behandlung der Menschen im Widerstand hatte offenbar System.

Als Robert sich 1956 zwecks einer beruflichen Veränderung auf eine Stelle in dem Ludwigshafener Chemiekonzern BASF, dem größten Steuerzahler der Stadt, bewirbt, muss er erleben, dass sein Verhalten während des Naziterrors ihm auch in der Arbeitswelt zum Nachteil gereicht. Erst nach großer, ausladender Überzeugungsarbeit ist man bereit, einen als KZ-Häftling „Vorbestraften" in die Werkstatt des Betriebes zu lassen; 11 Jahre nach Ende des Krieges und fünf Jahre nachdem sich Robert von der KPD los gesagt hatte.

Nach meiner Erinnerung hat Robert tatsächlich nur ein einziges Mal einen kleinen Nutzen aus seiner früheren Haftzeit gezogen. Dies war, als er am Ende seines Arbeitslebens aufgrund seiner Verfolgung unter den Nazis ein Jahr früher in Rente gehen konnte als normal. Es bedarf kaum der Erwähnung, dass auch dieser Vorteil erst nach langwierigem Verfahren, vielen Gesprächen und eingehender Prüfung des Sachverhaltes eingeräumt worden ist.

Aktiv politisch betätigt hat sich Robert seit der Enttäuschung und dem Austritt aus der KPD nicht mehr. Am Ende seines Berufslebens in den 70er Jahren trat er in die SPD ein, mehr als ein Mitglied wollte er auch dann nicht sein.

Die mehrjährige aktive politische Aufbau-Arbeit endet also für Robert enttäuschend. Ja, man kann sagen, was die Nazis nicht geschafft haben, das gelang den eigenen Genossen: Nämlich den Rest an politischer Überzeugung oder Glauben an die Menschlichkeit in Robert zu zerstören. Nationalsozialismus und Kommunismus brachten für Robert im Grunde genommen die gleiche Erkenntnis: politisches Engagement zahlt sich nicht aus, macht keinen Sinn, eine Erkenntnis, die in einen Satz mündet, den ich in meiner Kindheit und Jugend oft besonders aus dem Munde meiner Mutter hörte: „Politik ist ein schmutziges Geschäft. Von Politik lass die Finger."

Ende März 1951 beendet Robert also seine Beschäftigung bei der KPD und tritt aus der Partei aus. Nach der endgültigen .Aufgabe seiner politischen Tätigkeit, arbeitet er wieder als Schlosser in seinem alten Betrieb. Er wird zum Mitglied der Prüfungskommission für Lehrlinge und zum Vorsitzenden im Gesellenausschuss ernannt. Im Auftrag der Gewerkschaft gründete er die Metallarbeiterjugend und kann so seine Erfahrung im Aufbau von Organisationen anwenden. Anfang der 50er Jahre besuchte Robert drei Jahre lang Vorbereitungskurse zur Meisterprüfung, die er 1955 als Gruppenbester bravurös besteht. Sein Meisterstück, eine schöne und aufwändig geschmiedete Uhr, stand seit ich denken kann auf dem Schrank im Wohnzimmer. Immer war sie für mich das Zeugnis des handwerklichen Könnens meines Vaters. Robert hatte beruflich erreicht, was für ihn erreichbar war: Er ist nun Bau- und Kunstschlosser-Meister. Eine Schweißerprüfung rundet seine Ausbildung ab.

Die bessere Qualifikation bringt aber auch Nachteile mit sich. In dem kleinen Handwerksbetrieb gibt es nun vier Meister. Das kann auf Dauer nicht gut gehen.

Im Frühjahr 1956 bewirbt er sich bei der BASF, dem großen Chemiekonzern, der für die junge Stadt und das Umland als größter Arbeitgeber von großer Bedeutung ist. In seinen Erinnerungen schreibt er darüber:

Auch hier sollte ich erfahren, wie man ehemalige politisch Verfolgte einschätzt: In der Personalabteilung empfing man mich sehr freundlich. Beim Überprüfen meiner Papiere wurde der Beamte blass. Er ging zu seinem Vorgesetzten und von dem wurde ich in meinen Betrieb geschickt. Ich bekäme Bescheid, war die Antwort. Als sich nach 3 Wochen noch nichts getan hatte, redete ich mit dem Betriebsrat. Fast alle kannte ich persönlich.

Man redete um den Brei herum und sagte, mit Kommunisten müsse man vorsichtig sein. Nach langer Diskussion konnte ich die Herren Sozialdemokraten überzeugen, dass ich in die BASF ging, um meinen Beruf auszuüben und meine Familie zu ernähren. 1957 bekommt Robert eine Stelle bei der BASF als Schlossermeister, die er bis zu seiner Verrentung 1975 ausfüllt.

Als Rentner ist Robert aktiv in der Betreuung des heimischen Gartens und im handwerklichen Bereich in seiner Werkstatt. In den 80er Jahren übernimmt er die Leitung der städtischen Altenwerkstatt. Nach einer lebensbedrohenden Beinamputation kämpft sich Robert wieder ins aktive Leben zurück. Er stirbt am 31. 8. 1991 im Alter von 78 Jahren.

Roberts Engagement im sozialistischen Widerstand wurde öffentlich gewürdigt im Rahmen des mittlerweile etablierten und weit verbreiteten Projektes „Stolperstein", das nach mehreren Jahren sich auch auf solche Widerständler ausdehnte, die zwar Opfer des Faschismus waren, jedoch mit dem Leben davon gekommen sind: Unter dem Titel „Ludwigshafen setzt Stolpersteine gegen das Vergessen" wurde am 2. April 2011 vor dem ehemaligen die elterliche Wohnung beherbergenden Wohnhauses im Ludwigshafener Stadtteil Hemshof für Robert ein Stolperstein gelegt, begleitet von einem kurzen biographischen Rede- und Textbeitrag, den Gymnasiasten im Rahmen eines schulischen Projektes erarbeitet hatten und selbst vortrugen.

Die Zeit der Verfolgung im Rückblick

Es gibt viele verschiedene Wege, mit erschütternden und grausamen Erlebnissen und mit der eigenen Verstrickung in komplizierte Zusammenhänge umzugehen. Die Generation Roberts hat dies in mannigfacher Weise in den Jahren und Jahrzehnten nach Kriegsende gezeigt. Die einen schwiegen standhaft und verweigerten jegliche Auskunft gegenüber den bohrenden Fragen der eigenen Kinder zu ihrer Verstrickung in den Jahren des Totalitarismus, die anderen verniedlichten ihre Rolle, andere wiederum redeten unablässig vom Krieg. Je nach psychischer Gefasstheit geriet das Kriegsgeschehen zum kameradschaftlichen Pfadfinderspiel oder zum höllischen, unfassbar grausamen Inferno, das lebenslang in der Seele der Beteiligten brennt. Die vorbildhafte Rolle, die Robert in den Jahren des Nationalsozialismus gespielt hatte, ersparte unserer Familie viele Diskussionen und Streitereien und einen Generationenkonflikt, wie er in den meisten Familien mehr oder weniger heftig stattfand; ein Konflikt, welcher dann in die Studentenproteste von 1968 mündete. Wir Kinder konnten sicher sein, dass es keine unliebsame Vergangenheit unseres Vaters gab, die totgeschwiegen werden sollte. Da wo Mitschüler mit ihrem Vater haderten und sich gar von ihm distanzierten, da konnten wir stolz von dem Versuch des eigenen Vaters berichten, sich gegen die Strömung gestellt zu haben.

Wie unterschiedlich der Umgang mit dem eigenen Schicksal gerade der Hitler-Gegner sein kann, konnten wir in unserer direkten Nachbarschaft sehen. Die kleine Siedlung, bestehend aus ca. 12 kleinen Häuschen auf beiden Seiten einer schmalen Straße, in welcher wir wohnten, war nämlich von besonderem Charakter. Die ziemlich primitiven aus verputzten Heraklith-Platten bestehenden Häuser, als eine Art Bausatz ursprünglich für die Besiedelung im Osten gedacht und nach dem Krieg von den Russen als Reparationszahlung abgelehnt, wurden in Ludwigshafen aufgebaut und ausschließlich an Opfer des Faschismus verkauft bzw. verpachtet. So bestand unsere Nachbarschaft aus ehemaligen Kommunisten, Sozialisten, Anarchisten, Deserteuren und Halbjuden. Diese hatten ganz unterschiedliche Schicksale erlitten: der eine, Kommunist und in den späten Jahren bis in die Physiognomie Erich Honecker sehr ähnlich, saß neun Jahre in Buchenwald, war sein gesamtes weiteres Leben verbittert und blieb der DDR und ihrem politischen Arm in Westdeutschland, der DKP, treu, war aber mit sich und der Welt nie zufrieden, unterdrückte und schikanierte seine Frau, seit ich denken kann. Ein anderer, SAP-Mitglied, war bei den Moorsoldaten in Ostfriesland, er zeigte mir eine handschriftliche Abschrift des berühmten Lieds von den Moorsoldaten, das er mitverfasst hatte. Er war für uns Kinder immer unschwer daran zu erkennen, dass er fröhlich pfiff, wenn er morgens mit dem Fahrrad zur Arbeit fuhr. Er strahlte eine Fröhlichkeit aus, die irgendwie überdreht und deshalb recht seltsam wirkte. Unter den Bewohnern des kleinen Straßenzuges waren Insassen diverser KZs dabei und mehrere Kämpfer im Strafbataillon 999 oder deren Angehörige. Nur wenige gingen mit ihrem Schicksal derart fatalistisch und souverän um wie Robert. Ich weiß heute nicht, was mir mehr Respekt entlockt, die Zeit des Widerstandes oder die Zeit der Aufarbeitung.

Dennoch kann man sich wohl nur schwer klar machen, was diese Menschen in den KZs und den anderen Drangsalierungsmaschinen durchgemacht haben, was sie für körperliche und psychische Verletzungen davongetragen haben, die niemals verheilten. Dies wurde mir bewusst als ich, ich war schon Ende Zwanzig, mich aufmachte und die Nachbarn besuchte mit Notizblock und Tonband und sie nach ihrer Geschichte befragte. Ziel sollte eine Zusammenstellung der Lebensgeschichte dieser Männer sein. Die Informationen habe ich gesammelt, aber das Gefühl, das Einfühlen in diese Erlebnisse stellte sich nicht ein und ich bekam den Eindruck, dass das Vorhaben nicht glücken werde. So gab ich es auf. Auch der spätere Besuch der ehemaligen KZs in Dachau und Buchenwald gab mir zwar Bilder, an denen sich die erworbenen Informationen festmachen ließen, aber trotz persönlicher Betroffenheit war da noch eine historisierende Distanz, die nicht zu überwinden war. Man kann einen Schmerz noch so perfekt beschreiben, für den, der ihn nicht fühlt, ist er doch etwas Fremdes.

Roberts Erfahrungen und Erlebnisse während der Nazi-Zeit waren in unserer Kindheit und frühen Jugend kein Thema. Zumindest kann ich mich an keine Diskussion, an keine Erzählung, an keinen Streit oder Klage erinnern. Nur selten fielen in Gesprächen der Erwachsenen Worte, Begriffe, Andeutungen, die ich in den Zusammenhang zu der dunklen Zeit bringen konnte, sofern ich überhaupt eine Ahnung davon hatte. Erst als ich schon fast erwachsen war, mit 16 oder 17 Jahren wurde diese Zeit ein Thema, und eigentlich thematisiert durch uns Kinder, die wir Genaueres wissen wollten. Hat Robert diese Jahre verdrängt, oder einfach ausgeklammert oder bewältigt, was immer dies heißen mag? Als ich mich für die damalige Zeit und die Rolle des Vaters zu interessieren begann, und ich gleichzeitig den Reiz von allem in Buchform Gedrucktem spürte, entdeckte ich auch die große Zahl an politischen Büchern im Haus, Originalwerke von Marx, Engels, Lenin und zahlreiche Bände russischer Autoren, in die ich mich teilweise vertiefte. Es erfüllte mich mit großem Stolz, in der Schule bei der Behandlung der neueren deutschen Geschichte vom Schicksal meines Vaters berichten zu können, und ich spürte auch seinerseits die Genugtuung Roberts, dass sich seine Kinder für diese Fragen der Zeitgeschichte interessierten. Wenn er zu Gruppen junger Menschen eingeladen wurde, hin und wieder hatte ich in den 70er Jahren Anteil daran, dann berichtete er gerne über die braune Zeit, in der festen Überzeugung, dass nur Information und Wissen unsere Gesellschaft vor ähnlichen Irrwegen bewahren können.

Trotz unseres Interesses, umfassend in Kenntnis gesetzt über Roberts Werdegang bis zum Kriegsende wurden wir Kinder erst als er 1979 seine Lebensgeschichte aufschrieb und, was eine besondere Erinnerung ist, auf Tonband gesprochen hat. Die Zeit bis 1945 macht naturgemäß nur einen Teil dieser Lebensgeschichte aus, aber für uns Kinder war dieser Teil der entscheidende. Die Zeit danach konnten wir schließlich weitgehend durch eigenes Miterleben erinnern und den Wert der Eltern selbst bewerten. Für mich war die Geschichte von Roberts Jugend beispielgebend als ich mich selbst in den Dienst einer Bewegung stellte, die in ihrer ökologischen Ausrichtung zwar ganz anders geartet war als die politische Bewegung der 30er Jahre in ihrer Zukunftsbedeutung aber zu ihrer Zeit ebenso erheblich war. Es war das Beispiel meines Vaters, das mich in der Überzeugung bestärkte, eine für richtig gehaltene Sache auch dann zu verfolgen, wenn man realistischerweise nicht an ihren Erfolg glauben kann.

Wie bedeutungsvoll Roberts politische Arbeit für ihn selbst in der Beurteilung seines Lebens gewesen ist, davon zeugen die letzten Worte auf seinem Sterbebett:

In meinem Versuch, die Welt zu verändern, bin ich gescheitert. Als Mensch habe ich mich bewährt.

Besser kann man dieses Leben nicht in solch knapper Form charakterisieren.

———————————

Gertrud

Kindheit und Jugend

Gertrud wird am 23. Juni 1923 in Ludwigshafen am Rhein geboren als erstes Kind von Anna und Hans Kirner. Robert ist zu diesem Zeitpunkt 10 Jahre alt und hat seinen Lebensmittelpunkt nur unweit vom Wohnhaus der jungen Familie entfernt. Dass sich die beiden als Kinder und Jugendliche niema getroffen haben, hängt weniger mit dem Altersunterschied zusammen a.. vielmehr mit dem sozialen Umfeld.

Robert und Gertrud werden in unterschiedlichen sozialen Welten groß.

Gertruds Vater ist Architekt, die Mutter stammt aus einer Familie, die ein Baugeschäft hat. Gertrud wächst also in einem bürgerlichen Haushalt mit allen psychischen Attributen auf. Der Vater ist nicht nur ein gewissenhafter Planer und strebsamer Angestellter, er ist auch an Kunst interessiert, spielt Klavier und malt recht ordentlich. Ich erinnere mich noch deutlich an das Ölgemälde mit einem Stillleben als Thema, das meine Großeltern seit ich denken kann an einer Wand ihrer jeweiligen Wohnung hängen hatten. Das Gemälde als durchaus vorzeigbares und handwerklich beachtliches Produkt der jugendlichen künstlerischen Bemühungen des Großvaters zu präsentieren, war vermutlich nur ein Motiv, weswegen gerade dieses Bild stets an der Wand hing. Der vermutlich wesentlich bedeutsamere Grund dürfte in einem - Detail des Gemäldes verborgen sein: In einer Ecke des Bildes war deutlich sichtbar eine in stenografischer Schrift verfasste Botschaft geschrieben. Es war dies das Liebeswerben des jungen Hans für seine spätere Frau Anna, bei dem Gemälde handelte es sich nämlich um ein frühes Geschenk des jungen Mannes an seine Auserwählte.. Wie dies häufig in Biographien so ist, musste Vater Hans seine künstlerische Begabung und Neigung jahrzehntelang zugunsten des Alltags-Dienstes für seiner Familie brach liegen lassen. Erst im

Rentneralter, komfortabel mit Muße und Zeit ausgestattet, ließ er sein Hobby wieder aufleben, verbesserte seine Technik und malte eine Menge Bilder, die mehr als nur Erstaunen und Anerkennung von Kindern und Erwachsenen der Familie, einem größeren künstlerischen Anspruch konnten die vorwiegend Blumen und Landschaft gewidmeten Bilder nicht genügen.

Mit Gertruds Geburt wird aus dem Ehepaar eine kleine Familie und aus dem Ehemann ein treu sorgender Vater. Den Umstand, dass Gertruds Geburt in die Zeit der großen Inflation fällt, macht dieser sich auf praktische Art zu Nutzen, indem er den frisch erworbenen Kinderwagen als Transportfahrzeug für das kiloweise ausgegebene fast wertlose Papiergeld umfunktionierte. Eine heile Welt war das auch nicht, in die Gertrud da hineinwuchs, (wann gibt es schon mal eine heile Welt), aber wohl behütet, zufrieden bürgerlich und weidlich umsorgt darf man diese Welt schon nennen. Passend zu der bilderbuchartigen Bürgerlichkeit der kleinen Familie gesellt sich zwei Jahre später noch eine Schwester, Anneliese, dazu.

Von dieser Familie können wir uns ein recht konkretes Bild machen dank einer Reihe von Fotografien, welche nicht zufällig aus dem späteren Kriegschaos übrig geblieben sind, sondern die von Beginn an wohlgeordnet in Fotoalben zur rechtschaffenen Dokumentation des Familienlebens eingeklebt wurden, versehen mit liebevoll und stolz vorgenommener Beschriftung. So existiert ein kleines Album, das offenbar ausschließlich für hervorriefen. Allerdings bezog sich diese auf die Beherrschung der Technik Fotos mit Gertrud angelegt wurde. Aus ihm lässt sich die allmähliche Entwicklung des Kindes ablesen. Neben zahlreicher loser Fotografien kann auch ein Album zur Dokumentation hilfreich sein, welches mein Großvater am Ende seines Lebens zusammengestellt hat. In ihm finden sich viele Bilder von der Familie meiner Großmutter, der Familie Hofmann, und den Vorfahren meines Großvaters, der Familie Kirner, sowie ausgewählte Bilder der heran wachsenden Kinder und der Enkel. Vor allem die akribisch deutlich lesbar angebrachten Bildunterschriften geben manch hilfreichen Hinweis auf Datierung und Benennung der gezeigten Personen.

Ein kurz nach der Geburt angefertigtes Foto der jungen Familie, vermutlich das offizielle Geburtstags-Foto, zeigt die etwas skeptisch dreinblickende gut aussehende und mit einer Perlenkette am Hals geschmückte Mutter mit dem Baby auf dem Arm; daneben sitzt der Vater in sauberem Hemd mit gestärktem Kragen, Krawatte und Jackett, in der einen Hand, von der der

Ehering glänzt, eine Broschüre haltend, die andere Hand das Baby neckend. Sein Gesicht ist das eines stolzen und freudigen jungen Vaters, auf der Oberlippe steht bereits ein kleines Bärtchen, das wohl nur zum Teil der allgemeinen Mode folgend getragen wurde, zum anderen Teil scheint dies schon ein sanfter Hinweis auf die politische Ausrichtung des Familienvaters zu sein.

Das Heranwachsen Gertruds und ihrer Schwester wird regelmäßig festgehalten in Fotografien, die die Familie in stolzem Selbstbewusstsein zeigt und die wohl behütete Kindheit des Nachwuchses vermittelt. Nur wenige Monat alt, wird Gertrud in sauberem Kleid auf einem Sessel sitzend abgelichtet, andere Fotos zeigen die Einjährige auf dem Fahrradsitz des Vaters, die Heranwachsende zwischen den Eltern auf einer Parkbank, oder bei einem Gruppenfoto der Großfamilie auf dem Arm des Großvaters mütterlicherseits. Dieser, Adolf Hofmann mit Namen, war Bauunternehmer und eine recht imposante und interessante Persönlichkeit. Dies spricht nicht alleine aus den wenigen Seiten seiner von ihm selbst verfassten persönlichen Lebenserinnerungen, auch in den Erzählungen seiner Enkelin Gertrud konnten wir das Besondere dieses Menschen spüren. Auf allen Fotografen stellt er ein personifiziertes Selbstbewusstsein dar, ob stehend oder sitzend dominiert er die Szene wie ein Patriarch, ein Patriarch freilich, dem man keine Ungerechtigkeit und Grausamkeit zutraut. Mich hatte er nicht mehr als Kleinkind auf dem Arm gehalten, meine Geschwister hat er dagegen noch miterlebt. Er starb 85jährig 1952.

Wie eine mustergültige aufstrebende kleine bürgerliche Familie präsentieren sich Hans und Anna Kirner mit ihren beiden Töchtern an Weihnachten 1928. Unter einem wohlgeschmückten Tannenbaum türmen sich die Geschenke für die Kinder: ein großer Kaufladen, eine Puppenstube mit Puppen, ein Kinderstuhl, ein Kinderwagen, Holzfiguren. Inmitten des Bildes sitzen die Kinder, mit den Spielsachen sich beschäftigend, links am Rand lächelt, umgarnt von seiner Frau, Hans Kirner in die Kamera. Er sitzt am Klavier und spielt vermutlich ein weihnachtliches Musikstück oder eine Melodie aus einer Operette. Möglicherweise handelt es sich bei dem nur partiell sichtbaren Klavier sogar um das gleiche, das heute in meinem Arbeitszimmer steht. Ich habe dieses wertvolle und wohlklingende Instrument nach dem Tode meines Großvaters geerbt, da ich zu seiner großen Freude in meiner Jugend es zu einer Fertigkeit im Klavierspiel gebracht hatte, die ihm Anerkennung und Stolz abforderte. Es war zweifellos das Klavierspiel von Hans Kirner, das mich den immer hartnäckiger vorgetragenen Wunsch entwickeln ließ, selbst einmal Klavier zu spielen und ein Instrument zu besitzen. Zumindest weil es ein schöner Gedanke ist, gehe ich einfach einmal davon aus, dass das Klavier auf dem Weihnachtsbild von 1928 mein Klavier ist.

Dieses Weihnachtsbild ist eines der Bilder, auf denen Gertrud gemeinsam mit ihrer jüngeren Schwester zu sehen ist. Die Beziehung der beiden scheint von Anfang an durch die Rollenverteilung der Erstgeborenen und der jüngeren Schwester belastet gewesen zu sein. Ich erinnere mich daran, wie sich Gertrud später zaghaft beklagte über die Verantwortung und Pflicht, die von den Eltern von ihr gefordert worden waren, wogegen ihre Schwester geschont worden sei. Diese emotionale Bevorzugung Annelieses durch die Eltern wurde für uns nur allzu deutlich in den letzten Jahren der Großeltern. In einem schon von sich ankündigender Demenz gekennzeichnetem Alterszustand wurde die wahre Emotionalität freigelegt, ohne dass diese durch überlegte Rücksichtnahme abgeschwächt wurde. Während die tägliche, liebevolle und umfassende Umsorgung der Eltern durch Gertrud von diesen als Selbstverständlichkeit hingenommen wurde, war der seltene Besuch der jüngeren Tochter als großartiges Ereignis gewertet worden, das zu verkünden man nicht müde wurde. Ich erinnere mich noch deutlich an den Schmerz, den dieses Verhalten ihrer Eltern Gertrud zugefügt hatte.

Als Gertrud 35 Jahre später am Ende ihres Lebens selbst die Beherrschung über ihr Denken verlor und den Gefühlen freien Lauf lassen konnte, zeigte sich in aller Deutlichkeit, wie die zeitlebens schwierige Beziehung zu ihrer Schwester durch ein frühkindliches Konkurrenzverhalten belastet worden war.

Dass es nach dem Tod der Eltern zum Streit und schließlich gar zum Bruch zwischen den Schwestern gekommen ist, scheint im nachhinein die logische Folge von unterschwellig vorhandenen Konflikten zu sein. So schlägt sich bei der Betrachtung eines ganzen Lebens ein Bogen vom Anfang zum Ende.

Als Gertrud alt genug ist, besucht sie einen Kindergarten. Davon zeugen diverse Gruppenfotos, auf denen das kleine Mädchen meist unscheinbar am Rand zu sehen ist, ein Kind unter vielen. Im Jahre 1929 endet diese Zeit und man macht eine Fotografie, die neben zwei Erzieherinnen fünf Mädchen zeigt, Gertrud ist die kleinste von ihnen.

Im Sommer dieses Jahres macht die junge Familie Urlaub in Bad Königsfeld. Die Fotos zeigen eine zufriedene entspannte Familie, die Mutter in der Hängematte, davor die spielenden Kinder, der Vater mit den Mädchen beim Baden und Sonnenbaden, alle vergnüglich auf einer Wiese sitzend. Der Vater muss offenbar vorzeitig weg, auf einem Motorrad verabschiedet er sich von seinen Damen, die ihm anhänglich zuwinken.

Auch die Fotos von Gertrud beim Ostereiersuchen und bei ihrer Einschulung sprechen von einer harmonischen Familie, deren Mittelpunkt die gut umsorgten Mädchen sind. Sauber herausgeputzt und mit Schultüte sieht Gertrud im Jahre 1929 dem neuen Lebensabschnitt mit gespannter Erwartung entgegen.

Schule

Von da an besucht das Mädchen vier Jahre lang die Volkshauptschule in Ludwigshafen. Auf den Klassenfotos dieser Zeit fällt sie durch einen ernsten, fast erwachsenen Gesichtsausdruck auf. 1932 wird ein Einzelbild vor der Schule aufgenommen mit einem Hinweisschild: „Zur Erinnerung an meine Schulzeit". Es zeigt ein Mädchen, das in durchaus gewöhnlicher und keineswegs herausgeputzter Kleidung stramm dasteht, mit einem Gesichtsausdruck, der hinter dem geforderten Lächeln einen Ernst aufblitzen lässt, der für das Alter irgendwie nicht angemessen scheint.

Die Noten in der Schule sind durchweg gut.

Zum Geburtstag 1931 bekommt Gertrud ein Poesiealbum geschenkt, das jedoch anscheinend zunächst auf wenig Interesse stößt. Erst ein halbes Jahr später, zu Weihnachten machen Vater und Großvater mit ihren Texten den Anfang. Insgesamt enthält das Büchlein Eintragungen bis 1936, die jedoch nicht chronologisch angeordnet sind. Die meisten Beiträge sind aus dem Jahr 1932.

Der Vater schreibt der 8jährigen als erster die Widmung:

Mein Kind, gehorche der Zucht deines Vaters
Und verlaß nicht das Gebot deiner Mutter,
denn solches ist ein schöner Schmuck deinem Haupte
und eine Kette an deinem Halse.
Von deinem Vater Hans Kirner

Und der Großvater stimmt mit martialischen Worten die kleine Gertrud auf den Ernst des Lebens ein:

Der Wille
Dich sorgt, wie die Schwächen, die Zweifel du bannst
Wollen, nur wollen, und sieh, du kannst!
Denn wo ein Wille, da ist ein Weg.
Dem Wille vertraue und er wird reg.
Und langsam empor aus dem Dunkel der Nacht
Steigt Arbeit gebietend die Königin Macht.
Geleitend dich sorglich durch Wetter und Wind
Und purpurumflutet – ein Königskind –
Durchschreitest du siegreich das staunende Tal,
stolz zeigt deine Stirn das Kampfesmal!
Und ob dich vor Zeiten die Herren verhöhnt
SiOe beugen die Knie, du bist gekrönt.
Von deinem Großvater Adolf Hoffmann.

Neben üblichen Poesiesprüchen von Schulfreundinnen finden sich auch Eintragungen, die deutlich den Zeitgeist spiegeln. Die Blut und Boden-Ideologie war längst in die bürgerlichen Haushalte eingezogen:

Die Seele Gott
Das Herz dem Vaterland
Das Blut der deutschen Erde.

schreibt im Februar 1932 zur freundlichen Erinnerung die Schulfreundin Irene Klein. Wenig später schreibt die gleichaltrige Erna Leppert:

Es ist ein tiefer Segen,
der aus dem Worte spricht:
Erfülle allerwegen
Getreulich deine Pflicht.

Aber es gibt auch verständnisvolle und einfühlsame Worte, so z. B. von Gertruds Grundschullehrer:

Bleibe immer froh und heiter,
das ist ganz bestimmt gescheiter
als die Trübsalblaserei!
Alles wird dir leichter glücken
Und du kommst des Lebens Tücken
Mit Humor am besten bei!

Meinem lieben „Gertrüdchen" zur Erinnerung an die frohe Kinderzeit in der Schule.

W. Wilde

1933 zieht die Familie nach Speyer, vermutlich weil Vater Kirner dort seinen Tätigkeitsschwerpunkt als Architekt im Straßenbauamt hatte. Gertrud besucht von da an vier Jahre lang das städtische Mädchenlyzeum in der altehrwürdigen Stadt. Die Noten, die sie in den einzelnen Fächern bekommt, sind ordentlich, aber nicht herausragend. Das Jahreszeugnis 1936/37 bewertet Gertruds Persönlichkeit wie folgt:

Betragen	*sehr lobenswert*
Fleiß	*lobenswert*
Körperliches Streben	*lobenswert*
Charakterliches Streben	*recht lobenswert*
Geistiges Streben	*entsprechend*

Bereits 1934 sieht man sie auf einem Gruppenfoto in der Tracht des Bund deutscher Mädchen (BDM), in den sie zu schicken die Eltern nicht versäumten. Es ist nicht anzunehmen, dass die Entscheidung, das Kind an der altersgemäßen Eingliederung in die nun herrschende Ideologie teilhaben zu lassen, auf Grund von taktischen Überlegungen erfolgt ist.

Nach allem, was ich von meinen Großeltern weiß und wie ich sie rückblickend einschätze, dürften sie linientreue Mitläufer in der an die Macht gekommenen Bewegung gewesen sein, wenn nicht gar aktive und überzeugte Unterstützer. Ich erinnere mich noch an die viel sagende Andeutung, die aus den Worten Gertruds mir gegenüber sprach, als sie über ihres Vaters Rolle im so genannten Dritten Reich sagte:

„Wenn dein Opa etwas gemacht hat, dann hat er es „richtig" gemacht."

Somit ist davon auszugehen, dass Gertrud zwischen der in Schule und außerschulischen BDM-Aktivitäten vermittelten Ideologie und der Erziehung zu Hause keine gravierenden Unterschiede ausmachen konnte. Dies mag für ein junges Mädchen durchaus positiv erscheinen, bleibt ihm doch dadurch ein schlimmer innerer Loyalitätskonflikt erspart, der so manche Altersgenossen plagte. Auf der anderen Seite nahm es Gertrud auch völlig die Chance, Zweifel an der Richtigkeit der herrschenden Ideologie aufkommen zu lassen und die Dinge Geschehnisse um sie herum in Frage zu stellen. Gerade die Generation

Gertruds, die in den Nationalsozialismus hineinwuchs und die ihre politische Mündigkeit zu einem Zeitpunkt erwarb, als rings um sie her Zensur, Brutalität und ideologische Vergiftung herrschte, hatte quasi keine Chance, aus eigener Kraft die sieumgebende Gesellschaft in Frage zu stellen.

Und dennoch: der Ernst des Lebens scheint schon aus der Miene der 14jährigen zu sprechen auf einem Foto von 1937. Ein junges hübsches Mädchen im dunklen Kostüm, mit Schmuckanhänger um den Hals, mit einem Lächeln im Gesicht, das etwas Überlegenes, ja Aufsässiges verrät, ein Gesichtsausdruck, der sagen will: ich weiß, was mich an Pflichten erwartet. Im gleichen Jahr wird Gertrud konfirmiert, das dazu gehörige Foto ist leider allzu dunkel geraten, so dass das schwarze festliche Kleid sich kaum vom gleichfarbigen Hintergrund abzeichnet. Lediglich das ernste, der Bedeutung des Anlasses angemessene Gesicht Gertruds ist hier anzumerken. Freundlicher und gleich auch kindlicher wirkt ein Foto auf mich, auf dem Gertrud in weißem Kleid mit einem Fahrrad vor einem Gebäude zu sehen ist. Es stammt ebenfalls aus dem Jahre 1937.

In diesem Jahr endet die allgemeine Schule für Gertrud. Für ein Jahr besucht sie nun die städtische Frauenarbeitsschule in Speyer, in den Abteilungen Handnähen, Maschinennähen und Sticken. Hier werden bereits ihre Interessen und Stärken deutlich. In nahezu allen Fächern bekommt sie die Bestnote, Fleiß und Betragen sind immer eine Eins. Ob es die Motivation durch diese Lieblingstätigkeiten und dem Erfolg darin war oder die allgemeine körperliche Entwicklung, es hat den Anschein, dass Gertrud innerhalb dieses Jahres einen Entwicklungsschub macht. Auf einem Familienfoto zum Neujahr 1938 ist sie kein Kind mehr, sondern eine Erwachsene, aus deren Züge Stolz und Selbstbewusstsein sprechen.

Dieses Foto teilt uns noch mehr mit: der Vater hat nicht nur körperlich kräftig zugelegt, er spiegelt auch in seinem Äußeren die Gegebenheiten der Zeit wider. Die Seiten seines Kopfes sind kahl rasiert, die Haare sind kurz und der Oberlippenbart hat nun eine Form angenommen, die dem des Führers gleicht. Auf dem Foto sind neben Gertrud, ihrer Schwester Anneliese und den Eltern auch die Schwägerin Minna, Gattin von Hans jüngerem Bruder Albert, zu sehen und deren etwa vierjährigen Sohn Arnd. Dieser sollte sich in mehrfacher Weise später in Erinnerung rufen. Er entwickelte sich zu einem hoch begabten, intelligenten jungen Mann, der Ende der 50er Jahre nach einem glänzenden Abitur damit begann, Medizin zu studieren. Gertrud, längst verheiratet und Mutter dreier Kinder, hatte zu diesem Menschen eine ganz besondere Beziehung, die – so muss ich es im nachhinein werten- über die rein familiäre hinausging. Ich erinnere mich noch, als Kind die besondere Atmosphäre gespürt zu haben, wenn es hieß: Arnd kommt zu Besuch. Dann gab es Apfelstrudel, die Lieblingsspeise des Gastes. Die junge und sich so hoffnungsvoll entwickelnde Karriere wurde jedoch jäh beendet. Arnd wurde Opfer eines Autounfalls, ein unachtsamer Autofahrer erfasste ihn als er mit seinem Fahrrad in die Rillen von Straßenbahnschienen geraten war. Noch über seinen Tod hinaus prägte sich dieser Mensch mir ein. Als Entgegnung auf den unsagbaren Schmerz der Eltern teilte der betreuende katholische Pfarrer den Trauernden mit, dass dies die Strafe Gottes sei, dafür dass der junge Mann Nietzsche gelesen habe. Wenn es noch einer Bestätigung meiner Ablehnung der christlichen Kirche bedurft hätte, dies wäre geeignet dafür.

Noch Jahre später sorgte eine Auseinandersetzung über die allzu übertriebene, ja fast krankhafte Grabpflege durch Arnds Eltern zu einem Zerwürfnis zwischen ihnen und meinen Großeltern, die über Jahre hinweg kein Wort mehr miteinander sprachen. Ich erinnere mich, es war Robert gewesen, der in seiner unnachahmlichen konkreten Art dafür sorgte, dass das Eis zwischen den Brüdern wieder auftaute. An einem Weihnachtstreffen, bei dem der Streit Thema wurde, platzte Robert der Kragen und er schrie:

„Ihr alten Esel, wollt Ihr Euch weiterhin Euer Leben gegenseitig schwer machen?"

Für Sekunden sprach aus dem Gesicht meines Opas der Zweifel, ob er nun empört und beleidigt aufstehen und dem Schwiegersohn einen solchen Ton verbitten oder ob er erleichtert seine Verhärtung aufgeben sollte. Er entschied sich für letzteres und sprach: „Ja du hast ja eigentlich recht." Und wieder war ein Foto Anlass, eine ganze Familiengeschichte zu erzählen.

Nicht ganz unerheblich für den weiteren Verlauf der Familiengeschichte ist der Umstand, dass es mein Großvater Hans Kirner gewesen ist, der als erster die verflixte Krankheit Parkinson in unsere Familie einführte. Nach seinem Tod mussten die Angehörigen mit dem langsamen Verfall von dessen jüngerem Bruder Albert fast eine Kopie der Geschehnisse um diese Krankheit erleben. Der Staffelstab wurde von ihm an Gertrud weitergereicht, die ihn (ohne dies allerdings zu realisieren) zu gegebener Zeit mir, ihrem jüngsten Sohn übergab.

Doch wir schweifen ab. Zurück zu der jungen Gertrud.

Von Frühjahr 1938 an leistet sie in einem privaten Familienhaushalt ein hauswirtschaftliches Jahr ab.

Gertrud Kirner war stets willig und fleißig und hat sich für alle Arbeiten im Haushalt interessiert

heißt es in der Abschlussbeurteilung. Das klingt nicht gerade enthusiastisch und ich glaube mich auch zu erinnern, dass sich Gertrud über dieses Jahr einmal in einem negativen Sinne geäußert hat. Als sozialversicherungspflichtig wurde dieses Jahr im übrigen nicht eingestuft, wie eine spätere Klärung der Rentenversicherung ergab. Dieser 12monatigeArbeitseinsatz galt als "Dienst am Volke".

Im darauf folgenden Jahr besucht sie die Hausfrauenschule Marienheim in Speyer, eine Berufsfachschule, zu der parallel noch die Berufsschule kommt. Hier ist Gertrud offenbar ganz in ihrem Element. Ein noch erhaltenes, sauber geführtes Heft zur Stoff- und Handarbeitskunde zeugt von der Sorgfalt und Begeisterung, mit der sie dem Lernstoff begegnete. So verwundert das Ergebnis nicht: In allen Fächern die Bestnote und eine überschwängliche Beurteilung durch die Lehrer, was will man mehr Das Abschlusszeugnis musste ihr eigentlich eine Portion Selbstbewusstsein gegeben haben.

Gertrud Kirner hat bei sehr gutem Fleiß, sehr guter Ordnung und sehr gutem Betragen sich folgende Noten erworben:

Kochen und Backen	*sehr gut*
Haushaltspflege	*sehr gut*
Handarbeit	*sehr gut*
Wäschebehandlung	*sehr gut*
Gartenbau	*sehr gut*
Säuglingspflege	*sehr gut*
Lebenskunde	*sehr gut*
Nahrungsmittellehre	*sehr gut*

Gesundheitslehre	sehr gut

Bemerkungen:

Lernfreudigkeit und großer Fleiß kennzeichnen das Schaffen der begabten Schülerin. Sie arbeitete sauber und gewissenhaft. Besonders hervorzuheben sind ihr gutes Organisationstalent und ihre Geschicklichkeit. Ihre Leistungen sind vorzügliche, sowohl im technischen als im theoretischen Unterricht. Ihren Mitschülerinnen war sie eine gute Kameradin.

Gertrud scheint für das Leben gerüstet.

Beim Reichsarbeitsdienst

Nach der Schule, es ist das Jahr 1940, das zweite Kriegsjahr, der Vater ist bereits "im Felde", muss Gertrud für eine Pflichtzeit zum Reichsarbeitsdienst. Ob es die allgemeinen Umstände sind oder die Möglichkeit, ihre Fähigkeiten gut zur Anwendung bringen zu können oder gar die Begeisterung für die völkische Idee – es ist unklar, jedenfalls bleibt sie bis zum Ende des Krieges 1945 aktiv im Reichsarbeitsdienst an verschiedenen Orten. Darunter ist sogar Lübeck, ganz in der Nähe des späteren Lebensmittelpunktes ihrer beide Söhne. Dabei macht sie regelrecht Karriere und schafft es bis zur Lagerführerin des Lagers Friesenhausen.

Gertrud beim Reichsarbeitsdienst – die Stationen

Apr-Sep 1940 Stockach *Arbeitsmaid*

Okt 40-Apr 41 Eltmann *Kameradschaft-Älteste*

Mai-Sep 1941 Hainichen (Schule)

Okt 41-Apr42 Friesenhausen *Jungführerin*

Mai 42-Aug 43 Mellrichstadt *Maidenunterführerin*

Sep-Okt 1943 Tollet/Linz (Schule)

Sep-Okt 1943 Tollet/Linz (Schule)

Nov 43- Mai 44 Neustadt   Gehilfe der Lagerführung

Mit Abkommandierung nach Luftewaffenkaserne Lübeck und anschließendem Kommando Flugplatz Meppen

Jun-Sep 1944 Eltmann   Gehilfe der Lagerführung

Okt 44-Mai 45 Friesenhausen   Lagerführerin, Maidenführerin

Aus dieser Zeit stammt folgendes Gedicht, das sich Gertrud aufschreibt:

Im Arbeitsdienst

Wir kommen vom Süden, vom Westen, vom Norden

und sind im Arbeitsdienst Eins geworden.

Wir kommen von Schule, Büro, Maschine

und kennen nur Eins noch: Ich diene.

In allen Dingen freiwillige Pflicht,

denn ein hartes Muss kennen wir nicht.

Wir stehen täglich Hand in Hand,

wir schaffen Arbeit, die nie wir gekannt.

Und über Allem steht groß und schwer,

das eine, was uns so hoch und hehr:

Deutschland!

Die Fotos, die es noch gibt aus den folgenden 5 Jahren zeigen stets eine junge, fröhliche, selbstbewusste Frau, die nicht den Eindruck erweckt als habe sie irgendwelche Zweifel an der Richtigkeit ihres Tuns. Gertrud gehörte einer Generation von Menschen an, die als Kind in die Nazi-Ideologie hineinwuchsen und von klein auf nichts anderes kannten als Pflicht fürs Vaterland, Blut und Boden, Aufgehen im Volkskörper und wie die ideologischen Schlagworte alle hießen. Erst allmählich, vermutlich durch die immer schrecklicher werdenden Kriegsereignisse und allgemeinen Umstände, scheint sie an der Richtigkeit dieser Ideologie gezweifelt zu haben, sich davon abgekehrt hat sie sich vor Kriegsende nicht.

Aus der RAD-Zeit gibt es noch zahlreiche Fotos. Vor allem die ersten beiden Stationen, Stöckach und Eltmann in Unterfranken sind gut dokumentiert in einem Fotoalbum mit der speziellen Aufschrift „Meine Arbeitsdienstzeit". Es wurde Gertrud von einer Freundin aus dieser Zeit geschenkt. Gertrud ist zu sehen allein und in der Gruppe, bei der Arbeit und bei der Freizeit, beim Wandern und beim Heimaturlaub, am Kriegerdenkmal und im Außendienst in der Gärtnerei, beim Stegreifspiel und beim Wäschewaschen und in vielen anderen Situationen. Dass gleich mehrere Bilder, auf denen Gertrud auf einer Mauer sitzend abgebildet ist, in der Unterschrift das Wort „Mauerblümchen" aufweisen, ist wohl eher ironisch gemeint. Sie scheint sogar in jeder Beziehung gerade das Gegenteil davon gewesen zu sein. Offenbar hat sie sich recht schnell zur zuverlässigen Kraft und bald darauf zur tonangebenden Person entwickelt. Dieser Umstand ist vermutlich dafür verantwortlich, dass sie sich nach Ende der Pflichtzeit im Reichs-Arbeitsdienst nach einem halben Jahr freiwillig weiter zum Dienst verpflichtet, nun in dem ihr zugewiesenen Lager bereits als Kameradschafts-Älteste. Und sie steigt Stufe um Stufe höher auf der Karriereleiter, mit jedem neuen Einsatzort erhöht sich ihr RAD-„Dienstgrad", auch wenn die so bedeutend klingenden Bezeichnungen möglicherweise mehr vermuten lassen als sie wirklich an Kompetenz mit sich bringen. Gertrud wird Jungführerin, Maidenunterführerin und Maidenführerin, Gehilfe der Lagerführung und schließlich zum Ende des Krieges sogar Lagerführung. Es war sicher Gertruds bereits in der eigenen Familie und während der schulischen Ausbildung zu Tage getretenes Organisations- und Führungstalent und ihre Geschicklichkeit bei der Verrichtung der häuslichen Tätigkeiten, die sie prädestinierten für eine leitende Funktion in einer Gemeinschaft wie sie ein Lager des damaligen RAD darstellte. Natürlich musste sie aber auch noch Einiges dazu lernen und fachliche Lücken auffüllen. Zu diesem Zweck wurden spezielle Lagerschulen eingerichtet. Gertrud besuchte insgesamt fünf Monate solche Zusatz-Bildungsstätten.

Das besagte Fotoalbum enthält ein vermutlich von der Freundin verfasstes liebevoll ironisches Gedicht, das unter anderem auch einen Einblick in den Führungston Gertruds gibt. Darin heißt es:

Aus Speyer am Rhein, dem schönen Städtchen,
ist Gertrud Kirner, das hübsche Mädchen.

Im Lager Eltmann sie ihren Dienst verrichtet,
als K.Ä. hat sie sich für das 2. Halbjahr verpflichtet.
Der Ton ist ganz militärisch bei ihr,
manchmal schreit sie die Maiden an wie ein Stier.
Trotzdem kann sie auch nett zu ihnen sein,
sie hängen ja all' an ihrem Trudelein.

Streng, aber sympathisch, so kann man wohl das Bild nennen, das Gertrud in den Augen ihrer Kameradinnen abgibt. Dies ist in etwa auch das Bild, das wir uns von Gertrud in dieser Funktion vorstellen, wenn auch die Aussage, sie schreie die Maiden „an wie ein Stier" aufhorchen lässt.

Dies zeigen auch die Fotos aus dieser Zeit. Fröhlich aber pflichtbewusst, korrekt und arbeitsam auf die Erledigung der ihr aufgetragenen Arbeit konzentriert, strahlt sie doch einen harmonischen Gemeinschaftssinn aus und weiß die Gruppe an sich zu binden. Es gibt nur ein Foto aus dieser Zeit, das Gertrud ausgelassen, ja außerhalb der gewohnten Selbstbeherrschung zeigt. Sie albert herum mit anderen Mädchen und scheint wie betrunken. Ein ungewöhnliches Bild.

Auch für die jungen Männer war Gertrud offenbar attraktiv und alles andere als ein Mauerblümchen. Das im RAD-Fotoalbumeingeklebte Gedicht, das mit den oben zitierten Versen beginnt, gibt Zeugnis davon. Es geht folgendermaßen weiter:

Genauso geht es auch zwei jungen hübschen Soldaten,
die ihre Herzen der Gertrud verschrieben haben.
Die beiden sich Robert und Willy nennen,
ihre Herzen sehnsüchtig auf ein Wiedersehn mit ihr brennen.
Alle beide wollen Gertrud an Weihnachten nach Hause bringen,
doch einer kann nur das große Glück erringen.
Willi Schoch der charmante Mann
ist diesmal vor dem Robert dran.
Ja ja die Gertrud, der sieht mans nicht an,
sie hats hinter den Ohren, betört manch hübschen Mann.
Doch nur bis Osterburken er mit ihr fährt,
denn am Hauptbahnhof in Speyer wartet der andere Gefährt.
Ja ja sie hats hinter den Ohren, betört manch hübschen Mann.
die Gertrud, der sieht mans nicht an,

Gertrud ist bei der Arbeit in ihrem Element. Es werden von ihr genau die Fähigkeiten verlangt, die zu ihren Stärken zählen. Nicht alleine die handwerkliche Geschicklichkeit, sondern auch ihre Umsicht, ihr planerisches Geschick und ihr organisatorisches Talent sind bei der Tätigkeit gefordert und können sich bestens weiter entwickeln. Auch die Landwirtschaft, dem Stadtkind bisher eher fremd, und das so anders geartete Leben auf dem Lande beginnt, ihren Reiz auf die junge Frau auszuüben und lässt sie so manches erlernen, das ihr im späteren Leben hilfreich sein sollte. Wenn ich in meinem zu ganz anderen Zeiten ausgelebten Hang, das einfache Leben auf dem Land zu praktizieren, bei meiner Mutter nicht auf Widerstand sondern auf Verständnis gestoßen bin, so hat das nicht zuletzt mit deren Erleben während der Arbeitsdienstzeit zu tun.

Gertrud geht in ihrer Funktion als Teil des Reichsarbeitsdienstes auf, sie setzt sich mit aller Kraft ein und gibt ihr Bestes. Nichts deutet daraufhin, dass sie Zweifel an der Richtigkeit ihres Tuns hatte. Im Grunde hatte sie auch vermutlich nichts Unstatthaftes getan, sie hatte lediglich mit dafür gesorgt, dass die „Maschine Nazi-Deutschland" funktionierte und dadurch grenzenloses Unheil über die Welt bringen konnte. Das ist schlimm genug. Ich erinnere mich nicht, im Verlaufe meiner zahlreichen Gespräche mit Gertrud jemals auf etwas gestoßen zu sein, was man ihr als „Vergehen" ankreiden könnte. Ebensowenig hatte Gertrud jemals den Versuch gemacht, irgendetwas aus dieser Zeit bereuen oder sich für etwas entschuldigen zu wollen. Sie hatte sich offenbar nichts vorzuwerfen, und dies ist vermutlich auch objektiv so. Dennoch bleibt die Frage: Wäre Gertrud in dieser Zeit auch imstande gewesen, ein Lager zu leiten, das anderen Zwecken diente als denen eines RAD-Lagers, etwa eines Konzentrationslagers? Sicher, heute, in der Kenntnis der Persönlichkeit Gertruds würden wir diesen Gedanken schnell verwerfen, doch es ist nicht von der Hand zu weisen, dass die "technische" Seite in der Lagerleitung nicht davon abhängig war, welchen Charakter das Lager hatte. Was wäre gewesen, wenn das zweifellos vorhandene Talent Gertruds zu Organisation und Führung irgendwelchen Förderern zu Ohren gekommen wäre und sie die Leitung eines größeren und „schwierigeren" Lagers übertragen bekommen hätte? Hätte sie diese Aufgabe abgelehnt? Hätte sie sie ablehnen können? Es ist zu vermuten, dass auch Gertrud wie viele andere in eine solche Aufgabe hineingewachsen wäre und sie sich bemüht hätte, diese zur Zufriedenheit der Auftraggeber zu erfüllen; vermutlich von zunehmendem Zweifel an der Richtigkeit des Tuns begleitet, ohne allerdings eine Konsequenz daraus zu ziehen. Wir können für Gertrud, und für uns, froh sein, dass sie nicht in diese Situation geraten ist. Solche Überlegungen sind ohnehin hypothetisch, wer weiß schon, wie man sich selbst verhalten hätte in einer solchen Situation unter ganz bestimmten Bedingungen, wenn man in seiner gesamten Kindheit und Jugend ideologisch geformt wurde und nichts Anderes als die herrschende Ideologie kennt. Gertrud hat z. B. später glaubhaft versichert, in ihrer gesamten Jugend bei ihrem Interesse für Literatur und Musik niemals auf die Namen der Juden Heinrich Heine oder Felix Mendelssohn gestoßen zu sein.

Unabhängig von derartigen Spekulationen muss man jedoch zur Kenntnis nehmen, dass Gertrud Karriere im NS-System gemacht hat, RAD-Lagerleitung wird man nicht, wenn man nicht fest auf dem Boden der herrschenden Ideologie steht, so wird dies auch bei Gertrud gewesen sein. Sie wurde nicht alleine in der Praxis des Alltags für ihre Tätigkeit ausgebildet, sie geht auch fünf Monate in eine spezielle Lagerschule. Dort wird wie damals überall üblich natürlich auch die gewaltverherrlichende, menschenverachtende und judenfeindliche Ideologie vermittelt und vermutlich auch prüfungsmäßig abgefragt. Zu glauben, Gertrud sei gedanklich keine Vertreterin des Nazi—Systems gewesen, wäre naiv. Bei aller gedanklichen Beweglichkeit ging bei Gertrud das oppositionelle Denken nicht über ein unbehagliches Bauchgefühl hinaus.

Ähnliches ist zu sagen über eine Unternehmung, in der sich Gertrud Zeugnis über ihr Denken geben will. An ihrem 17. Geburtstag, dem 23. Juni 1940 beginnt Gertrud damit, in ein Büchlein Sinnsprüche und Zitate zu schreiben, die ihr offensichtlich wichtig sind und ihr gegenwärtiges Denken und Fühlen beschreiben. Leider sind die Eintragungen mit einigen Ausnahmen am Anfang nicht datiert. Dennoch kann man schon eine deutliche Entwicklung feststellen.

Die ersten Eintragungen stellen den Volksgedanken in den Mittelpunkt:

Erfülle Dich mein Volk, mit dem was Gott Dir gab.
Erfülle Dich in Deinem tiefsten Wesen,
wer schwankt und zweifelt, gräbt sich selbst sein Grab,
vom Unglück kann der Starke nur genesen.
Erfülle Dich, mein Volk, den Mut zur Tat gestrafft!
Du trägst Dein eignes Schicksal in den Händen!
Erkenne Dich und traue Deiner Kraft,
so wirst im Leid Du siegend Dich vollenden.
Und einige Zitate machen erschrocken:

Deutschland ist mir das heiligste, das ich kenne.
Deutschland ist meine Seele.
Es ist was ich bin und haben muß, um glücklich zu sein---
Wenn Deutschland stirbt, so sterbe ich auch!
Königin Luise

Fest ins Auge blicken sollen wir der großen Zeit, ihre Fruchtbarkeit und Herrlichkeit verstehn, dass wir uns zu ihrer Höhe emporheben ihren heiligen Willen vollbringen können.
Arndt

Für Volk und Vaterland wollen wir keinen Gedanken zu hoch halten, keine Arbeit zu langsam und mühevoll, keine Unternehmung zu kleinlich, keine Tat zu gewagt und kein Opfer zu groß. Der Tod fürs Vaterland ist ewiger Verehrung wert.
Ewald Christian von Kleist

Wer leben will, der kämpfe also, und wer nicht streiten will in dieser Welt des ewigen Ringens, verdient das Leben nicht. Unsere Liebe, wir nennen sie nicht, wir tun nur, was andere vor uns taten, für Deutschland erfüllen wir unsere Pflicht als Kämpfer und Soldaten! Das ist unser Glaube in diesem Krieg, so fest wie Beton und Eisen: wir glauben, glauben an Deutschlands Sieg, und sind bereit, es zu beweisen!
Bert Brennecke

Die zitierten Geistesgrößen sind immer wieder die von den Nazis hochgehaltenen Blut-und-Boden-Autoren Ludwig Finckh, Hans Grimm, Bert Brennecke oder Henrik Herse. Und auch Adolf Hitler persönlich hat Gertrud für Wert befunden, ihn in ihrem Büchlein zu verewigen.

Selbst wenn es sich um Zitate unverdächtiger Dichter wie Goethe oder Schiller handelt, sprechen aus diesen Pflicht und Härte gegen sich selbst und Gedanken, die der Nazi-Ideologie entsprechen. Die entsprechenden Eintragungen ersetzen allerdings nicht die oben genannten, sondern die so ungleichen Sinnsprüche stehen direkt nebeneinander, eine für uns heutige Leser unverständliche Nachbarschaft. Besonders bizarr sind Eintragungen, in denen sich Zitate von Rainer Maria Rilke und Adolf Hitler abwechseln.

Vor allem Goethe und später auch Rilke haben es Gertrud angetan.

Eine Aussage von Rilke hat offenbar einen großen Eindruck auf sie gemacht, sie findet sich nicht nur in ihrem Zitatenbuch, sondern wird von ihr auch später wiederholt in Briefen und Tagebucheintragungen zitiert:

> *Nicht rechnen, nicht zählen, reifen wie ein Baum, der getrost in den Stürmen des Frühlings steht, ohne die Angst, dass dahinter kein Sommer kommen könnte. Er kommt doch. Aber er kommt nur zu den Geduldigen, die da sind als ob die Ewigkeit vor ihnen läge, so sorglos still und weit. Ich lerne es täglich, lerne es unter Schmerzen, denen ich dankbar bin: Geduld ist alles.*
> Rainer Maria Rilke

Ich bin sicher, dass Gertrud diesen Spruch nicht im politischen Sinne verstand, sondern sie ihn bezog auf ihre persönlichen inneren Sehnsüchte nach Freundschaft und Liebe und nach einer sorgenden Aufgabe.

Wir können es uns heute vermutlich nicht vorstellen, in welchem Umfeld dieses in der Zusammenstellung für uns befremdliche Zitatenbüchlein zustande gekommen ist. Es ist Krieg, die Menschen erleben täglich Schreckliches und gerade die Jungen klammern sich an eine Ideologie, von der zumindest die Feinfühligsten spüren, dass damit etwas nicht stimmt. Die Fotos mehrerer junger Männer, ehemaliger Freunde (oder mehr?) Gertruds aus Speyer geben da einen Hinweis, was das Leben und Denken der jungen Menschen bestimmt: Junge Burschen mit feinsinnigen Gesichtszügen und klugem Blick, in eine Uniform gesteckt, schreiben einen Gruß aus dem Felde. Sie bleiben alle im Krieg und kehren niemals mehr zurück. Das muss auch die junge Gertrud erst verarbeiten.

Ein Helmut aus Speyer schreibt 1943 hinter sein Foto:

> *Immer wenn du das Bild anschaust, sollst du lachen oder lächeln und zurückdenken an eine schöne Zeit.*
>
> *Meiner lieben Kameradin Gertrud*
>
> *Helmut*

In den Jahren bis Kriegsende hat Gertrud offenbar mehrere männliche Freunde, wie intensiv diese Verbindungen sind, lässt sich jedoch nicht sagen. Interessant ist allerdings die Beziehung zu ihrem Cousin Adolf Witte (für uns - Kinder stets „Onkel Adi"), die sie an anderer Stelle später einmal

„Liebe" nennt. Die Seelenverwandtschaft zu diesem Menschen drückt sie in einem Satz aus, der sich in einem Brief an ihren späteren Mann Anfang 1948 findet:

Wenn Du mein Wesen auf einen Mann überträgst, dann hast Du Adi.

Mehr eine Laune des Schicksals ist die Tatsache, dass einer dieser Freunde Robert Weger hieß, sozusagen ein Vorgriff auf spätere Ereignisse. Mit diesem Robert aus Schweinfurt (vermutlich identisch mit dem in dem selbst verfassten RAD-Gedicht erwähnte Robert) verband Gertrud eine lebenslange Freundschaft, er besuchte mit seiner späteren Frau wiederholt die Webers im Ginsterweg in Ludwigshafen.

Wegen der Klärung des Rentenanspruches hat sich Gertrud Ende der 70er Jahre mit der Zeit des Reichsarbeitsdienstes näher beschäftigt und dabei auch Kontakt zu ehemaligen Kameradinnen geknüpft. Über deren Festhalten an dem alten Geist ist sie allerdings erschüttert. Um sich bei einigen Adressaten wieder in Erinnerung zu rufen, schildert sie in einem Brief die letzte Zeit vor dem Kriegsende:

Wir waren Ende 1944 zusammen im Lager Friesenhausen, das ich im Oktober 1944 als Lagerführerin übernahm. Weihnachten 44 bekam ich Scharlach und lag dann sechs Wochen im Krankenhaus Hofheim. Meine Vertretung übernahm Ilse vom Berg, die ich aber nicht mehr kennenlernte, denn direkt von Hofheim fuhr ich Anfang Februar in Erholungsurlaub nach Speyer, bekam dort Gelenkrheuma, im März wurden mir die Mandeln entfernt und nachdem ich mich von all dem ein klein wenig erholt hatte, flüchtete ich mit meiner Mutter und Schwester vor der nahenden Front nach Friesenhausen, wo wir das Ende des Krieges erwarteten.

Den Krieg und den 12jährigen Wahnsinn des Nationalsozialismus erlebt Gertrud äußerlich unbeschadet, unverletzt, aber im Innern tief erschüttert und orientierungslos. Dem Ordnen von Schutt und Trümmern in den Straßen muss nun erst das Ordnen des Innern vorausgehen.

Kriegsende und Neuanfang

Nach Kriegsende bleibt Gertrud in Friesenhausen und arbeitet als Schneiderin. Nach Ludwigshafen zurück kehrt sie erst im Sommer 1946. Dort beginnt sie ab dem 1. November eine Lehre als Stickerin bei einer Frau Rinderknecht. Die normalerweise dreijährige Ausbildung beendet Gertrud jedoch bereits ein Jahr früher. Auch wenn keine Unterlagen darüber vorhanden sind über den Grund des früheren Abschlusses, so kann man doch davon ausgehen, dass Gertruds Leistungen offenbar derart gut waren, dass eine zweijährige Ausbildung völlig ausreichte.

In Friesenhausen verliebt sie sich in einen Hans. In ihrem Tagebuch, das sie ab Pfingsten 1946 führt, schildert sie ihre Gefühle und ihr inneres Erleben dieser Liebe. Bei aller Schwärmerei und Intensität der Liebe, die aus diesen Zeilen sprechen, sind diese Eintragungen dennoch sonderbar. Von der ersten Zeile an hat man den Eindruck: sie weiß, dass es vorbei ist, ehe es richtig angefangen hat. Zweifel und bei aller Liebesbeteuerung gleichzeitig Abschiedsgedanken kennzeichnen diese Tagebuchnotizen.

> *Ja was ist es, das mein Wesen in kurzer Zeit so veränderte? Soll ich es als Liebe oder als Sehnsucht bezeichnen? Ich sehe mich erschrocken vor einem Gefühl, das ich in dieser Art noch gar nicht kenne und das mich förmlich überrumpelte. Was soll ich tun? Soll ich dagegen ankämpfen und mir selbst dadurch eine schöne Zeit rauben? Oder soll ich mich diesem Gefühl überlassen, das in so eigener Weise mein Herz anrührte und meine Seele zum Schwingen brachte?! Ach ich fürchte mich. Ich fürchte mich schon heute vor einer Verwundung meiner ach so empfindlichen Seele*

schreibt sie an Pfingsten 1946. Die Erfahrung nicht nur der platonischen, sondern auch der körperlichen Liebe verunsichert sie enorm. Sie hat Angst davor, den Geliebten zu verlieren und weiß doch insgeheim, dass es so kommen wird.

> *Aber ich könnte zum Beispiel nicht ertragen, wenn ich wüsste, dass über kurz oder lang eine andere Frau deiner Liebe sich rühmen darf. Obwohl ich weiß, dass es wahrscheinlich doch so kommen wird.*

Die Erfahrung dieser Liebe lässt Gertrud neue Züge in ihrem inneren Erleben kennen und regt sie dazu an, philosophische Überlegungen über das Leben und die Beziehungen der Menschen untereinander anzustellen. In einer schwärmerischen Märchenphantasie beschreibt sie sich und ihren Hans als

Prinzessin und Prinz im Märchenland. Gekonnt gestaltet sie ein Märchen, das alle Facetten der Liebe beschreibt. Neben den Feen der Weisheit und der Liebe tritt auch die graue Fee des Leids auf. So hat dieses interessant durchkomponierte Märchen trotz aller Zuversicht kein Happy-end, sondern endet mit einer Trennung:

Schau mein lieber großer Prinz, nun ist es wieder fort, das Seelenkind. Es ist folgsam. Ich will gehen und ihm die Sonnenstrahlen holen, damit es sich daran erwärmen kann. Willst du mich begleiten, mein Prinz? Aber es wird ein harter Weg sein, voll Dornen und spitzen Steinen, und lang. Schier unendlich lang. Nein, du wirst hier bleiben, ich weiß es. Aber eines Tages wirst du mir vielleicht doch begegnen, auf einem einsamen Waldpfade und wirst mir suchen helfen nach den Sonnenstrahlen. Hier mein Prinz, dieser bunte Schmetterling, du wirst mit ihm spielen, wenn ich fortgegangen bin. Doch wenn du müde bist und der Schmetterling seine Farbe verloren hat oder einen lustigeren Spielgenossen gefunden hat, so brauchst du mich nur zu rufen, dann bin ich wieder bei dir und ich werde dich an die Hand nehmen und an meiner Wanderung teilhaben lassen. Bis dahin leb wohl, mein Liebster. Lebe wohl!

Es ist ein Abschied für immer.

Dieses Ereignis stürzt Gertrud in eine tiefe seelische Krise, von der sie in ausladenden Eintragungen im Tagebuch Zeugnis gibt. In Ludwigshafen entdeckt sie eine freiheitlich denkende religiöse Gemeinschaft und ist fasziniert von deren Gedanken.

Seit 14 Tagen besuche ich die Feierstunden der freireligiösen Gemeinde, die meine seelische Zerrissenheit in keiner Weise vermindern, die mir aber ganz zutiefst im Herzen Kraft und Beruhigung geben. Die wirklich fast ausschließlich philosophischen Vorträge des Predigers, sie sagen mir nichts Neues, sie kleiden nur in Worte, was meine Seele empfindet und fühlt. Aber ich fühle es, dass diese religiösen Feierstunden mir mehr bedeuten, sie sind mir eine Schale meiner Sehnsucht, in der sie aufzulodern vermag bis zur Selbstverzehrung. In dieser Zeit des Aufloderns der Flammen bin ich den Menschen so fern, gleichsam schwerelos, ohne Empfindung für meinen Körper, aus dem ich ausgeschlüpft zu sein scheine wie eine Schlange.

Der Besuch der Feierstunden ist zwar hilfreich für Gertrud bei der Bewältigung ihrer Krise, der eigentliche Befreiungsschlag ließ jedoch noch auf sich warten.

Ein halbes Jahr später trifft sie Robert Weber.

Und dann beginnt ein neues Kapitel in ihrem Leben.

Gertrud und Robert

Wie ein tiefer, dunkler Glockenton

Der Krieg ist zu Ende. Zwei Menschen, die sich nicht kennen, obwohl aus der gleichen Stadt stammend, aber so unterschiedliche Wege gegangen sind, müssen sich jeder für sich neu orientieren und die eigene Zukunft planen. Robert scheint nicht lange überlegt zu haben, wie es mit ihm weiter gehen sollte. Er, der auf der anständigen Seite während der letzten Jahre gestanden und nur mit viel Glück überhaupt sein Leben gerettet hat, sieht nun die Chance gekommen, eine neue Gesellschaft aufzubauen, auf der Grundlage von Freiheit, Demokratie und sozialer Gerechtigkeit. Er beginnt unverzüglich mit der politischen Arbeit.

Gertrud dagegen, die körperlich zwar unversehrt und nicht über das Normalmaß hinausgehend persönlich gefährdet war, muss nun erst einmal den gesamten ideologischen Schutt abschütteln, der ihr bisheriges junges Leben dominiert hat und unter dem kaum jemals die Sonne der Freiheit aufblitzte. So manches muss sie neu lernen. So ist es für sie, die Literatur- und Musikliebhaberin, neu, dass die Liste der deutschen Dichter, Philosophen und Komponisten wesentlich länger ist als es die nationalsozialistischen Kulturbanausen es ihr weismachen wollten; und dass der einfach weg gelassen jüdische Anteil deutlich macht, wie stark die deutsche Kultur von den Juden geprägt worden ist. Erst jetzt wird ihr bewusst, was man einer ganzen Generation vorenthalten hatte.

Auch ihr Liebesleben muss sie erst einmal in Ordnung bringen. Noch in Friesenhausen geht sie eine von Anfang an unglückliche Beziehung zu einem jungen Mann ein. Dass diese Beziehung nur ein Übergang, ja sozusagen ein Vorspiel für etwas viel Größeres sein wird, spürt sie und beschreibt dies dichterisch gekonnt in ihrem Tagebuch Doch bald darauf ist es dann soweit. Im Februar 1947 kreuzen sich die Wege dieser beiden so verschiedenen Menschen. Robert ist bereits voll in die politische Jugendarbeit eingebunden und führt mit seiner Gruppe eine Veranstaltung im Ludwigshafener Feierabendhaus, dem damals größten Veranstaltungsraum der jungen Stadt, durch. Robert erinnert sich:

Diese von mir geleitete Veranstaltung werde ich nie vergessen. Hier lernte ich meine Gertrud kennen. Sie war für mich eine herausragende Erscheinung und ich glaube ein Funke sprang über.

Kurz darauf treffen sie sich wieder auf einem Faschingsball, kommen sich näher und verlieben sich ineinander. Wie beeindruckt Gertrud ist, zeigt ein Brief, den sie wenige Tage danach an Robert schreibt. Es gibt wohl nur wenige Männer, die sich glücklich schätzen dürfen, jemals einen solchen Liebesbrief erhalten zu haben:

Robert,

wie ein tiefer, dunkler Glockenton ist Dein Kamerad-Sein mir ins Herz gefallen und meine Seele ist aufgewacht aus ihrer Erstarrung und lauscht und lauscht.

Ist es endlich der Gleichklang, der die Töne meiner Seele zu einem harmonischen Akkord verbindet? Oder ist auch hier wieder ein grässlicher Misston das Ende eines mit Glauben begonnenen Zusammenspiels? Ach, was ist es ängstlich dieses zarte, empfindliche Wesen, das man Seele nennt! Verletzt und verängstigt wagt es sich kaum aus seiner Verborgenheit heraus und es möchte doch so gerne frei und fröhlich sein! Doch das sind Fragen, die man leben muss, um eines Tages die Antwort zu erkennen. Geduld ist alles, sagt Rilke, und Geduld und Glaube hilft uns manche neugierige Frage überwinden. Draußen rüstet sich die Natur, ihren strahlenden König, den sie Frühling nennt, zu empfangen, warum soll nicht auch meine Seele Vorbereitungen zu einem neuen Frühlingsfest treffen? Ich werde die Sonne in ihr gemach hereinlassen, damit sie allen Staub und alle Spinnweben daraus entferne, mit Blumen wird sich meine Seele schmücken und dann warten und bereit sein, um alles Schöne und Reine in sich aufnehmen zu können!

Innige Grüße! Gertrud.

Gertrud wird Mitglied der FDJ und verstärkt die Gruppe durch ihre Aktivitäten. Sie baut eine Theatergruppe auf, die sehr erfolgreich arbeitet; sie übernimmt eine Leihbücherei, die Bastelgruppe, froh darüber, endlich wieder eine Möglichkeit zu haben, sich für die Verwirklichung ihrer Ideale einzusetzen.

Doch die Einbindung in die praktische Arbeit war natürlich nicht der Grund für die Verbindung von Gertrud und Robert. Nur unschwer lässt sich nachvollziehen, dass Gertrud eine große Zahl von Verehrern hatte. Sie ist eine hübsche, 24jährige junge Frau, die nicht nur erhebliche intellektuelle Anlagen besitzt, sondern auch ein resolutes, bestimmtes Auftreten an den Tag legt, ausgestattet mit einem gesunden Selbstbewusstsein. Aber niemand außer Robert hat eine Chance, der Funke springt über. Man hat das Gefühl, in diesem Moment haben sich zwei gesucht und gefunden. Dass Robert 10 Jahre älter als Gertrud ist, ist sicher kein Zufall, sie braucht einen erfahrenen Mann, an den sie sich anlehnen kann, kann durch ihre Persönlichkeit den 10jährigen Erfahrungsvorsprung des Partners aber mühelos ausgleichen. Dass dieser Tag in der Erinnerung vielleicht etwas romantisch erhöht worden ist, dafür kann man Verständnis aufbringen. In den zahlreichen Gesprächen, die ich mit Gertrud führte, wurde jedoch auch ein ganz banaler Grund für die Liaison der beiden genannt: Robert konnte hervorragend tanzen. Die Feierstunde und weitere Treffen klingen üblicherweise aus in einem allgemeinen Tanzvergnügen. Dafür ist Robert stets zu haben und er scheint ein unermüdlicher und vor allem charmanter Tänzer gewesen zu sein. Doch davon gibt es mehrere. Erst als Gertrud die Frage in die Runde wirft,

„wer von Euch kann Rheinländer tanzen?",

trennt sich die Spreu vom Weizen. Robert meldet sich als einziger. Offenbar verdanken wir Kinder unsere Existenz hauptsächlich der fehlerfreien Beherrschung eines ausgefallenen Tanzes durch unseren Vater.

Auch unter Berücksichtigung der besonderen Zeitumstände ist das Tempo der Vereinigung dieser beiden Menschen bemerkenswert. Nur ein Vierteljahr nach ihrem Kennenlernen verloben sich Gertrud und Robert, weitere drei Monate später, am 2. August 1947 schließen sie den Bund fürs Leben. Roberts knappes Urteil in seinen späteren Erinnerungen:

Ich hatte damals das große Los gezogen.

Gertrud, sprachlich und poetisch wesentlich gewandter, vertraut am 12. November des gleichen Jahres ihrem Tagebuch eine ausführliche Beschreibung jener Tage in ihrem Leben an. Sie nennt Robert „mein zweites Ich" und deutet auch in blumigen Worten die Faszination an, die eine neue Weltanschauung auf sie ausübt:

Behutsam an der Hand genommen, erlebte ich die Wunder einer flammenden Religion und die Hingabe und Stärke ihrer Gläubigen, die in ihrer Welt das fertig bringen, was in unserer alten Welt nur als Vision geahnt wurde.

In ihren weiteren Ausführungen verfasst sie mit einer für eine junge Frau diesen Alters bemerkenswerten Treffsicherheit eine fast komplette psychoanalytische Analyse ihres Innenlebens:

Über ein Jahr habe ich meine Gedanken nicht mehr zu Papier gebracht, eine lange Spanne Zeit, und doch so kurz. Aber was hat sich nicht alles geändert in dieser Zeit! Von äußeren Dingen ganz abgesehen, die ich hier ja auch nicht aufzeichnen will, bin ich selbst doch ein ganz anderer Mensch geworden. Wenn ich geschrieben habe, dass die letzte Erkenntnis der Wahrheit einen Läuterungsprozess durchzumachen hat, so haben sich diese Worte am eigenen Erleben bewahrheitet. Dieser Läuterungsprozess liegt hinter mir. Er war schmerzlich, aber heilsam und nun – bin ich frei! All das, was in den vorherigen Blättern steht, ist ein Ziel dieser inneren Wandlung, und wenn auch hie und da eine visionäre Ahnung des wahren Lebens darin zu spüren ist, so ist doch alles nichtsdestoweniger immer noch ein krampfhaftes Festhalten an Vergangenheit. Auch das Erlebnis mit Hans, fast möchte ich glauben, es wäre nie gewesen. Ich habe versucht, etwas zu besitzen, was nicht war, aber was mich an die Vergangenheit binden sollte. Meine Furcht vor einer Enttäuschung war nichts anderes als Feigheit, als Angst vor den Schmerzen der Wahrheit. Doch nun bin ich frei und all das, was vor einem Jahr volle Gültigkeit hatte, ist heute in nebelhafte Fernen gerückt.

Aber allein habe ich dies alles nicht geschafft. Im letzten Stadium dieser Reise, die mich aus Schutt und Asche herausführen sollte, reichte mir ein Mensch, ein Kamerad hilfreich die Hand und half mir so über den letzten tiefen Graben. Nun stand ich in einer ganz anderen Welt, die mir zu Anfang sehr fremd und unverständlich war, die aber, nachdem ich mich an die grelle Helle gewöhnt hatte, entschieden ehrlicher und wirklicher war und vor allem zu Herzen gehender als das, was ich zurückließ. Behutsam an der Hand genommen, erlebte ich die Wunder einer flammenden Religion und die Hingabe und Stärke ihrer Gläubigen, die in ihrer Welt das fertig bringen, was in unserer alten Welt nur als Vision geahnt wurde. Als ich dann meinen Retter einmal richtig anschaute, musste ich sehr erstaunt feststellen, dass das ja gar kein fremder Mensch war, sondern ich selbst, mein anderes Ich, das ich von Anbeginn an kannte und das ich verloren glaubte und nach dem ich mich sehnte. Nun also war er da und wir brauchten uns nicht mehr zu trennen, die Einheit nicht mehr zu zerreißen. Ach du gütiges Schicksal, du bringst mir also doch noch soviel Glück! Unser Zusammengehören ließen wir uns durch das Gesetz bekräftigen, was ja eigentlich dieser Unterstreichung nicht bedurft hätte. Nun sind wir vor Gott und den Menschen Mann und Frau und ich bin sehr glücklich. Ich glaube und hoffe nicht, dass die äußeren Widerstände stark genug sind, uns wieder zu trennen. Mein zweites Ich, das sich Robert nennt, ist endlich heimgekehrt, und ich will ihm alle Wunden, die er sich an Dornen und spitzen Steinen auf dem Wege zu mir gestoßen hat, versuchen zu heilen. Ich will darin nicht müde werden, denn er hat sich doch nur verletzt, um mir helfen zu können. Aber Du mein guter Kamerad habe auch viel Geduld mit mir, all das Neue ist noch so klein und zart und sei bitte nicht grob zu mir, ich bitte Dich so sehr darum. Habe vor allen Dingen Vertrauen und sei immer lieb zu mir.

Man ist fast geneigt, diese Zeilen als eine Art Präambel für das nun beginnende gemeinsame Leben einzustufen. Das Tagebuch Gertruds endet mit dieser Eintragung, sie scheint es nicht mehr zu benötigen. Und dennoch, was so aussieht wie eine spontane Liebe auf den ersten Blick, eine Liebe ohne Alternative, das erhält doch plötzlich ganz andere Züge, wenn wir sämtliche Quellen zu Rate ziehen. So gibt es einen Brief, den Gertrud am 1. Februar 1948 zum Jahrestag ihres Kennenlernens an Robert nach Berlin schreibt, der nahe legt, dass das Zusammentreffen der beiden weitaus nüchterner gewesen war als bisher gedacht.

Ach Liebes, ich habe in den letzten Tagen sehr, sehr viel über uns und unsere Liebe nachgedacht. Ist es nicht eigenartig, dass bei uns alles anders war, anders als man es immer erzählt bekam und anders als man es sich selbst vorstellte? Wir wussten vom ersten Moment an, dass wir zusammengehören. Aber wir wollten das übersehen und haben uns gemieden. Das heißt eigentlich nur unbewusst. Doch das Schicksal hat über uns hinweg gehandelt. Es führte uns bei einem Walzer erneut zusammen und −weißt Du noch?- wir haben uns staunend wieder erkannt. Heute weiß man alles, was man damals nur unbewusst fühlte.

Dann war alles Folgende so selbstverständlich, als wäre uns aufgeschrieben, wie wir handeln müssten. Es war alles ohne Besonderheit und – ohne Leidenschaft. Fast wollte ich im Frühjahr und Sommer an eine Vernunftsverbindung glauben und das war etwas, was mich ängstlich machte; denn dazu wäre ich nicht geschaffen. Ich wusste zuvor ganz genau, dass ich mir darüber nicht im Klaren war. Doch ich habe den Weg gewagt und ich habe und werde ihn nie, nie bereuen! Morgen haben wir ein halbes Jubiläum. Es ist ein halbes Jahr, dass ich bei Dir bin, und es war eine schöne, eine glückliche Zeit. Wir waren zu Anfang wohl nur gute Kameraden, doch inzwischen sind wir vorwärts gegangen auf dem Wege zueinander; wir haben versucht, uns kennen zu lernen, und ist es nicht beglückend, wenn man an seinem liebsten Menschen täglich neue Wesenszüge entdeckt, die zu noch mehr Verständnis führen? Siehst Du, Liebes, und je mehr wir uns kennen lernen umso größer und tiefer wird unsere Liebe. Ja es ist wahr, reine Liebe ist wie ein tiefer Brunnen, den man nicht ausloten kann. Je mehr man ihn erforschen will, umso tiefer wird er. Aber wir wollen diese unsere Liebe heilig halten und sie vor geilen Blicken zu schützen versuchen.

Was überraschenderweise in keinen uns erhaltenen Quellen, Erinnerungen, Tagebüchern, Briefen irgendeine Erwähnung findet, ist der ungewöhnliche Umstand, dass sich hier zwei Menschen verbunden haben, die in den vergangenen Jahren für entgegen gesetzte Ideale standen. Hier der Kommunist, KZ-Häftling und Opfer des Faschismus, dort das BDM-Mädel, das sich freiwillig und mit vollem Einsatz dem völkischen Aufbau und der Unterstützung nationalistischer Ziele verschrieben hat. Nach meiner Erinnerung war dieser Umstand auch niemals Gegenstand eines Gespräches gewesen, offenbar spielte er damals zwischen den jungen Leuten tatsächlich keine Rolle. Wie Robert damals mit einer solchen Konstellation umging, das wurde an früherer Stelle schon gezeigt. Wir erinnern uns: Für eine ehemalige Kameradin schrieb er nach dem Krieg ein Zeugnis zur Erteilung einer Unbedenklichkeitsbescheinigung. Was er dieser Frau schrieb, könnte genauso gut auf Gertrud gemünzt sein:

Was Du beim BDM und bei der Werkgruppe getan hast, weiß ich nicht. Hoffentlich warst Du dort derselbe Mensch und Kamerad wie ich Dich kennen und schätzen lernte. Vor allem bitte ich Dich um eins, vergiss nicht, dass Du als deutsches Mädel auch heute noch den Mut und die Kraft aufbringen musst, der Dir die Anerkennung und Achtung Deiner Mitmenschen sichert. Nicht Du bist schuld an der politischen Entwicklung gewesen, sondern die Leute, die Dich und Millionen junge Menschen erzogen und verblendet haben. Das kannst Du jederzeit betonen und durch Dein Verhalten heute unter Beweis stellen, dass Du gewillt bist, beim demokratischen Neuaufbau unseres Vaterlandes mitzuhelfen, um eine Wiederholung der Katastrophe zu verhindern.

Robert schaut also nach vorne. Ihn interessiert weniger, was die fehlgeleitete Jugend in der Vergangenheit gemacht hatte, sondern dass sie bereit ist, am Neuaufbau Deutschlands mitzuhelfen. Ich kann mir gut vorstellen, dass dies von Robert und Gertrud genauso gesehen wurde und in dieser Frage kein Dissens zwischen ihnen entstanden ist. Nicht vorstellbar ist jedoch, dass Gertruds Eltern mit der Wahl ihrer Tochter einverstanden waren. Man kann es nur als die emotionale Höchststrafe für Hans Kirner verstehen, wenn die Tochter aus gutem bürgerlichen Hause als Schwiegersohn einen einfachen Arbeiter anschleppt, noch dazu einen Kommunisten, der zu allem Elend auch noch im KZ gesessen hat, also vorbestraft war. Die Hochzeit zwischen Gertrud und Robert findet denn auch ohne Gertruds Eltern statt, der Grund ist unklar, es liegt die Vermutung nahe, dass es gerade die genannten Bedenken von Gertruds Eltern waren, die sie von der offiziellen Verbindung fernzubleiben veranlasste. Auch Monate nach der Hochzeit kennen sich die Eltern und Robert noch nicht persönlich, Am 2.11.47 schreibt Robert aus Berlin:

> Doch rechne ich, bis Frühjahr Deine Eltern und Schwiegereltern, von denen Du mir schon soviel geschrieben hast, persönlich kennen zu lernen.

In dem Briefwechsel während Roberts Aufenthalt in Berlin finden Gertruds Eltern nur selten Erwähnung, nach und nach gewöhnt sich Robert an, auch die Schwiegermutter zu grüßen, der Schwiegervater geht leer aus. Er taucht nur hin und wieder in Gertruds Briefen auf.

Es gibt keinerlei Informationen über die wirkliche Reaktion der Eltern auf diese Heirat, es wurde auch niemals später darüber geredet, aber ich bin ziemlich sicher, dass dieses Thema tabu gewesen ist und man sich darauf geeinigt hatte, den Mantel des Schweigens über diese Angelegenheit zu decken. In einem Brief gratulieren die Eltern dem Brautpaar mit etwas gestelzten Worten und bedauern,

> dass wir aufgrund unserer augenblicklichen Lage nicht einmal die Möglichkeit besitzen, Euch den Anfang etwas leichter zu gestalten.

Ein persönliches Wort über den Schwiegersohn enthält der Brief nicht.

Für die Zeit, ab der ich mich persönlich erinnern kann, kann man das Verhältnis der Eltern Gertruds zu ihrem Schwiegersohn zwar nicht besonders liebevoll aber zumindest von Respekt gekennzeichnet einstufen. Als wirklich ebenbürtig wurde Robert wohl erst recht spät akzeptiert, nachdem von niemandem mehr zu leugnen war, dass er ein liebevoller Ehemann und lieber und verantwortungsbewusster Vater ist. Gespannt blieb das Verhältnis vor allem der beiden Männer fast immer, nicht zuletzt wegen eines Vorfalles, der zwar überhaupt nichts mit der politischen Vergangenheit Roberts zu tun hatte, aber möglicherweise doch im Unterbewusstsein darin seinen Auslöser fand. Als zu Beginn der 60er Jahre unsere Eltern beschlossen, das kleine Häuschen baulich zu erweitern und dies aus finanziellen Gründen im wesentlichen durch Eigenleistung erfolgen sollte, kam es zum Eklat. Der Schwiegervater äußerte nicht alleine seine Auffassung, dass Robert dies finanziell und handwerklich unmöglich alleine schaffen könnte, er verweigerte auch die Unterschrift als Architekt unter die hergestellten Baupläne. Es musste ein externer Architekt beauftragt und wohl auch gesondert bezahlt werden. So schmerzlich diese Weigerung des Schwiegervaters gewesen war, so groß war verständlicherweise die Genugtuung Roberts und Gertruds als der Umbau wie geplant vollendet war.

Eine Beziehung in Briefen

Im Sommer 1947 gibt Robert seine Arbeit als Schlosser auf, um Kreis-Parteisekretär der KPD zu werden. Als Vorbereitung für diese Tätigkeit muss er für ein halbes Jahr nach Ostberlin zum Studium an die Karl-Marx-Hochschule, eine schwere Prüfung gleich zu Beginn dieser Liebesbeziehung. Diesem halben Jahr der Trennung von November 1947 bis Mai 1948 verdanken wir einen aufschlussreichen Briefwechsel, der nicht nur die innige Verbundenheit der beiden jungen Menschen dokumentiert, sondern auch eine Reihe von Eigenarten, Problemlinien und latenter Konflikte aufzeigt. Leider sind nicht alle Briefe erhalten. Besonders einige Antwortbriefe von Robert auf die ausladenden Überlegungen von Gertrud wären von großem Interesse gewesen. Allerdings kann man sich in Kenntnis der Persönlichkeit Roberts seine Antwort schon vorstellen.

Die brieflichen Äußerungen von Gertrud und Robert lassen uns auch erkennen, wie die Persönlichkeitsstruktur eines Menschen schon früh angelegt ist. Aus diesen Briefen sprechen die gleichen Eigenschaften, die gleichen Eigenarten und Marotten, von denen wir später in unserem eigenen Erleben der Eltern geprägt wurden. Gertrud tritt bereits damals als die intelligente, liebenswerte, aktive, hilfsbereite, hin und wieder etwas neurotische Frau auf, wie wir sie kannten. Und auch Robert erscheint in diesen Briefen, wie wir ihn als Vater in Erinnerung haben: liebenswert, kameradschaftlich, sachlich, nüchtern, im Innern aber sehr gefühlsbetont, sozial gesinnt, zupackend und hilfsbereit.

Der umfangreiche Briefwechsel, der ein eigenes abgeschlossenes Dokument von literarischer Qualität darstellt, ist im Anhang vollständig wiedergegeben und kann für sich stehen. Wüssten wir es nicht besser, würden wir die Briefe lesen als eine ausgedachte kitschige Liebesgeschichte, die dem Leser völlig unwirklich entgegentritt. Die überschwänglichen Liebesbeteuerungen sind wohl auch für die damalige Zeit recht ungewöhnlich. Vor allem Gertruds Briefe sind in einer sentimentalen, poetischen Liebessprache geschrieben, die Zeugnis von der Belesenheit und souveränen Sprachbeherrschung der jungen Frau geben. So ist für sie der Winter Anlass für die Hoffnung auf den Geliebten.

Sein Kommen ist eine unabänderliche Tatsache, doch ebenso sein Gehen, und dann bringt mir sein Nachfolger, der leichtfüßige Lenz, mit Blumen und Grün auch Dich mein Geliebter. Warum also soll ich den guten Winter nicht lieben? Und dann kommen jetzt die stillen Tage und Stunden, in denen sich unsere Herzen auf der großen Brücke der Liebe begegnen werden und so die schmerzliche Trennung zumindest erleichtern.

Und in einem anderen Brief heißt es:

Ach Du weißt ja nicht wie lieb ich Dich hab. Immer wieder sehe ich zu Deinem -Bildchen hin auf dem Küchenschrank, das Dich ganz so zeigt wie bei Deinem Abschied, wenigstens äußerlich. Mein Lausbub! Alles was ich tue, tue ich für Dich und um Dich glücklich zu sehen. Ich selber bin ja nur für Dich da, aber nicht ganz umsonst, denn ich möchte dafür Dein Herz und Deine Liebe – für immer. Ist das zu anspruchsvoll?

An Weihnachten kommt Robert für einige Tage nachhause zurück, doch Gertrud liegt krank mit Mumps im Bett. Nachdem er wieder abgereist ist, verzehrt sie sich in Sehnsucht:

Seit Deinem Abschied war ich nur noch eine leere Hülle und nichts vermochte mich wieder anzufüllen mit all den Empfindungen, die mir lieb waren. Jeder Schritt, der Dich von mir wegführte, nahm ein Stück von meinem Herzen mit und als Du meinen Blicken entschwunden warst, glaubte ich diesen großen Schmerz eines zerrissenen Herzens in meiner Einsamkeit nicht mehr ertragen zu können. Ich hätte Dich zurückrufen mögen, mein Herz schrie nach Dir und meine Lippen riefen Deinen Namen, aber sie riefen ihn in die Kissen. Du konntest es nicht hören und es hätte ja auch keinen Zweck gehabt. Von da an kam ich mir überall fremd vor, fremd in einer Umgebung, die mir zwar vertraut und lieb war; aber Du warst ja auch fort und meine Heimat, mein Zuhause ist nur noch dort, wo du bist. Mein Leben gehört mir nicht mehr! Es ist an Dich gekettet mit tausend Fesseln, und wenn Du von mir gerissen würdest, so muss ich mich in Sehnsucht nach Dir verzehren.

In diesem Stil sind sämtliche Briefe Gertruds gehalten. Ganz anders Robert. Nüchtern, realistisch, analysierend ist seine Art zu schreiben. Aber er weiß, was Frauen wie Gertrud erwarten, und so scheint er sich zu bemühen, auch etwas überschwänglich gefühlvoll zu formulieren.

Ich brenne natürlich vor Sehnsucht nach Dir und möchte Dich fest in meine Arme schließen

heißt es zum Beginn der Trennung. Wenig später

Ich weiß, dass ich auf Dich bauen kann, dass Du, mein Liebes, mir treu bleibst. Auch ich werde nur an Dich denken und Dein Vertrauen rechtfertigen. Dein Bild grüßt mich zu jeder Tageszeit und lächelt mir zu. Du bist mir immer nahe und begleitest mich auf all meinen Wegen.

Aber manchmal klingen die Liebesschwüre doch etwas hölzern, seine nüchtern realistische Art, die Dinge zu sehen, scheint eben doch immer durch, ja hin und wieder bekommt man den Eindruck, er beziehe seine Liebesschwüre aus einem Propagandabuch.

Man lebt viel freier und fühlt sich voll Schaffenskraft, wenn man sich auf seinen liebsten Menschen verlassen kann und ohne nennenswerte Sorgen lebt. Ich bin fest überzeugt, dass wir das Leben zu unserer Zufriedenheit meistern und so glücklich werden, wie es in Deinen Zeilen zum Ausdruck kommt. Wenn man den Willen hat, alles zu tun, was uns das Glück schenkt, so werden wir auch bauend auf unsere eigene Kraft recht viel Gutes und Schönes erleben und anderen Menschen geben können. Unser Wahlspruch lautet: Vorwärts immer – rückwärts nimmer.

Wir packen das Leben mit beiden Händen und zwingen ihm die schönsten Seiten ab.

Dass er nicht der große Romantiker ist, weiß Robert natürlich selbst und er legt seiner Frau dies auch offen dar. Dennoch spricht aus den Worten Roberts unmissverständlich die große Zuneigung zu Gertrud.

Ich kann leider nicht in überschwänglichen Worten Dir von Liebe und Treue und alles Mögliche aus dem großen Wortschatz von Verliebten erzählen. Doch Du weißt, dass ich Dich lieb habe und immer lieben werde, auch ohne große Beteuerungen. Ich freue mich oft über Kleinigkeiten, über ein liebes Wort, ohne es besonders zeigen zu können. Ich will aber auch bemüht sein, daran zu denken, dass auch Du mein Liebling kleine Aufmerksamkeiten liebst und notwendig hast, dass auch Dir ein liebes Wort von mir Freude und neue Kraft gibt. Ich glaube, im Erkennen der Dinge liegt unsere Stärke und hier liegt der Punkt, der uns zu vollem Glück führt.

zu der realistischen Betrachtung Roberts gehört auch, die beiden Personen dieses Bundes als gleichberechtigt zu verstehen. Während Gertrud sich als den kleineren, dienenden Teil empfindet, spricht Robert realistisch von zwei verschiedenen, aber gleichermaßen zu gewichtenden Rollen und versucht, Gertrud aufkommende Minderwertigkeitskomplexe auszureden.

Was Du inzwischen alles geleistet hast, zeigt doch, dass auch Du mir viel gegeben hast und nicht ich nur der gebende Teil bin, wie Du Dir immer einredest. Ich bin in ideologischer Hinsicht Dir vielleicht in manchen Dingen überlegen, aber Du hast ebensolche starke Punkte, wo ich von Dir lernen kann und gelernt habe. Das kommt zwar nicht immer so offen zum Ausdruck, aber deshalb ist es doch so. Also keine Minderwertigkeitskomplexe, sondern gemeinsam an die Probleme des Lebens herangehen, gemeinsam schlagen, gemeinsam siegen. Der Mensch ist nicht fertig oder vollkommen, er wächst mit den Aufgaben und warum sollte es bei uns anders sein? Wir werden uns den jeweiligen Verhältnissen anpassen und uns bemühen, immer Sieger zu bleiben.

Der Briefwechsel ist wie gesagt das Dokument einer besonderen Liebesbeziehung. Er wirft aber auch ein interessantes Licht auf verschiedene Fragen, die sich uns heute angesichts dieser Partnerschaft stellen.

So zeigen die Ausführungen sehr deutlich, dass die Verbindung der beiden nicht wegen, sondern trotz der politischen Anschauungen Roberts zustande gekommen ist. Man bekommt bei der Lektüre den Eindruck, dass sich Robert bemüht, die politischen Themen auszuklammern, nur hin und wieder kommt er darauf zu sprechen, doch dann sprudeln die Urteile aus ihm heraus wie aus dem Lehrbuch. So schreibt er in einem der Briefe:

Es geht um Aufstieg oder Niedergang. Wir sind jung und haben das Leben noch vor uns. Wir, die deutsche Jugend muss sich heute darum kümmern, wie morgen Deutschland aussehen soll. Wir müssen die Rufer der neuen Zeit sein. Nie müde werden, wenn es um die Freiheit und den Fortschritt geht. Dieser Geist muss wieder ins Volk und vor allem in die Jugend einziehen, dann können die Millionen gefallenen Kämpfer ruhig schlafen.

Und wenn Gertrud von Zeitungsmeldungen oder politischen Diskussionen zu Hause berichtet, erteilt er ihr sogleich eine Lektion in der Analyse der aktuellen Politik:

Mein Liebling, in Eurer Presse wird eben mal wieder eine Flut von Schmutz geschrieben; solche Beispiele hat leider die Geschichte uns schon viele gegeben. Lasst Euch nicht verrückt machen. Seht bitte die Hintermänner an, dann ist alles klar. Der Beschluss von Frankfurt muss doch irgendwie verwischt werden, ebenso die Ernährungskatastrophe im Ruhrgebiet. Diesen Herren ist kein Mittel zu schlecht, wenn's um ihren Profit geht. Das sollte nur ein kleiner Hinweis sein.

Robert beschäftigt sich in dieser Zeit in Berlin Tag für Tag mit ideologischen Fragen der Politik, das merkt man natürlich auch seinen Briefen an. Es wäre auch verwunderlich, würde sich der Inhalt seines Tagesgeschäftes darin nicht niederschlagen. Immer wieder lässt er sich dazu verleiten, politische Bekenntnisse darzulegen:

Denke bitte daran: Demokratie ist eine Herrschaftsform des Staates. Der Staat ist das Machtinstrument der jeweils herrschenden Klasse. Dazu gehört Polizei, Presse, Rundfunk usw. Es ist also ein Unterschied ob der Staat von schaffenden Menschen regiert wird oder von Kapitalisten und Bankiers. Darin ist eigentlich alles enthalten, man muss nur etwas nachdenken.

In einigen Fällen gibt Gertrud in ihrem Brief sozusagen die Vorlage zu Roberts politischen Äußerungen. In ihren Berichten wird deutlich, dass die Grundsätze von Roberts Überzeugung, nämlich Frieden, Freiheit und Gerechtigkeit auch Gertruds Grundsätze sind. So klagt sie in ihrem Osterbrief nach Berlin

Ich habe fast das Gefühl, als würde es manchen Menschen insgeheim in den Fingern jucken, endlich wieder eine Knarre handhaben zu können und ohne Überlegung blindlings auf den eigenen Bruder zu schießen. Es geht uns anscheinend immer noch nicht schlecht genug. In Landau wird augenblicklich das politische Internierungslager geräumt, und in SPD-Kreisen spricht man offen davon, dass das geschehen müsste, um dort die Kommunisten aufnehmen zu können!!!!! Nein man möchte manchmal heulen angesichts von solcher Borniertheit!

Darauf antwortet Robert:

Das Volk in seiner Borniertheit und Denkfaulheit läuft dieser Verbrecherbande nach, einem neuen Abgrund zu. Die braunen Rattenfänger werden von den schwarzen abgelöst. Das ist das viel gerühmte Volk der Dichter und Denker. Es ist im Westen ein Werkzeug der Monopolherren von USA geworden und das Erwachen wird noch grausiger sein als 1945. Nun hat man auch den letzten Minister der KPD endlich aus der Regierung hinausmanövriert. Nun sind die Verräter unter sich und glauben, ihr schmutziges Geschäft für einen Judaslohn auf Kosten des deutschen Volkes durchführen zu können. Doch auch für sie schlägt die Stunde und wir werden ihnen ihre Suppe versalzen. Sie möchten uns in einen neuen Vernichtungskrieg stürzen und selbst als Handlanger der Reaktion übrig bleiben. Was sollten wir für Vorteile in einem Krieg sehen? Wir brauchen Frieden und Zeit zum Arbeiten, dann werden wir Deutschland retten können. Krieg aber bedeutet Vernichtung. Wer daran interessiert ist, kann leicht festgestellt werden. Die Arbeiter jedenfalls nie. Wenn man in SPD-Kreisen davon spricht, dass Landau für die Kommunisten geräumt wird, dann sieht man, wie weit die Verhetzung bereits gediehen ist. Dieser kleinbürgerliche Haufen, der nie weiß, wohin er gehört, sieht nur in der Arbeiterschaft seine Feinde. Ausgerechnet bei diesen Menschen, auf dessen Schultern sie stehen und wovon sie leben. Sie setzen ihre verhängnisvolle Politik der Vergangenheit fort, die 1914, 1918, 1933 bei dem Verrat der Interessen der Arbeiterklasse zugunsten der Bourgeoisie endete. Doch auch ihre Bäume wachsen nicht in den Himmel und eines Tages wird ein Sturm sie entwurzeln und beiseite legen. Wir brauchen nur Zeit, Zeit und Frieden.

Dass er seiner jungen Frau eigentlich ganz anderes schreiben will und er sich immer wieder unfreiwillig ins Politisieren abdriften sieht, das wird ihm dann auch bald bewusst. So schreibt er in einem Brief im Anschluss an seine politische Lektion:

Ja Liebling, Du hast Dir einen schlechten Liebhaber ausgesucht, anstatt Dir glühende Liebesbriefe zu schreiben, rutschen mir immer wieder politische Themen aus der Feder.

Gertrud will sich offenbar auch gar nicht auf politische Diskussionen und überlässt dieses Feld vertrauensvoll ihrem Mann. So schreibt sie

Doch zurück zu Deinem Brief. Den politischen Inhalt versuche ich zu verdauen, aber antworten werde ich Dir nicht in meinem Brief.

Dabei bekennt sie nicht nur, aufgrund von mangelnder Information in vielen Fragen nicht urteilsfähig zu sein, sondern sie spricht auch offen aus, die Gegenmeinung durchaus verstehen zu können.

Ich lasse mich wohl nicht verrückt machen, aber es ist ungeheuer schwer, anderen gegenüber konsequent zu bleiben, denn es fehlt mir persönlich an geistigen Grundlagen und wenn ich ganz ehrlich sein soll, muss ich insgeheim vielleicht in meinem Unverstand der Gegenseite auch mal recht geben.

Es ist nicht auszuschließen, dass dabei auch Gespräche und Diskussionen mit ihren Eltern im Hintergrund stehen. Gertrud zieht sich jedoch einfach auf die Position zurück: was der Mensch, den sie liebt, vertritt, dass muss auch richtig sein. So kassiert sie die mehr oder weniger offen ausgesprochene Kritik gleich wieder ein, indem sie fortfährt:

Aber keine Angst, Schätzel, Du kennst mich ja, und außerdem habe ich ja Dich und kenne Deinen Glauben. Wenn mir auch dieser Glaube in

manchen Dingen noch recht unklar ist, so genügt es mir doch, dass Du von ihm durchdrungen bist. Das soll nun nicht heißen, dass ich eine eigene Meinung ganz aufgegeben hätte. Nein, nein! Aber ich habe Vertrauen zu Dir und ich weiß, dass Du ein so guter Mensch bist und für Deine Mitmenschen nur das beste willst. So kann es nichts Schlechtes sein, was Du glaubst.

Diese Rollenverteilung in ihrer Beziehung versteht Gertrud als Rollenverteilung zwischen Mann und Frau. Denn sie meint

dass all diese Dinge das Wesen einer Frau nie so restlos durchdringen können wie einen Mann. Dass sie das naturgesetzlich meint, mag man ihr nicht so recht glauben, schien sie doch auch damals nicht mehr in einer starren, überholten Rollenverteilung verankert zu sein. Es hat eher den Anschein, dass eine solche „Arbeitsteilung" ihr aus taktischen Gründen entgegen kommt und sie damit einer politischen Auseinandersetzung aus dem Weg gehen kann. Wie es auch sei, Gertrud steht immer solidarisch zu Robert und lässt keinen Keil zwischen sich und ihren Mann treiben. So hatte der politische Hintergrund dieser Verbindung in Gertruds Familie kontroverse Beurteilungen erfahren, das geht aus dem Scheitern eines Vorhabens hervor, das Gertrud brieflich äußert. Da ihre Mutter zu deren Schwester nach Oldenburg fährt, schlägt sie vor, diese zu begleiten und sich ebenda mit Robert zu treffen, um dem dortigen Zweig der Familie ihren Mann vorstellen zu können. Doch die politisch motivierten Signale aus dem Norden sind unmissverständlich: so einen will man in der Familie nicht haben.

Die unterschiedliche Informiertheit der beiden hat natürlich auch etwas mit ihrer Vorgeschichte und dem Altersunterschied zu tun. So ist für Gertrud der Besuch einer Kinovorführung des DEFA-Filmes „Ehe im Schatten" geradezu ein Kulturschock, der ihr zum erstenmal überhaupt die Dimension der Nazi-Verbrechen fasslich zu machen scheint.

Liebes, ich schäme mich! Ich kann es mit meinem Verstand niemals fassen, dass Menschen zu solchen Handlungen fähig waren! Und wie nah stand man selbst vor diesem Abgrund, durch Erziehung und Beispiel Taten zu vollbringen, die den 2. Menschen in uns, das Gewissen und die Menschlichkeit, erzittern ließen! Wo liegt der Sinn in solchem

Tun? Wozu leben eigentlich die Menschen? Nur, um sich gegenseitig zu quälen?

Angesichts einer solchen Erfahrung ist es durchaus nachzuvollziehen, wenn Gertrud die politische Deutungshoheit Robert überlässt. Ja sie geht sogar noch weiter, sie begreift ihre Fürsorge für ihren Mann quasi als stellvertretende Wiedergutmachung an den Opfern der Nazi-Diktatur:

Ich habe das Gefühl, als müsste ich, gerade ich an Dir etwas gut machen. Ich hatte Dir gegenüber ein Schuldgefühl. Ja ich möchte ein ganz kleines bissel gut machen, was andere Menschen an ihren Brüdern gefehlt haben. Ich schäme mich für sie!

Robert ist von seinem Naturell, vermutlich aber auch aufgrund seiner Erfahrungen weitaus weniger sentimental und stellt seine Überzeugung und seine politische Arbeit mit klaren, markigen Worten dar; dies geschieht in einer Art und Weise, als ob es sich um eine Art Präambel eines politischen Lebens gehe:

Ich tue nichts unüberlegt und treibe kein Spiel, sondern von der Notwendigkeit überzeugt ist mein Tun und Handeln. Mein Leben ist nicht immer ungefährlich und das ist vielleicht mit ein Grund, dass ich nicht immer so redselig bin. Ich kann mir vorstellen, dass es Momente im Leben gibt, und ich habe solche genügend schon erlebt, wo man sich fragt, ob man berechtigt ist, einen Menschen an sich zu binden und ihm Lasten aufbürdet, die man eigentlich allein tragen müsste. Es ist nicht von ungefähr, dass ich so spät erst geheiratet habe. Du kennst meine Vergangenheit und weißt auch, wie ich zum Leben stehe. Für mich ist der Kampf um die Befreiung der Arbeiterklasse von Jahrhunderte altem Joch und Ausbeutung das Ziel und die Hauptaufgabe meines Lebens. Ich bin kein Fanatiker, sondern ein sehr realistisch denkender überzeugter Marxist. Es ist eine geschichtlich unumstößliche Wahrheit, dass der Sozialismus das verbrecherische System des Kapitalismus ablösen wird. Wann das sein wird, hängt von unserer Arbeit, von unserem Einsatz ab. Doch der Anteil an diesem Befreiungskampf ist nicht bei jedem Menschen gleich.

Robert hat immer trotz aller Ferne zu jeglicher Form des Intellektualismus die treffendste Beurteilung seines eigenen politischen Lebens abgegeben.

Während Robert in Berlin weilt und sich mit politischen Fragen auseinandersetzt, hat Gertrud allerdings in Ludwigshafen ganz andere, praktischere und lebensnahere Probleme. Sie muss nicht alleine die Alltagsprobleme in den Griff bekommen, was in den chaotischen Nachkriegsjahren ohnehin nur mit viel Umsicht und Phantasie möglich ist, sie muss vor allem psychische Probleme bewältigen. Und dies macht ihr weitaus mehr zu schaffen. Seit ihrer Heirat wohnt das Paar in der kleinen Wohnung der Murawskis. Nachdem Robert in Berlin ist, muss sich Gertrud nun alleine mit den Schwiegereltern arrangieren. Über irgendwelche Spannungen zwischen ihr und dem Stief-Schwiegervater wissen wir nichts, vermutlich hat er gearbeitet und sich nicht weiter um sie gekümmert. Roberts Mutter dagegen sieht in Gertrud eine direkte Konkurrentin, ja Feindin, ist sie doch die Frau, die ihr ihren Sohn weggenommen hat. Gertrud, von jeher mit einem starken Harmoniebedürfnis ausgestattet, leidet sehr unter dieser Situation, die sie trotz intensiver Bemühungen kaum entschärfen kann. Erhält sie einen Brief von ihrem Mann, ist die Mutter eifersüchtig und neidet ihr die Zuneigung. Das Ergebnis ist, dass Gertrud sich gar nicht mehr traut, sich über die Briefe zu freuen.

Habe ich doch das Gefühl, als würde ich etwas Unrechtes tun. Ich habe schon soviel darüber nachgedacht und meinen Kopf zermartert, was wohl richtig ist. Ich habe wohl gesetzmäßig ein Recht auf Dich. Aber vom rein menschlichen und gefühlsmäßigen Standpunkt aus gesehen: Darf ich dieses Recht in Anspruch nehmen?

In einem Brief lässt sie ihrem Kummer freien Lauf und beklagt sich bei Robert über die unerträgliche Situation:

Mutter ist ja so misstrauisch mir gegenüber und ich kann tun, was ich nur kann, sie empfindet mich immer als Fremde und als unwillkommener Eindringling.

Doch was gibt ihr das Recht dazu? Ich nehme ihr doch wirklich nichts – . Ich tue für sie, was in meinen Kräften steht, und dabei denke ich bestimmt nicht an mich oder an meinen Vorteil, im Gegenteil, ich wage schon gar nicht mehr, an mich zu denken. Wenn ich nichts rede oder krampfhaft einen Unterhaltungsstoff suche, braucht sie von sich aus den ganzen Tag kein Wort mit mir zu wechseln. Dann muss ich oft eine spitze oder versteckte Bemerkung runterschlucken. Weißt Du, dies alles und das ständige Gefühl, nicht gern gesehen zu sein, macht mich oft so verzweifelt und ich brauche alle meine Kraft, um über diese Klippe hinweg zu kommen. Du kennst mich ja, ich kann es einfach nicht ertragen, wenn jemand etwas gegen mich hat.

Noch lange haben die damals erhaltenen Schmerzen nachgewirkt. Ich erinnere mich deutlich an zahlreiche Gespräche mit Gertrud, in der sie sich über so manche Ungerechtigkeit und Demütigung durch die Schwiegermutter beklagte. Auch wenn sich die Situation im Laufe der kommenden Jahre etwas entspannte, so richtig warm wurden die beiden Frauen niemals miteinander.

Diese so belastende spannungsgeladene Situation ist denn auch wohl die Haupttriebfeder für Gertrud, sich intensiv nach einem eigenen Heim umzusehen. Natürlich wären solche Bemühungen auch die normale Konsequenz gewesen, wenn der Alltag nicht so unerträglich gewesen wäre, aber der Druck hat sich dadurch mit Sicherheit erhöht.

Gertrud ist eine junge, umsichtige, phantasievolle und vor allem willensstarke Frau, wenn sie die Chance sieht, etwas zu erreichen, dann lässt sie auch nicht locker. So bekommt sie Ende 1947 Wind davon, dass in der Gartenstadt auf einem derzeit noch als Acker genutztem Gelände 12 kleine Häuschen gebaut werden, die ausschließlich Opfern des Faschismus vorbehalten bleiben sollen. Sie klemmt sich dahinter und beschließt sofort, darauf ihr Augenmerk zu richten. Anfang des neuen Jahres 1948 erwähnt sie das Haus zum erstenmal gegenüber Robert. Was eben noch Wunsch gewesen ist, wird rasch zum konkreten Projekt, das nicht nur anzustreben ist, sondern an dessen Verwirklichung konkret gearbeitet wird. Gertrud macht das Haus zu ihrem Projekt und macht Pläne, die damit in Zusammenhang stehen. Und plötzlich blitzt auch ein Bestehen auf die eigenen Interessen auf, eine vorsichtige Warnung an Robert, dass er in dieser Sache wohl gar nicht mehr widersprechen kann:

Tag und Nacht lässt mir dies Projekt keine Ruhe mehr und ich suche in Gedanken alle Möglichkeiten zur Gemütlichkeit, die sich heute ergeben, auszuschöpfen. Deine Vollmacht in allem vorausgesetzt. Ich verspreche Dir immer in Deinem Sinn zu handeln, aber auch in diesem Falle einen gewissen Egoismus einzuschalten.

Der ist allerdings begeistert, freut sich über die Aktivitäten der Frau und erteilt ihr einen Blanko-Scheck.

Du schreibst von unserem „Heim", ich kann mich noch gar nicht daran gewöhnen, zu glauben, dass es wirklich wahr werden soll. Doch wenn Du, mein liebes Mädel, es schaffst, was soll ich dagegen einzuwenden haben. Ich erteile Dir hiermit zur Ausgestaltung Deines Puppenhauses, unseres Märchenschlosses, ALLE VOLLMACHT und erlaube Dir, einen gewissen eigenen Egoismus einzuschalten. Ich habe volles Vertrauen zu Dir und weiß, dass Deine Ansichten sich sehr oft mit meinen decken. Im übrigen lasse ich mich gerne überraschen und hoffe, dass Du, mein „Sonnenschein im Eigenheim", mit mir zufrieden bist.

Gelesen, beglaubigt und genehmigt von Deinem Herzensdieb.

Von da an bezeichnen die beiden das Häuschen nur noch als ihr Märchenschloss und malen sich die Situation, im eigenen Haus ein eigenes Familienleben zu gestalten in den schönsten Farben aus.

Bald, nur noch wenige Monate, wird unser Märchenschloss, von dem auch Du träumst, Wirklichkeit werden

heißt es am 1. Februar 48

es will halt täglich erkämpft werden, unser zukünftiges Glück, unser Märchenschloss.

Wenig später Ende Februar 48 berichtet Gertrud vom ersten Spatenstich, dem allerdings wegen Frost erst einmal nicht die anschließenden Arbeiten folgen können.

Ach ich darf nicht daran denken, sonst freue ich mich noch krank.

schreibt Gertrud. Auch wenn es langsamer voran geht als geplant, sie bewacht doch jeden Schritt kritisch und passt auf, dass alles ordnungsgemäß verläuft. Bereits jetzt sorgt sie auch für die notwendigen Möbel, ergreift die Chance, eine komplette Schlafzimmergarnitur zu bekommen, und schaut sich auch nach anderen Einrichtungsgegenständen um. Sie ist ganz aus dem Häuschen und malt sich die neue Situation in den schönsten Farben aus.

Am Sonntag Nachmittag war ich mit Papa in der Gartenstadt und wir haben den Platz unseres Märchenschlosses angesehen. Ach Liebes, wie ist es dort schön! So ruhig und frei, und was muss das im Sommer ein

Blühen und Reifen sein und so aus nächster Nähe! Der Ginsterweg wird unsere neue Heimat werden.

Wie oft mag es geschehen sein, dass eine solche Vorfreude bitter enttäuscht und von der Realität Lügen gestraft worden ist; in diesem Falle jedoch nicht.

Nicht alleine für Gertrud und Robert wurde die neue Heimat im Ginsterweg zum „Märchenschloss" und harmonischen Heim, in dem viele Wünsche in Erfüllung gingen, auch für uns Kinder sollte das Häuschen, der Garten und die Familie zu einem kleinen Paradies werden, in dem Zufriedenheit, Harmonie und vielfältiges Leben sich breit machen konnten.

Doch das „Märchenschloss" war erst die erste Stufe des neuen Glücks. Wer Gertrud kennt, den verwundert es nicht, dass recht bald sich zu dem Gedanken eines eigenen Hauses auch der Wunsch nach einem Kind gesellt. Sie kennt ihren Robert schon gut genug, um zu wissen, dass sie in dieser Frage behutsam vorgehen und erst einmal gewisse Widerstände überwinden muss. Ihrer Vorstellung vom eigenen Haus fügt sie in einem Brief an Robert an:

Und ein ganz klein bissel wagt sich die Hoffnung hervor, dass es ein warmes, freundliches Nest werde für unser Kindchen. Ich sehe Dich jetzt lächeln. Ach Du! Ich bin nun einmal so. So ein kleines weiches Wesen, das mich braucht und das ich beschützen kann, ich sehne mich einfach danach. Ja Du selbst, Du bist mir Geliebter, Kamerad und Kind, für das ich sorgen darf, ein großer Bub, der mich vielleicht auch braucht. Aber darin ist unsere Liebe noch nicht erschöpft. Meine Hände, sie quellen über vor Zärtlichkeit! Sie wollen streicheln, sie wollen umhegen.

Eine kleine Andeutung in Roberts Brief nimmt sie sogleich dankbar auf und lässt nicht locker:

Recht glücklich, mein Schatz, hat mich Dein kleiner Fragesatz am Ende der lieben Seite gemacht: „Vielleicht auch zu 2 ½ ?" Oder hast Du das nur mir zur Beruhigung geschrieben? Aber ich glaube es nicht. Das würde ich auch niemals wollen. Du sollst immer nach Deinem eigenen Gefühl handeln, aber auch das meinige respektieren. Wie ich darüber denke, mein Lieb, habe ich Dir ja ausführlich selbst sagen können. Auch wenn Du mich als Mann vielleicht nicht ganz hast verstehen können. Aber ich kann mir eigentlich nicht recht vorstellen, dass Dir noch nie darüber Gedanken gekommen sind und Du Dir nicht auch so ein liebes

Kindchen wünschest. Oder sollte ich mich wirklich so täuschen? Gewiss, es ist ja heute nicht immer leicht, so einen kleinen Erdenbürger aufzuziehen. Doch wann wird diese Möglichkeit gegeben sein und bringen wir uns selbst nicht nun ein großes Quantum Sonnenschein?

Roberts Antwort ist typisch für ihn: nüchtern, realistisch und unsentimental analysierend. Dabei scheint er schon damals bewusst sich unsentimentaler ausdrücken zu wollen als er es tatsächlich meint. So ist die Einstufung von Gertruds Wunsch nach einem Kind als „Steckenpferd von Dir" eine Spur zu hölzern als dass er dies tatsächlich so meint.

Nun zu einem Steckenpferd von Dir. Mein Schatz, ich bin nicht gegen Kinder, dass ich nicht richtig ziehe, ist in verschiedenen Gründen zu suchen. 1. Bist Du noch jung und ein Kind würde Dich bald ganz an das Haus fesseln. Du könntest nicht wandern, tanzen, deine Jugendarbeit nicht mehr besuchen. 2. Zu einem Kind gehört Wäsche, Kinderwagen, kräftige Verpflegung, viel Zeit, Arbeit, Entbehrungen besonders von Deiner Seite. Ein Kind heißt Abschied von der Jugendzeit. Wenn Du trotzdem Dir darüber klar bist, das Opfer zu bringen und vielleicht Dein Glück dadurch zu vergrößern, wenn Du darin eine Erfüllung Deiner Träume siehst, sollst Du Deinen Wunsch haben. Ich habe wirklich in erster Linie immer an Dich gedacht, denn Du hast die Arbeit, ich habe mehr das Vergnügen, die Freude. Mein Liebling, versteh mich bitte richtig. Ich bin nicht gleichgültig dieser Frage gegenüber, denn es ist eigentlich selbstverständlich, dass ich nicht kinderlos einmal sterben will, nur traue ich halt der gegenwärtigen verrückten politischen Lage nicht zuviel Ruhe und Frieden zu.

Damit war das Thema für ihn erledigt, wenn Gertrud ein Kind haben will, soll sie eines haben. Glücklicherweise wurden es derer drei. Robert versucht nur, nüchtern und praktisch zu denken, und verdeckt so seine eigentlichen Gefühle, die sich hinter der Maske des Realismus verbergen. So war er immer, so sollte er auch in seinem weiteren Leben sein. Diese nüchterne, fast jede Form von Schwärmerei und Sentimentalität vermeidende Lebenshaltung, war derjenige Wesenszug, den ich immer an meinem Vater geschätzt habe und den ich stets als willkommenen Gegenpol zu dem etwas allzu gefühlsbetonten Verhalten der Mutter empfunden habe. So nüchtern, wie Robert mit der Frage nach einem Baby umging, so nüchtern sollte er sich am Ende seines Lebens mit der

Frage beschäftigen, was er einmal seinen Nachkommen hinterlassen sollte. Es ist nicht nur eine witzige, sondern auch eine für ihn charakteristische Begebenheit, an die ich mich wohl mein ganzes Leben lang erinnern werde. Bei einem der letzten Besuche der Eltern in Neuengörs sprach Robert die Frage des Testamentes an und wollte erörtern, wer von den drei Kindern welche Hinterlassenschaften bekommen sollte. In vollem Ernst verkündete Robert, dass ich auf jeden Fall seinen Schraubstock erben solle, damit ich endlich mal ein richtiges Exemplar dieses unentbehrlichen Werkzeuges hätte. Bei aller Veränderung, die ein Mensch im Laufe seines Lebens durchmacht, scheinen doch gewisse Konstanten ein Leben lang zu bleiben.

Das Haus im Ginsterweg 47 wird erst im Dezember 1948 bezugsfertig. Gertrud und Robert ziehen in ihr „Märchenschloss" ein. Bereits drei Monate später gibt es Nachwuchs, nach drei Jahren kommt eine Tochter zur Welt und mit meiner Geburt 1954 ist die Familie komplett. Auffällig kahl stehen die Häuschen in der Landschaft, kein Baum und kein Strauch bieten Sichtschutz, der Garten ist noch nicht angelegt, das Haus ist außen noch nackt. Und auch drinnen spiegelt die nur karg eingerichtete Wohnung die damalige schwere Zeit wider. Und ohne dass wir aus heutiger Sicht mit den Betroffenen tauschen mögen, befällt uns doch unwillkürlich auch so etwas wie eine Sehnsucht nach einer solchen Zeit, in der es eigentlich nur aufwärts gehen konnte. Schritt für Schritt arbeiten sich Gertrud und Robert voran, beschaffen sich ein Möbelstück nach dem anderen und gestalten durch ihren eigenen handwerklichen Einsatz das kleine Häuschen tatsächlich zu einem „Märchenschloss". In den ersten gemeinsamen Jahren hat es das junge Paar nicht leicht. Waren die wirtschaftlichen Umstände ohnehin nicht rosig, so müssen die beiden noch zusätzliche materielle Einschränkungen hinnehmen. Denn Robert verdient als Parteisekretär weniger als er in seinem Beruf als Schlosser bekommen hätte. Die Partei, die gegen die Ausbeutung kämpfte, beutete ihre eigenen Mitarbeiter selbst gnadenlos aus. Hauptsächlich Gertrud hat darunter zu leiden. Tagelang ist sie allein in dem leeren Haus mit ihrem kleinen Baby; oft kommt ihr Mann erst sehr spät und müde nach Hause. Ein geordnetes und harmonisches Familienleben sieht anders aus. Robert weiß wenigstens, wofür er die Strapazen auf sich nimmt, Gertrud dagegen steht halbherzig dem politischen Engagement ihres Mannes gegenüber. So sehr es ihrem Naturell entspricht, die Organisation und Weiterentwicklung von Haus und Garten selbst in die Hand zu nehmen, so sehr leidet sie unter der Vernachlässigung. Spätestens als sie bemerkt, dass die Situation auch Robert zu schaffen macht, zieht sie die Notbremse. Als maßgebliches Mitglied im Parteivorstand der KPD, das in der gleichen Siedlung nur ein paar Häuser weiter wohnte, eines Morgens vor der Haustür steht und nach Robert fragt, platzt Gertrud der Kragen. Robert sei zwar Angestellter der Partei, aber nicht mit ihr verheiratet, erklärte sie ihm unmissverständlich. Sie sei mit ihm verheiratet und müsse ihren Mann davor schützten, kaputt gemacht zu werden. Deshalb lasse sie Robert sich jetzt erst einmal ausschlafen. Wie mir Gertrud erzählte, hatte sie sich damit gehörigen Respekt bei den Genossen verschafft, die fortan mehr Rücksicht nahmen. Das Verhältnis zu dem besagten Nachbar war denn auch solange ich denken kann unterkühlt und frostig. Dass Robert 1951 die Partei verlässt, hat zweifellos vorrangig politische Gründe. Die Befürchtung, seine politische Arbeit könne seine Ehe gefährden, mag diese Entscheidung aber durchaus beschleunigt haben.

Mit dem ersten Sohn wächst in dem kleinen Häuschen so langsam eine richtige Familie heran. Dass Gertrud eine ideale Mutter und Hauswirtschafterin sein würde, dies konnte man unschwer bereits aus ihrer Vorgeschichte ablesen; aber auch Robert, der sich ja selbst eher skeptisch über das Familienleben geäußert hat, entpuppt sich schnell als umsichtiger und hervorragender Vater, dem das Wohl seiner Familie über alles geht. Nicht zuletzt die zahlreichen Fotografen, die Robert von seinem Sohn in allen möglichen Situationen und Stellungen macht, und die liebevolle Art, in der er diese in einem Familien-Fotoalbum versammelt, zeugen von seinem erwachten Familiensinn. Dieser bezieht sich im übrigen nicht allein auf die eigene kleine Gemeinschaft, sondern auch auf die Verwandten der beiden so unterschiedlichen Familien, welche durch die Verbindung von Robert und Gertrud nun ihrerseits verwandtschaftlich verknüpft werden. Das kleine Häuschen wird schon bald Treffpunkt und Austragungsort von Feierlichkeiten anlässlich von Geburtstagen und diverser Jahresfeste. Ankunft und Gedeihen der drei Kinder sind weitere Anlässe für Besuche von beiden Großelternpaaren, bisweilen sogar gemeinsam, Geschwistern, entfernten Verwandten und Freunden. All dies ist fotografisch festgehalten, wohl geordnet von Robert in streng chronologisch aufgebauten Fotoalben für die Nachwelt bewahrt. Jede Generation hat ihre Eigenart. Beim Betrachten der Fotografen kommt mir der Gedanke, dass die Generation von Robert und Gertrud vermutlich die einzige sein wird, die ihr gesamtes Leben in Fotoalben dokumentiert der Nachwelt überlassen hat. Frühere Generationen konnten dies mangels ausgereifter Fotografiertechnik nicht, und für meine Generation sind Papierfotos eher ein Relikt vergangener Tage. An ihre Stelle sind digitale Fotos getreten, deren Technik nicht alleine eine sintflutartige Überschwemmung mit Fotografen zur Folge hat, sondern auch die Gefahr mit sich bringt, durch einen einzigen versehentlichen Druck auf den falschen Knopf sämtliche Bilder eines Lebens für immer von der Festplatte zu löschen. Das Leben hat sich doch rapide geändert. Gertrud und Robert bauen eine Familie auf und einen bescheidenen Wohlstand. Es gelingt ihnen nicht nur, die Kinder ohne größere Zwischenfälle groß zu ziehen, sondern auch, ihnen die Chancen zu gewähren, ihre beruflichen und privaten Wünsche zu verwirklichen.

Erst nachdem ich im Laufe meines Lebens die Lebensgeschichte von Vertretern der eigenen Generation kennen gelernt und von den vielfältigen Konflikten im Elternhaus gehört habe, kann ich im ganzen Ausmaß ersehen, welches Glück ich hatte, als Sohn von Robert und Gertrud aufgewachsen zu sein.

Auch wenn es vielleicht sentimental klingt, man kann nur jedem Menschen in seiner Kindheit und Jugend ein derart harmonisches, aufbauendes und menschliches Umfeld wünschen, wie es meine Geschwister und ich durch Gertrud und Robert erfahren haben. Was den beiden in ihrer Jugend nicht gelungen ist, nämlich die Welt etwas humaner und gerechter zu machen - im persönlichen Umfeld haben sie ihr Ziel erreicht.

Anhang

Texte und Dokumente

<u>**Anhang 1**</u>

Die Anklageschrift

Roberts Briefe aus dem Gefängnis

Roberts Briefe aus dem KZ Dachau

Roberts Briefe vom Strafbataillon 999

Unterlagen zu Roberts politischer Betätigung nach 1945

(In Roberts Briefen wird die der damals geltenden Rechtschreibung folgenden Schreibweise beibehalten. Lediglich offensichtliche Schreibfehler werden korrigiert.)

München, 4. April 1934

An den II. Strafsenat des Obersten Landesgerichts

Anklageschrift

des Generalstaatsanwalts bei dem Obersten Landgericht gegen

1. L., Hermann Ernst, geb.20.4.1911 in Ludwigshafen, Sohn von Valentin L. und Margarethe geb. Steinmetz, ledig, Elektriker in Ludwigshafen,

2. Weber, Robert Karl, geb. 2.6.1913 in Mannheim, Sohn von Robert Weber und Anna geb. Huber, ledig, Schlosser in Ludwigshafen,

3. S., Wilhelm, geb. 31.3..1915 in Ludwigshafen, Sohn von Heinrich S. und Anna gebe Schlamp, ledig, Tagner in Ludwigshafen,

4. M., Wilhelm Peter, geb. 29.6.1912 in Neckargerach (Baden), Sohn von August M. und Wilhelmine, geb. Reuer, ledig, Tagner in Ludwigshafen,

5. S. Johann Gottlieb, geb. 23.11.1904 in Ludwigshafen, Sohn von Karl Schraff und Karolina geb. Müller, ledig, Fabrikarbeiter in Ludwigshafen,

sämtliche seit 13.3.1934 im Amtsgerichtsgefängnis Ludwigshafen in Untersuchungshaft.

I.

Die Angeschuldigten erscheinen dringend verdächtig, ein auf gewaltsame Änderung der Verfassung des Deutschen Reiches gerichtetes Unternehmen vorbereitet zu haben, indem sie anfangs 1934 in Ludwigshafen eine Ortsgruppe der kommunistischen Jugend gründeten, um die Ziele der KPD zu fördern.

II.

L. gehörte der kommunistischen Jugend vom Mai 1932 bis März 1933 an, er gilt auch heute noch als der Kopf der kommunistischen Jugend in Ludwigshafen.(Bl. 55.9

Weber trat der kommunistischen Jugend im September 1932 bei, besuchte mit L. die Versammlungen der KPD, arbeitete während der Wahlkämpfe 1932 und 1933 organisatorisch für die KPD.

S. gehört keiner Partei an, betätigt sich schon längere Zeit für die KPD, ist wegen Verbreitung kommunistischer Klebezettel vorbestraft. Bl.56.

M. ist parteilos, verkehrt viel mit L. und anderen Jungkommunisten.

S. war von September 1932 Mitglied der KPD. hat an deren Versammlungen und Kundgebungen teilgenommen.

III.

Die Angeschuldigten sind an der Straftat wie folgt beteiligt.
a) L.

Ende des Jahres 1933 wurde L. durch einen Münchener Kommunisten in Mannheim mit einem Funktionär aus Berlin zusammengebracht, der sich Hans nannte. Dieser Hans forderte den L. auf, die kommunistische Jugendbewegung wieder aufzubauen und bei den Mitgliedern zu kassieren. L. behauptet, er habe diese Weisungen völlig unbeachtet gelassen. Bl.43,44

Bei der zweiten Zusammenkunft mit „Hans" traf er bei ihm einen weiteren Funktionär aus Berlin an, der sich ihm gegenüber als Fritz später dem Weber

124

gegenüber als Franz bezeichnete. Fritz hielt sich vom Januar bis Mitte Februar 1934 in Mannheim als Instruktor der KPD auf. Er ersuchte den L. , auf die Jugend einzuwirken,, um sie für den kommunistischen Jugendverband zu gewinnen, bei den Mitgliedern zu kassieren, Flugblätter mit Hilfe eines Vervielfältigungsapparats anzufertigen und zu verteilen, Verbindung mit der Hitler-Jugend, mit dem Arbeitsdienstlager am Rhein, in dem frühere Jung-Kommunisten seien, anzuknüpfen, eine Schreibmaschine zur Anfertigung von kommunistischen Flugblättern zu beschaffen, Klebezettel mit der Hand zu schreiben oder auf einem Kinderdruckapparat herzustellen. Bl.13,14;22,46.

Zur Bestreitung der Auslagen übergab er dem L. einen Betrag von 15 Mk. -Bl.15-, ferner zu Propagandazwecken eine photographisch vervielfältigte Druckschrift, behandelnd den Beschluss des Zentralkomitees der KPD. Bl.2.

L. besprach mit Fritz alle Maßnahmen zur Bildung von Zellen und Gruppen in Ludwigshafen, ließ sich von ihm zum politischen Leiter für Ludwigshafen ernennen, führte ihm als Org. Leiter den Angeschuldigten Weber zu, veranlasste, dass durch Weber der Hitlerjunge W., dem Fritz zwecks Ausforschung zugebracht wurde, L. kam mit Fritz mehrmals zusammen, um mit ihm alles zum Neuaufbau Erforderliche zu besprechen. Er vereinbarte bei seinem Abschied mit ihm, auf welche Weise später die Verbindung zwischen ihnen beiden wieder aufgenommen werden soll. L. ging sofort daran, die kommunistische Jugendbewegung aufzubauen; er warb Mitglieder, gründete eine Jugendortsgruppe, die etwa 15 Mitglieder zählte –(Bl. 7)-, unterhielt ständigen Verkehr mit den Mitgliedern, ernannte Funktionäre, richtete eine Unterbezirksleitung ein –(Bl. 13,) besprach sich mit Weber über den Aufbau, verkaufte Beitragsmarken, so an M.

b) Weber

Weber lernte nach Weihnachten 1933 den "Hans" als kommunistischen Agitator durch L. kennen, (Bl.24). Durch letzteren wurde er anfangs 1934 dem Friz zugeführt. Dieser überzeugte ihn, dass fast in allen Ländern die kommunistische Idee vorwärts stoße und dass nur ein Sowjet-Deutschland die Arbeiter aus ihrem Elend befreien könne, (Bl. 17), dass die Weltrevolution bald komme. (Bl. 19,21). Er eiferte den Weber an, für die kommunistischen Ziele unter der Jugend, auf der Arbeitsstelle u.s.w. Interessenten zu suchen, sie als Mitglieder zu werben, bei ihnen zu kassieren. (Bl. 21) Er übergab ihm das gleiche Photogramm, das er dem L. ausgehändigt hatte. Weber führte dem Fritz auch den Hitlerjungen W. zu, damit Fritz ihn ausforsche, er kam mit Fritz während 14 Tage fast ständig zusammen, um mit ihm alle Mittel zum Aufbau der kommunistischen Jugend zu besprechen, er stand zu diesem Zweck ständig mit L. in Verbindung, ließ sich zum Org. Leiter für Ludwigshafen bestellen.

c) L., M., S. und S..

Ende Januar 1934 berief L. eine Zusammenkunft in der Wohnung des S. ein. Letzterer wusste, dass L. kommunistische Agitation betreibt, er kannte ihn von kommunistischen Versammlungen her, (Bl. 38).

L. traf am Tage der Einberufung den S., er fragte ihn, ob er nicht wüsste, wo wir einmal zusammen kommen könnten. Auf seine Frage, wie viele eigentlich kommen, erwiderte L.: vier oder fünf. S. stellte daraufhin sofort sein Zimmer zur Verfügung, vereinbarte mit L. die Zeit, wies darauf hin, dass sein Schwager, bei dem er wohne, SA-Mann sei. (Bl. 48). L. holte den Angeschuldigten M. ab, nahm ihn zu S. mit; dem M. war sofort klar, dass es sich um eine Zusammenkunft von Kommunisten handelt. (Bl. 33).

Als die beiden vor das Haus des S. kamen, trafen sie dort den Angeschuldigten S. und einen weiteren Kommunisten, die von L. dorthin bestellt worden waren. Auf einen Pfiff kam S. auf die Straße, führte zuerst L. und M. in sein im 4. Stock gelegenes Zimmer, kam dann wieder herunter und führte die beiden anderen

hinauf. L. hielt zuerst einen Vortrag über den Neuaufbau der KPD; er sprach über die Bildung von Zellen, ernannte den S. zum Pol. Leiter, seinen Begleiter zum Zellenleiter.-(Bl.34, 41)-, verlangte, dass M- die Kassierung übernehmen soll,- (Bl.35)-,und dass auch ein Arbeitsloser Beiträge leisten könne. (Bl.40.)

S. beteiligte sich an der Aussprache, erklärte, die Funktion anzunehmen, wies darauf hin, dass die Mitglieder geschult werden müssen, schlug vor, dass die Mitglieder sich Decknamen und einer Geheimschrift bedienen. Die Versammelten vereinbarten für die Zukunft weitere Zusammenkünfte.

Die Angeschuldigten L. und Weber geben die Tat zu, die übrigen Angeschuldigten versuchen, die Tat zu verschleiern, wurden aber überführt. Die Angeschuldigten bezweckten die Förderung der KPD und ihre auf gewaltsamen Umsturz gerichteten Ziele. Das Kampfziel der KPD stellt ein hochverräterisches Unternehmen im Sinne des § 81 Abs.l No.2 StGB. dar. Die seiner Vorbereitung gewidmete Tätigkeit der Angeschuldigten erfüllt für jeden den Tatbestand der Vorbereitung eines hochverräterischen Unternehmens nach §§ 86, 81 Abs.l No.2 StGB.

IV.

Zuständig zur Verhandlung und Entscheidung ist gemäss § 114 Abs.2 ~VG. in der Fassung der Reichspräsidenten-Verordnung vom 18.3.19S3 (RGBl. S.1S1), § 120 Abs.l und 2 GVG. in Verbindung mit der Bekanntmachung des Staatsministeriums der Justiz vom 9.1.~924 (JMBl.n.F.Bd.II S.229) und vom 26.4.193$ (JMBl.n.F.Bd.V S.21) der Strafsenat des Obersten Landesgerichts.

V.

Ich beantrage gemäss Art.3 § I der Reichspräsidenten-Verordnung vom 18.3.1933 (REGBl.I S.131)

1.   *Die Anordnung der Hauptverhandlung*
2.   *Die Anordnung der Fortdauer der Untersuchungshaft in der Richtiung gegen die Angeschuldigten.*

VI.

Beweismittel:

1) Urkunden:

> *b) Straflisten,*
>
> *c) beschlagnahmte Briefe und Photogramme.*

2.) Zeugen:

> *Kriminalhauptwachtmeister Hils bei der Polizeidirektion*
>
> *Ludwigshafen.*

Für den Generalstaatsanwalt :

gez. S p r i c k , Oberstaatsanwalt.

Roberts Briefe aus dem Gefängnis

Ludwigshafen, den 13.5.34

Liebe Eltern!

Euern Brief und die anderen Sachen erhalten, vielen herzlichen Dank. Wurst habt Ihr mir beinahe zuviel geschickt, denn es wird jetzt Sommer, da kann man Eßwaren nicht mehr lange aufheben.

Liebe Mutter! Dein Brief hat mich sehr erfreut. Endlich weiß ich jetzt, daß Du eingesehen hast, daß mit Jammern und Klagen nichts geändert wird, sondern aushalten, es geht alles rum. Um mich brauchst Du Dir gewiß kein Kopfweh zu machen, denn ich bin kein Feigling und werde keiner, kanns kommen wie es will. Wann wir fortkommen, wissen wir noch nicht. Vor Pfingsten glaube ich nicht mehr, es ist ja auch nicht nötig, wir haben ja Zeit. Meinst Du nicht auch so??

Lieber Vater! Ich habe gehört, daß Du am Samstag den 5.Mai mit der Belegschaft der IG in Anweiler warst. Hoffentlich hat es Dir gut gefallen, denn es ist sehr schön dort. Ich war auch schon öfters dort. Wart Ihr auch auf dem Trifels, Anebos, Scharfeneck, das sind die drei Ruinen auf den Bergen? Auch die Madenburg oder Eschbacher-Schloß ist nicht weit. Dort ist noch eine Folterkammer eingerichtet mit allerhand altertümlichen Folterwerkzeugen. Auch viele Totenschädel sind noch dort, von denen wird als eine Suppe gekocht, sie soll sehr nahrhaft und kräftig sein. Nicht weit davon ist Klingenmünster, ein bekannter und beliebter Aufenthaltsort für Leute, die mit dem Kopf durch die Wand wollen. Doch genug davon, wenn ich wieder daheim bin, machen wir als öfters gemeinsam Touren. Vater und ich mit dem Fahrrad und Mutter und Karole mit dem Zug. Wir holen uns dann auch wieder neue Kraft durch Freude!

Liebe Eltern! Ihr müßt mir am Mittwoch nochmals Wäsche schicken und zwar folgendes: Ein blaues Sonntagshemd, das ich anhatte, als ich von Euch ging. Ein farbiges Werktagshemd, eine kurze Hose, die graue dünne Stoffhose nicht die englische Lederhose, und ein Paar Socken, die hellen Sommersocken, die ich auf den Sandalen trug. Schickt mir das schwarze Turntrikot. Auch verschiedene Bücher möchte ich haben und zwar: "Der Gast auf Schloß Korff" oder "Das Haus auf dem Berge", dann den "Geigerkönig Radamie" und "Schillers Gedichte". Letztere sind in dem Koffer auf der Mansarde. Obst und Mus braucht Ihr mir keins mehr zu schicken, es widersteht mir mit der Zeit, denn allzu viel ist ungesund. Ich bin ja auch kein Schlachtopfer, das man mästet.

Das wär so ziemlich alles. Ich bin selbstverständlich noch gesund und munter und werde es auch bleiben. Hoffentlich fühlt Ihr Euch nicht beleidigt über die Form der Schreibweise, ich bin heute etwas humorvoll aufgelegt, das ist alles. Also Schluß! Seid alle recht herzlich gegrüßt von Eurem Sohn Robert!

Viele Grüße an alle Verwandte und Bekannte. Viele Grüße an Karole!

München. den 15.6.34

Liebe Eltern. liebe Karola!

Die besten Grüße aus dem schonen München sendet Euch allen Robert. Ich bin gesund und munter, was ich auch von Euch allen hoffe. Nach zweitägiger Bahnfahrt sind wir gut und wohlbehalten, nachdem wir Würzburg und Nürnberg besucht hatten, in München angekommen. Die Verpflegung und Behandlung ist viel besser als anderswo. Es ist schade, daß wir hier nicht bleiben können, denn es gefällt uns ausgezeichnet. Hermann liegt nur zwei Zellen neben mir. Ich habe Nr. 500 und er 502. Hermann läßt Euch alle recht herzlich grüßen. Liebe Eltern! Ich muß Euch leider eine kleine Enttäuschung bereiten, denn ich werde dieses Jahr nicht mehr zurückkehren. Doch ich will von vorn anfangen. Wie Ihr wißt, war am 14.6. die Verhandlung. Morgens 9 Uhr traten wir sieben Mann und je ein Polizist in den Saal. Unsere Stimmung war gehoben, denn ich habe noch keine so gemütlichen Polizisten wie in München gesehen. Während einer Pause holten sie Brot und Wurst von ihrem Geld und teilten es mit uns. Auch unterhielten sie sich mit uns als ob wir Bekannte und keine Staatsverbrecher seien. Nachdem wir alle einzeln verhört waren, wurden wir zum Essen geführt, denn es war 2 Uhr geworden. Herr Oberstaatsanwalt beantragte gegen mich ein Jahr und fünf Monate, gegen Hermann ein Jahr und sieben Monate und gegen Wagner den Tüncherlehrling ein Jahr und zwei Monate. Um viertel vier ging es weiter. Ich meldete mich zu Wort und versuchte, den Wagner auf meine Kosten zu entlasten, was mir auch gelungen ist. Dann sprachen noch Hermann und die beiden Herrn Verteidiger. Um halb 5 zog sich das Hohe Gericht zur Beratung zurück. Ich hatte scheinbar Mißfallen erregt, denn ich konnte wirklich nicht den nötigen Ernst aufbringen. Ich hatte auch bei der Vernehmung des Wagners öfters gelacht, denn man versuchte, dem 17jährigen schweren Verrat und nach Strafverbüßung noch Überführung in eine Erziehungsanstalt aufzubürden.

Um 6.25 Uhr wurde folgendes Urteil verkündet: Hermann und ich je ein Jahr und sechs Monate Gefängnis, Wagner sieben Monate usw. Ich komme also am 14. September 1935 abends im 6.25 Uhr wieder in Freiheit. Ich möchte Euch bitten, bis dorthin ruhig Blut zu bewahren, denn das Urteil ist für uns sehr gut ausgefallen, wir beide rechneten mit zwei bis drei Jahren als Hauptangeklagte. Vielleicht kann ich mit Vaters Urlaub in Boxberg sein? Jedenfalls braucht Ihr Euch keine Sorgen machen, denn die paar Monate sind bald herum.

Für heute Schluß. Schreibt gleich, weil ich nicht weiß, wann ich fort komme. Viele Grüße an alle Verwandte usw. Seid auch Ihr alle recht herzlich gegrüßt von Eurem Robert.

Ich bitte Euch nochmals: nehmt die Sache nicht so schwer, denn es ist nicht der Mühe wert. Bleibt unbesorgt um mich, es geht alles rum.

Robert.

P. S.: Ich habe in Ludwigshafen 3,06 Mark verdient ohne die Auslagen für Porto usw. Ich kann Euch also noch lange schreiben. Gruß Robert.

Nürnberg, den 29.7.34

Liehe Eltern und Karole!

Eure beiden lieben Briefe erhalten und daraus ersehen, daß Ihr alle noch gesund und munter seid. Vielen herzlichen Dank dafür, sie haben mich beide sehr erfreut. Besonders, daß Euer Leben wieder seinen gewohnten Gang geht und daß Ihr Euch keine unnötigen Sorgen mehr macht. Ich muß Euch auch gestehen, daß ich mich verdammt wenig um die Außenwelt kümmere, wenn auch die Erschießung der 77 Röhmling, Schleicher und Dollfuß mich etwas überrascht hat. Im großen und ganzen bin ich Überraschungen schon gewöhnt. Auch Ihr würdet staunen, wenn Ihr unser großartiges Zellengefängnis in Augenschein nehmen könntet. Es ist so gebaut, daß ein Beamter hunderte von Zellen von einem Punkt aus beobachten kann. Vor den obere Zellen ist nur ein Laufsteg angebracht, so daß man vom ersten Stock aus auch den zweiten und dritten Stock sehen kann. Ich bin bei den Schlossern im dritten Stock auf Zelle 382. In fast allen Zellen sind zwei Betten, zwei Stühle, ein Tisch, ein Kleiderbrett und ein Bücherregal. Auch eine eigene Turnhalle, Bäckerei, Schneiderei, Schuhmacherei, Schreinerei und Schlosserei sind hier vorhanden. Ungefähr 50 Mann arbeiten täglich in unserem Gartengelände innerhalb der Anstalt. Es ist meistens Gemüse, wie Kohlraben, Gelbrüben, Rotkraut usw. gepflanzt. Auch einige Obstbäume wie Birnen und Äpfel sind vorhanden. In der Schlosserei arbeiten zur Zeit 25 Mann. Auch ich arbeite schon seit 2. Juli da. Es gefällt mir ganz gut, die Zeit vergeht ganz schön und während der Arbeit merkt man fast nichts, daß man eingesperrt ist. Die Schlosserei besteht aus 15 Einzel-Werkstätten, welche alle zum Teil maschinell und modern eingerichtet sind. Ich bin in einer der schönsten. Bei mir sind zwei Werkbänke, zwei Schraubstöcke, eine Bohrmaschine, zwei Stanzen, eine Universalscherenstanze, Schleifstein, Ambosse und alle möglichen Bauschlosserwerkzeuge. Die ersten 8 Tage mußte ich fast nur feilen und stanzen. Die Folge war, daß ich die Hand voller Blasen bekam, was jedoch bei jedem, der längere Zeit nichts gearbeitet hat, vorkommt. Ist auch weiter nicht schlimm, denn heute habe ich schon wieder meine alten, Euch sicher bekannten, Schlosserhände. Auch bin ich nicht mehr alleine auf der Zelle. Seit 14 Tagen ist ein 37jähriger Familienvater von drei Kindern aus Würzburg bei mir. Er hat 10 Monate wegen Flugblattgeschichten. Wir beiden sind die einzigen Bauschlosser, vertragen uns auch ganz gut. Ich bin froh, daß wir politischen Gefangenen von den Kriminellen nach Möglichkeit getrennt gehalten werden, denn es ist kaum zu glauben, unter was für eine Sorte von Leuten wir untergebracht sind.

Außerhalb der Zelle und der Werkstatt ist das Sprechen natürlich verboten. Auch wollt Ihr wissen, wie ich die Zeit verbringe, das ist ganz einfach: Morgens dreiviertel 6 stehen wir auf, waschen uns, machen das Bett, putzen unsere Zelle. Um 6 gibt's frisches Wasser (unser Nationalgetränk), um viertel 7 Suppe und Brot, halb 7 beginnt die Arbeit. Dreiviertel 11 bis dreiviertel 12 Spaziergang, 12 Uhr Mittagessen. 1 bis halb 6 Arbeit (samstags bis halb 5), dreiviertel 6 Nachtessen, meistens Suppe und Brot, von 6 bis 8 waschen und lesen, 8 Uhr schlafen (sonntags 7 Uhr). Freitags habe ich von dreiviertel 8 bis dreiviertel 10 Schule. Wir lernen hauptsächlich: rechtschreiben, vom ständigen Aufbau des Nationalsozialismus, Bevölkerungs- und Rassenkunde. Alle 14 Tage erhalten wir neue Bücher. Ich habe 5 kirchliche und 4 andere Bücher. Nächste Woche erhalte ich das Buch des Reichsbauernführers Darre: „Bauernstand und Reichserbhofgesetz."

Ein Bild dürft Ihr mir nicht schicken, ist erst in Stufe III erlaubt. Ich kann aber erst im Juli 1935 hinein kommen. Bis dorthin will ich nicht mehr hier sein. Am 22. Mai 35 ist meine dreiviertel Strafzeit zu Ende, ich werde dann ein Gesuch um Erlaß des letzten Viertels machen. Wie ich aussehe, werdet Ihr sicher nicht wissen, ich bin nämlich geschort und der Bart wird freitags mit der Schere geschnitten, rasieren ist verboten. Ihr müßt Euch also einen echten Vagabund in weißem Drillichanzug vorstellen. Als Schlosser darf ich jeden Samstag baden, es gibt bei uns halt keinen Rhein, wo man an das herrliche Strandbad gehen kann, wie Karole. Aber ich werde es nächstens nachholen. Ein helles Hemd habe ich keins, es wird sich schon finden. Das wäre so ziemlich alles für heute. Ich bin noch gesund und munter und werde dafür sorgen, daß ich es immer bleibe. Macht es genauso und ich bin zufrieden mit Euch. Amüsiert Euch richtig in Boxberg und grüßt alle von mir, ich werde nächstes Jahr das gleiche tun. Vater kann seine Freizeit in Heidelberg oder Mannheim verbringen, auch Arbeit wird er genug haben, so daß er sicher nicht in Verlegenheit kommt, wie er die Zeit verbringt. Viele Grüße an alle Verwandte und Bekannte aus

Nah und Fern. Seid auch Ihr allesamt herzlich gegrüßt von Eurem Robert. Auf ein frohes und gesundes Wiedersehn!

Liebe Emma!

Endlich ist es mir möglich, Dir meinen herzlichsten Dank für Deine herrliche Geburtstagskarte auszusprechen. Du glaubst nicht, welche Freude Du mir damit bereitet hast. Ich werde sie auch als ein stetes Andenken aufbewahren. Außer meinen lieben Eltern bist Du die einzige, welche ihn nicht vergißt. Warum ich Euch nicht besuchen kann, wirst Du wissen. Ich verspreche Dir aber, daß ich die erste Gelegenheit dazu benutzen werde. Viele Grüße an Onkel, Tante, Albert und Ernst.

Sei auch Du recht herzlich gegrüßt von Eurem Robert.

Nürnberg. den 2.10.34

Liebe Eltern und Karole!

Die besten Grüße sendet Euch Euer Robert! Leider erhaltet Ihr diesen Brief etwas später. Es ist mir im vorhergehenden Brief eine politische Verfehlung unterlaufen. Der Brief wurde daher von Herrn Regierungsrat nicht durchgelassen. Um diesen Brief schreiben zu dürfen, konnte ich mich erst heute zum Bittrapport melden, wo ich ausnahmsweise von Herrn Oberregierungsrat die Schreiberlaubnis erhielt. Ich möchte Euch daher bitten, dieses als Entschuldigung gelten zu lassen. Ich werde Euch in Zukunft nicht mehr so lange warten lassen. Euren letzten Brief erhalten, vielen herzlichen Dank dafür.

Ich bin noch gesund und munter, also nicht magenkrank. Die erste Zeit, wo ich abnahm, mußte ich mich erst an die Kost gewöhnen. Es gibt hier viele Sachen, die ich noch nicht gegessen habe und auch daheim bei Euch nicht mehr sehen werde. Ich habe auch schon zwei Pfund zugenommen, also wiege ich jetzt 65 Kilo. Brotzulage habe ich nun den dritten Monat.

Liebe Eltern! Nun sind die schönen Ferien herum und Ihr seid wieder glücklich zu Hause vereint. Doch das Leben ist ein Kampf und die Sorgen des Alltags nehmen Euch wieder gefangen. Auch Karole mit ihren zwei Freundinnen muß seit vier Wochen wieder in die Schule und das Lernen wird auch sie in Anspruch nehmen. (Hoffentlich braucht sie keine Prügel mehr). Auch ich bin seit 19. September in der Schulklasse I a. Dieses Trimester dauert bis 30. Dezember. Als Hauptlehrstoff nehmen wir durch Körperlehre, Rassenkunde, Staatspolitik und Rechnen. Am vorhergehen- den Sonntag hatten wir auch einen wirtschaftspolitischen Vortrag über die Frage der Rohstoffeinfuhr bzw. Selbstherstellung. Am Sonntag hatten wir eine Erntedankfeier, hier konnte ich wieder aus voller Brust singen, es war sehr schön.

Liebe Eltern! Ihr schreibt, "lachen ist sehr selten bei uns". Hier macht Ihr einen Fehler, denn Ihr dürft nie den Humor verlieren auch nicht in schweren Zeiten. Ihr müßt immer versuchen, die angenehme Seite des Lebens zu erwischen, denn was Ihr versäumt habt, könnt Ihr nie mehr nachholen. Jeder Tag soll einen Inhalt haben und ein Erlebnis in unserem kurzen Dasein sein. Ihr müßt von dem Standpunkt ausgehen "Freu Dich über jeden Dreck, setz Dich über alles weg." Auch ich verliere eineinhalb Jahre meiner Jugend, doch ich bin bemüht, jedem Tag einen Inhalt zu geben und meine Kenntnisse aller Art zu bereichern. Aus unserer 9600 Bänden umfassenden Bücherei bestelle ich mir immer ein Schlosserlehrbuch, ein Rassen- oder politisches Buch, ein Natur-, Heimat- oder Erdkundebuch und einen Roman.

Seit vier Wochen darf ich auch größere Hausschlosserarbeiten machen. Es ist dies eine besondere Anerkennung meiner beiden Werk- bzw. Oberwerkführer, da erst die Anstaltsleitung gefragt werden mußte, weil ich politischer Häftling bin. Diese Achtung habe ich mir nicht erworben, weil ich ein Streber wäre, denn das kann ich nicht und wäre auch eines deutschen Jungproleten unwürdig, sondern lediglich meines offenen und ehrlichen Betragens sowie meiner produktiven und sauberen Arbeitsleistung. Ich finde in der Arbeit alles, was ich hier brauche. Vor drei Wochen habe ich in einem anderen Gefängnis ein eisernes Tor von vier Meter Höhe und drei Meter Breite repariert bzw. neu gemacht. Ich hatte acht Tage Arbeit daran. Als ich es wieder stellte, paßte es wie noch nie. Selbst fremde Beamte sagten es zu uns. Vor 14 Tagen arbeitete ich vier Tage in unserer Küche, wo ich einen unserer Dampfkessel reparierte. Auch das war eine schöne und angenehme Arbeit. Ein Kessel faßt sieben Zentner Kartoffel. Eine ganz oft vorkommende Arbeit sind Ausgußstege. Gerade heute habe ich wieder 1150 Stück in Auftrag bekommen. Diese Arbeit ist sehr abwechslungsreich, seit ich hier bin, machte ich schon mehrere tausend. Von mir wird ganz Bayern versorgt. Bei uns kennt man die weniger, weil wir meistens weiße Waschbecken oder Wassersteine haben. Auch 400 Steigeisen, Schachtdeckel, Backofentüren und anderes mehr habe ich noch zu machen. Mir geht die Arbeit nie aus. Ihr seht also, daß ich bald unentbehrlich bin. Während des Parteitages war ich auch außerhalb des Gefängnisses in der Siedlung Muggenhof. Fast an jedem Fenster war eine Fahne oder grünes Zeug angebracht. Auch hatten wir die ganzen Tage Musik. Gegenüber von uns in zwei Schulen waren SA-Leute einquartiert, welche bei Tag und Nacht Standmusik machten. Das letzte Konzert war am 10. September von halb 12 bis 12 Uhr nachts. Auch mehrere Drei-Motor- Flugzeuge und das Luftschiff Odol schwirrten in der Luft herum. Auch ein einstündiges Feuerwerk konnte ich teilweise beobachten. So erlebte ich den Parteitag.

Liebe Mutter! das mit der Vormundschaft ist ja nur eine Formsache, denn als Mutter hast Du jederzeit das Recht, Einblick in meine Angelegenheiten zu haben, und ich werde bemüht sein, Dir noch recht viel Freude in Deinem Leben zu bescheren. Du kannst bestimmt hoffen, daß ich wie ich war und bin auch in Zukunft bleibe. Hoffentlich seid Ihr alle damit zufrieden. Wenn unser Haus ein neues Kleid erhalten hat, so war es höchste Zeit. Wohnt der Schuhmacher auch noch drin? was macht Metzger?

Liebe Eltern! Der Gruß von Hermann hat mich sehr gefreut, wir sehen uns als öfter. Bestelle viele Grüße an ihn und an seine Eltern, sie sollen nur den Kopf hoch halten, wenns auch schwer fällt denn wer lieben will, muß leiden. Was man liebt, bleibt sich gleich: Auch eine braune Messe hattet Ihr. Wenn Ihr es für notwendig haltet, könnt Ihr mir etwas schreiben, auch über die Lebenshaltung und verschiedene Preise. Seit drei Wochen haben wir auch neue Kartoffel. Auch haben wir bis 8 Uhr abends Licht.

Für diesesmal mach ich Schluß, ich muß mich eilen, es ist gleich 8 Uhr. Also Gute Nacht. seid alle herzlich gegrüßt von Eurem Robert! Viele Grüße an alle Verwandte und Bekannte, Freunde usw. besonders Tante Martha, Elies und Onkel Ernst und Wilhelm, Tante Friedel und Klein Inge sowie Karl Regum. Auch viele Grüße an Frau Diehl wenn ich Sie auch nicht mehr kenne, so verdient sie es doch, denn wer Euer Freund ist, ist auch mein Freund!

Nürnberg, den 23.12.34

Liebe Mutter!
O lerne stark das große Los ertragen,
womit der Kampf des Schicksals Dich geehrt!
Bald wird Dein Herz mit kühnem Stolz Dir sagen:
Du warst des Kampfs, Du bist der Palme wert!
Liebe Eltern und Karole!

Fröhliche, recht vergnügte Feiertage wünscht Euch allen Euer Robert!

Euren lieben Brief mit Freuden erhalten, vielen herzlichen Dank dafür. Ich habe daraus ersehen, daß Ihr noch alle gesund und munter seid, was ich auch von mir sagen kann. Mit dem Pullover habt Ihr mir eine sehr schöne Weihnachtsfreude bereitet, doppelten Dank dafür. Die liebe Mutter ist halt immer um mich besorgt, unermüdlich will Sie mir mein Los erleichtern und verschönern. Zur Beruhigung kann ich Euch sagen, daß mir meine Kleidung ausreicht. Ich habe Unterhose, wollene Strümpfe, Wollhose, Wollkittel, Trainingsbluse und roten Pullover. Ich möchte Euch daher bitten, mir den neuen Pullover nicht zu schicken, sonst habe ich bei meiner Entlassung nur unnötigen Ballast. Weil ich gerade bei der Entlassung bin, möchte ich noch bemerken, daß der beschleunigte Personenzug mit 11,40 Mark für mich nicht in Frage kommt. Die 300 km geben eine schone Radtour, denn erstens will ich mir die hiesige Gegend etwas anschauen und zweitens liegt ausgerechnet Boxberg in der Mitte, was sicher eine Fahrtunterbrechung wert ist. Auch sind bis dahin die Witterungsverhältnisse wieder gut, denn mit etwas Glück kann ich am 22. Mai entlassen werden oder aber sicher am 14. September 1935. Näheres darüber später. Die Haare darf ich mir selbstverständlich wieder wachsen lassen, ich trage schon längst wieder meine alte Frisur. Die Nachricht von Heinrich hat mich sehr gefreut, er ist ein ganzer Kerl und hat meine Erwartungen nicht enttäuscht. Viele Grüße an ihn und seine Eltern, ich wünsche Ihnen alles Gute im Neuen Jahr. Vater hat ja ganz nette Schicht über die Feiertage, hoffentlich geht Ihr auch etwas an die frische Luft, für das kleine Vergnügen wird der Geldbeutel reichen. Wenn Ihr am zweiten Feiertag auf den Waldhof geht, so grüßt alle recht herzlich von mir und wünscht Ihnen vergnügte Feiertage und ein glückliches Neues Jahr. Das nächste wünsch ich ihnen wieder selber an.

Liebe Mutter!

An Neujahr geh nur zu Onkel Wilhelm und Tante Elies, da verschläfst Du wenigstens das neue Jahr nicht gleich und hast et- was Unterhaltung. Wenn dann noch Vater vom Arbeiten kommt, ist die richtige gemütliche Neujahrsgesellschaft beisammen. Da möchte ich auch dabei sein, "Donnerwetter", das gäb einen Spaß. Die paar Zeilen von Onkel Wilhelm haben mir sehr gefallen. Vielen Dank dafür. Ich kann mir ungefähr vorstellen, wie fein und nobel seine Arbeitsstelle jetzt hergerichtet ist und wie dieser "Wohlfahrtsbau" aussieht. Bei dieser Gelegenheit hat die Direktion für verhältnismäßig geringe Ausgaben ihre veralteten Einrichtungen neu erstehen lassen können. In Punkto Arbeitslöhne wird sie sicher nicht so nobel sein. Mein Lehrmeister hat ja die Lage richtig erfaßt. Da er wegen zuviel Arbeit mit seinen Leuten nicht mehr auskommt, stellt er anstatt arbeitslos. Schlosser Tagelöhner ein und zahlt ihnen einen Wochenlohn von 10 Mark. Man muß sich wirklich schämen, daß man bei einem solchen Krauterer Jahre gearbeitet hat.

Liebe Eltern! Ihr schreibt über die Lebensmittel, das gilt nur für Bayern. Ihr wißt scheinbar gar nicht, daß die Pfalz auch zu Bayern gehört und daß die Regierung in München auch unsere Regierung ist? Der Handballbericht ist sehr gut, Ihr habt Euch wirklich Mühe gegeben, mir diese Freude zu bereiten. Wenn Feikert auch ein Feigling ist, so sagt ihm doch einen Gruß und meinen Dank dafür. Am meisten freut mich der Erfolg der dritten Mannschaft, die ja erst unter meiner Führung entstanden ist und nun schon zum zweitenmal zur Meisterschaft gelangen wird. Ich freue mich heute schon auf mein erstes Handballspiel, wo ich wieder mitspielen kann. Da muß die Phönix zu Hause bleiben, denn ihre Herrlichkeit als Spitzenreiterin ist schon wieder zu Ende. Gell Ernscht, do guckscht! Doch hab nur keine Angst, immer feste druff, dann klappt de Lade.

Willi und Rudolph sind halt Kameraden, grüßt beide recht herzlich von mir, vielen Dank für ihren Gruß und vielleicht bin ich nächstes Jahr wieder beim Baden dabei. Das gibt wieder eine Gaudi! Daß Regum umgezogen ist, wußte ich noch nicht, haben eine feine Wohnung erwischt. Hoffentlich schnappt Ihr auch bald eine, dann habt Ihr eine Sorge weniger. Wenn Regum mir etwas von Fußballsport schreiben will, ist mirs recht. Klein Inge könnt Ihr sagen, daß ich ihr schön danke und daß ich bald wieder heimkomme. Nüsse gibts bei uns leider nicht, kann ich also keine bringen. Vielleicht bringt ihr das Christkindchen welche.

Liebe Karole! Schreibe mir das nächste Mal, was Dir das Christkind gebracht hat und ob Du zufrieden bist mit ihm. Jetzt hast Du wenigstens wieder etliche Tage Ferien, da kannst Du ja spielen und schnäken genug. Auch wir dürfen uns von unserem Hausgeld zu Weihnachten ein Viertel Butter und ein Viertel Brot kaufen. Nun noch einen Neujahrswunsch an Dich: Bleibe brav und fleißig auch im neuen Jahr, damit Du Vater, Mutter und mir noch viele Freuden bereitest. Ich werde Dir, wenn ichheimkomme auch was schönes mitbringen. Nun gehts langsam zu Ende. Wünscht allen Verwandten und Bekannten, besonders Onkel Ernst, Wilhelm und Emil sowie Tante Martha, Elies und Marie, Emma und Ernst, Heini und Rösel auch Familie Binder, Funk besonders Erich, die ja Dich liebe Mutter in der Ausführung meines schönen Weihnachtsgeschenks unterstützt haben, recht fröhliche Weihnachten und sehr viel Glück im neuen Jahr. Auch Euch liebe Eltern wünsche ich sehr viel Glück und ein noch langes freudenreiches Leben zum neuen Jahr. Euer Robert ruft Euch zu:
Zum Neuen Jahr ein neues Hoffen,
die Erde wird noch immer grün.
Auch dieser März bringt Lerchenlieder,
Auch dieser Mai bringt Rosen wieder,
Auch dieses Jahr läßt Freuden blühn.

Ansbach, den 25.5.35

Liebe Eltern und Karole!

Euern lieben Brief mit Freuden erhalten und daraus ersehen, daß Ihr noch alle gesund und munter seid. Dasselbe kann ich Euch auch von mir bestätigen. Ich bin wirklich gespannt darauf, was sich bei Euch alles gedreht und gewendet hat. Daß Karole schon die siebte Klasse besucht, kann ich kaum glauben, ebenso, daß ich schon beinahe 15 Monate von Euch fort bin. Ich bin neugierig auf das Ehrenmahl der städtischen Gefallenen von Ludwigshafen, wenn es sich auch etwas komisch anmutet, daß man den Namen meines Vaters an oberster Stelle anbringt, während man Euch eine Einladung zu der Enthüllungsfeier absichtlich versagt hat. Es ist traurig, daß man Euch so deutlich fühlen läßt, was ja nur mich angehn sollte. ie Neuigkeit vom Kehrte Schorsch war wirklich lustig. Ich stellte mir im Geiste das Bild vor und ergötzte mich daran. Ich glaube Euch, daß Ihr es auch nicht gleich fassen konntet, doch: Früh übt sich, was ein Meister werden will! Ist Tante Elies ihre Mutter wieder gesund? Ich sende ihr viele Grüße und gute Besserung. Mit der Schlosserei ist vorerst nichts mehr. Die letzten 14 Tage war ich in Gemeinschaft zu vieren, auch wurde ich als Kostträger angestellt. Es gefiel mir ganz gut, ich erlernte auch das Schachspiel, so daß ich mich daheim mit Hermann messen kann. Am 21.5. wurde ich mit mehreren Gefangenen eingekleidet und per Schub nach Ansbach transportiert. Ansbach ist ein nettes Städtchen inmitten von Wald und Feldern. Es besitzt mehrere Anlagen mit Denkmälern, ein großes noch erhaltenes Schloß, schöne Häuser und anderes mehr. Wir wurden am Bahnhof von mehreren Polizeibeamten empfangen und durch verschiedene Straßen zum Gefängnis geführt. Dasselbe faßt etwa 50 Mann. Der erste Eindruck, den ich hier wahrnahm, war nicht schlecht, ich glaube, dass ich mich gar bald eingewöhnt habe. Das Beste sind die Beamten. Es sind lauter feine Menschen, die dich nicht im geringsten schikanieren. Wenn man sich einigermaßen gut führt, hat man es schön hier.

Ich bin zur Zeit In Einzelhaft, bis eine Gemeinschaftszelle frei ist. Mit Arbeit und Verdienst ist es zwar knapp, aber die dreieinhalb Monate sind bald herum. Wir arbeiten etliche Stunden im Hof, wo wir Holz sägen und hacken. Diese für mich etwas seltene Arbeit macht mir viel Spaß. Bücher zum Lesen haben wir auch hier. Am Freitag wurde ich zum erstenmal seit 11 Monaten wieder rasiert. Es war ein ungewohntes Gefühl, als ich mich wieder im Spiegel betrachtete.

In Nürnberg habe ich bis 1. Januar täglich 10 Pfennige verdient, ab 1. Januar in der Führunqsklasse täglich 15 Pfennige. Insgesamt erhielt ich 28 RM. Hier gibt es keinen Unterschied. Meines Wissens darf ich mir hier alle 8 Tage Zusatz kaufen. Da werde ich am Sonntag mal richtig Geburtstag feiern.

Das Gesuch wurde abgelehnt.

Liebe Mutter! Ich sende Dir nachträglich zum Muttertag die herzlichsten Glückwünsche und hoffe, daß Du noch sehr viele Jahre unter uns weilen darfst.

Fröhliche Pfingsten wünscht Euch allen Euer Robert!

Liebe Eltern! Nun habe ich das letzte Viertel angebrochen und wie schnell wird es vorbei sein. Ich freue mich sehr darauf, wenn ich mich wieder frei und unbehindert bewegen kann. Obwohl ich meine Strafe leicht machte, bin ich doch froh, wenn ich einem solchen Aufenthaltsort für immer den Rücken kehren kann. Unter den Beamten ist auch ein Landsmann von mir, vielleicht werde ich nächste Woche schon als Hausarbeiter beschäftigt. Sonst geht es mir noch gut, was ich auch Euch allen wünsche. Schluß für heute. Viele Grüße an alle Verwandten und Bekannten aus nah und fern.

herzliche Grüße an Hermann und seine Eltern. Seid auch Ihr alle recht herzlich gegrüßt von Eurem Robert! Auf ein frohes, baldiges Wiedersehen.

Ansbach, den 22.6.35

Liebe Eltern und Karole!

Euern lieben Brief sowie die schönen Karten mit Freuden erhalten. Vielen herzlichen Dank dafür. Ich habe daraus ersehen, daß Ihr noch alle gesund und munter seid, was ich auch von mir berichten kann. Ich bin seit 28. Mai als Hausarbeiter tätig. An Arbeit mangelt es uns nicht, denn das ist mir die Hauptsache. Wir sind vier Mann in der Zelle. Unsere Arbeit besteht im Essen ausgeben, Geschirr einsammeln, Zellen, Gänge und Zimmer kehren und putzen und anderes mehr. Wöchentlich erhalten wir zwei Bücher und alle 14 Tage eine Religionsstunde. Verdienen tue ich täglich zweieinhalb Pfennige.

Mein Geburtstag war ganz gemütlich. Da habe ich mich mal einigermaßen satt gegessen. Als Zusatz kaufte ich mir 1 Pfund Brot, ein Viertel Butter und ein halbes Pfund Hartwurst.

Ansbach ist wirklich schön, auch Reichswehr ist hier stationiert. Gestern war in der Nähe des Gefängnisses eine Sonnwendfeier. Morgen ist auf dem Hesselberg der Frankentag, das Wetter scheint sich langsam aufzuheitern, es wird auch höchste Zeit. Eine Fahrt nach Rüdesheim muß ich unbedingt auch mal machen. Ich glaube, daß ich genügend Zeit dazu finden werde.

Nun etwas Wichtiges: Für Militärdienst komme ich nicht in Frage. Es heißt in dem deutschen Wehrgesetz wörtlich: "Wehrunwürdig und damit ausgeschlossen von der Erfüllung der Wehrpflicht ist, wer wegen staatsfeindlicher Betätigung gerichtlich bestraft ist (§ 13 Ie)". Nun möchte ich wissen, ob ich auch vom Arbeitsdienst befreit bin, denn der Musterungs-Ausweis 1935 weist folgenden Satz auf: "Wer nicht zum Wehrdienst herangezogen wird, scheidet aus dem Wehrpflichtverhältnis und

Arbeitsdienst aus. Seid bitte so gut und gebt mir auf diese Fragen genaue Auskunft. Sollte ich trotzdem zum Arbeitsdienst herangezogen werden, so versucht, mich zum 1. Oktober 1935 bei dem Bezirkskommando in Ludwigshafen anzumelden.

Liebe Eltern! Ihr wißt genau, wenn ich mir was vornehme, so führ ich es auch durch. Wenn es soweit ist, erhaltet Ihr näheren Bescheid, was Ihr alles schicken müßt. Am sichersten wäre es, wenn mich Vater in Boxberg erwarten würde. Ich freue mich schon auf mein Fahrrad und auf die Tour.

Lieber Vater! Herzliche Gratulation zu Deiner sehr gut bestandenen Maschinistenprüfung sendet Dir Robert.

Die Nachricht über Hamm Schorsch hat mich nicht besonders überrascht, er war schon immer ein Streber, der nur seinen Vorteil suchte, ich möchte wirklich nicht mit ihm tauschen. Über Eure Vogeljagd habe ich herzlich lachen müssen. So geht es, wenn man auf den Kanarienvogel nicht acht gibt. Hoffentlich hat ihm die Freiheit nicht sonderlich geschadet, so daß er uns noch lange Jahre mit seinem Gesang erfreuen kann. Daß Ihr Euch über die Kaktusse freut, glaube ich gern. Es muß wirklich ein schöner Anblick sein. Karole soll nur fleißig Ziehharmonika lernen, damit sie mir etwas vorspielen kann, wenn ich heim komme.

Die Sache mit meinen Stiefeln stimmt nicht ganz. Erstens kann ich mich noch ganz gut erinnern, daß ich den Rest von 1,75 RM bezahlt habe und außerdem noch den Stiefelzieher und ein Paar Marschriemen gekauft habe; zweitens bin ich im Besitz der quittierten Rechnung, welche in meinem Sonntagsanzug sein muß. Ich warne Euch vor nochmaliger Bezahlung. Wenn verschiedene Personen glauben, während meiner Abwesenheit im Trüben fischen zu können, so sollen sie sich schwergetäuscht haben. Ich glaube, es wird bald Zeit, daß ich wieder heim komme.

Nun eine kleine Bitte: Sendet mir öfters eine Ansichtskarte und einige Rheinliederkarten, z.B. "Hast du geliebt am schönen Rhein .. " oder "Beim Wirt am Rolandsbogen" usw. Meine fränkischen Kameraden interessieren sich dafür und ich selbst kann nur noch einige Verse. Auch ich habe ein paar neue Lieder dazu gelernt. Wie steht es mit Eurem Bild?

Jetzt eine Überraschung: Heute haben wir vier Hausarbeiter ein Huhn verzehrt, da staunt Ihr, was? Ich will Euch auch erzählen, wie wir dazu kamen. Als wir am Freitag im Holzhof waren, sahen wir ein Huhn in den letzten Zügen liegen. Wir machten sofort Meldung und holten die Frau Verwalter her. Sie glaubte, das Huhn sei krank, und wollte es vergraben. Darauf baten wir sie um das Huhn zum Essen. Nachdem wir erklärten, auf eigenes Risiko zu handeln, wurde es von Herrn Verwalter genehmigt. Wir rannten sofort zum Hackstock und hieben dem noch lebenden Huhn den Kopf ab, rupften es und lieferten es in der Küche ab. Beim

Ausnehmen sah man, daß die Lunge zerquetscht war und sonst nichts. Auf diese Weise kamen wir billig zu einigen Bissen Hühnerfleisch.

Liebe Eltern! Mit Mutter Sauer ist es aber schnell gegangen. Mein herzliches Beileid für Tante Elies und Onkel Wilhelm. Wenn jemand von unseren näheren Verwanden mir schreiben will, so ist es recht. Mit Sport bin ich hier auch reichlich versorgt. Was macht Hermann? Jetzt sind wir beide bald die Letzten, ich bin froh, wenn es soweit ist. Wie geht es Euch? Karole hat jetzt bald wieder große Ferien, da wird sie sich freuen. Geht Ihr oft baden in den Rhein? Wie ist dieses Jahr das Strandleben? Ist der Rhein hoch, das Wasser kalt? Vielleicht kann ich dieses Jahr auch noch Rheinwasser schlucken. Hier darf ich alle 8 Tage baden. Was macht Ernst und Tante Martha, sind die Kinder wieder alle daheim? Hoffentlich hat ihnen die Urlaubsreise gefallen. Ich will für heute schließen. Viele Grüße an alle Verwandte und Bekannte aus Nah und Fern. Auch Onkel und Tante Hartmann, Sommer, Herbinger, Zufall, Schmitt usw. Seid auch Ihr alle, meine Mutter, Vater und Karole recht herzlich gegrüßt von Eurem Robert

---

Briefe aus dem Konzentrationslager Dachau

Dachau, den 26.10.1935

Liebe Eltern und Karole!

Die herzlichsten Grüße sendet Euch allen Euer Robert. Ich bin noch gesund und munter, *was ich auch von Euch hoffe und wünsche.*

Liebe Eltern! Lieber würde ich Euch heute einen Brief beantworten, doch da ich noch keinen erhalten habe, müßt Ihr mit diesen Zeilen vorlieb nehmen. Das Paket habe ich erhalten, vielen Dank dafür. Wenn Ihr sehen könntet, was wir für Redensarten gebraucht haben beim Auspacken, Ihr hättet Euch halb tot gelacht. Hoffentlich nehmt Ihr es mir nicht für übel. wenn ich mich so ausdrücke, denn es war wirklich spaßig. Einen feinen Rasierapparat ohne Pinsel und ein Paar warme Hausschuhe 1- 2Nummern zu klein. Hermann hat Nr. 42 und kam auch nicht hinein. Ich habe mich nun entschlossen, Dir liebe Mutter die Hausschuhe wieder mitzubringen zu Deinem eigenen Gebrauch. Zu schicken braucht Ihr mir vorerst nichts mehr, da ich bereits ein Paar Schlappen besitze und den Rasierpinsel im Laufe der nächsten Woche erhalte. Sollte ich nochmals etwas benötigen, so schreibe ich Euch erst genau Bescheid. Von Robert und Herta aus Heidelberg erhielt ich eine schöne Ansichtskarte. Sie teilten mir mit, daß Ihr acht Tage vor dem Erntedankfest auch in Heidelberg bei ihnen wart und Euch alle bester Gesundheit erfreut. Die Karte ging erst nach Ansbach und dann hierher ins Lager.

Liebe Eltern! Versprecht Euch nicht zu viel von dem Gesuch, sonst werdet Ihr wieder enttäuscht. Ich rechne mit mindestens drei Monate Schutzhaft bis ich wieder zu Euch zurückkehren darf. Ich finde volle Befriedigung in der Ausübung meines Berufes, im Sport (Hand- und Fußball), Musik, Singen, Lesen usw . Nur muß ich Euch jetzt anpumpen um etwas Geld, sonst kann ich Euch noch nicht mal mehr schreiben. Die fünf Mark, die ich aus dem Gefängnis mitbrachte, sind nämlich alle (Vielleicht kann einer von den Verwandten als ab und zu mal etwas beisteuern. Ich wäre ihnen sehr dankbar. Wenn ich monatlich bis zu fünf Mark bekommen könnte, so wäre es eine große Freude für mich.) Frau Lipponer fragt, in welchen Zeitabständen man Geld empfangen darf. Ihr könnt ihr mitteilen, daß man wöchentlich bis zu 15 Mark empfangen und verbrauchen darf. Hoffentlich habe ich Euch nun keinen Schrecken eingejagt damit, nicht daß Ihr glaubt, Ihr müßt mir alle Woche 15 Mark schicken. Nun wißt Ihr einigermaßen Bescheid. Wie geht es Euch zu Hause? Seid Ihr noch alle gesund, gibt es bei Euch etwas Neues? Nun bin ich heute schon drei Wochen hier. Das hätte von Euch gewiß niemand geglaubt, daß ich auch mal nach Dachau komme. Doch nur nicht verzagen, einmal muß ich ja auch mal wieder frei werden. Dann gibts aber ein Wiedersehn, das einzig sein wird. Hier habe ich ja schon viel mehr Freiheit als bisher, so daß ich mich so langsam an die wirkliche Freiheit gewöhnen kann. Der Oberstaatsanwalt von meinem letzten Aufenthalt hat in meinem Gesuch an die bayrische Politische Polizei vermerkt, daß ich der fleißigste und anständigste Gefangene seiner Anstalt wäre und er bittet um meine Entlassung. Ihr seht also, daß ich überall den besten Eindruck hinterlassen habe. Nun will ich für heute schließen. Seid alle recht herzlich gegrüßt von Eurem Robert.

Viele Grüße an alle Verwandte und Bekannte aus Nah und Fern. Geld nur in Postanweisung.

Dachau, den 16.11.35

Liebe Eltern und Karole!

Die besten Grüße sendet Euch allen Euer Robert. Ich bin noch gesund und munter, was ich auch von Euch hoffe und wünsche. Liebe Eltern! Die schöne Karte sowie die fünf Mark erhalten. Herzlichen Dank dafür. Meinen Brief habt Ihr ja erhalten und meine Meinung gelesen. Auf Post könnt Ihr jede Woche warten, genauso wie ich es von Euch erhoffe. Hoffentlich habt Ihr Euch einigermaßen beruhigt jetzt, denn es *wäre höchste Zeit. Die8 Karte von Onkel Wilhelm und Tante Liesel habe ich erhalten, ich freute mich sehr darüber. Ich lasse sie herzlich grüßen und bedanke mich vielmals.*

Viele Grüße auch an alle Verwandte, Freunde und Bekannte aus nah und fern. Seid auch Ihr alle herzlich gegrüßt von Eurem Robert.

Dachau, den 18.1.36

Lieber Vater

Die herzlichste Gratulation zu Deinem 47. Geburtstag sendet Dir Robert.

Ich wünsche Dir alles Gute, langes Leben und ein recht frohes, gesundes Wiedersehn!

Liebe Eltern und Karole!

In anbetracht der so zahlreich eingetroffenen Post, sehe ich mich veranlaßt, Euch heute doch einen Brief zu schreiben. Bevor ich Euch den letzten Brief beantworte, will ich erst über verschiedene andere Sachen schreiben. Ich bin noch gesund und munter, was ich auch von Euch allen erwarte. Bei uns ist zur Zeit der Winter in vollem Gange. Eine solche Masse Schnee habe ich noch niemals gesehen. Am vergangenen Sonntag sind allein die Schneemassen auf 40 cm angestiegen und auch die Kälte ist zeitweise etwas stärker als wir sie von zu Hause gewohnt sind. Trotzdem ist mir die Witterung bedeutend lieber als das naßkalte Tauwetter.

Liebe Eltern! Nun will ich Euch kurz berichten, wer mir über die Feiertage geschrieben hat. Zuerst eine Karte von Onkel Wilhelm und Tante Elies, Onkel Ernst und Tante Martha, Tante Lina und Familie August und Erwin Grüger sowie einen Gruß von Robert und Herta aus Heidelberg. Auch Emma schrieb mir viele Grüße von Onkel Emil und Wilhelm. Sie fragt an bei mir, ob ich noch nicht heim darf. Eine etwas naive Frage, was? Alle erwarteten mich über die Feiertage zu Hause, doch muß ich sie noch auf weitere Zeit vertrösten. Im übrigen bin ich über die eingetroffenen Lebenszeichen sehr erfreut gewesen und bedanke mich auf diesem Wege bestens dafür. Von Liesel erhielt ich einen Brief. der von 9. Dezember 1935 datiert ist. Den von 18.12. werde ich noch im Laufe der Zeit erhalten. In Händen ist er mir noch nicht. Heute bekam ich von Liesel wieder fünf Mark, für die ich mich herzlichst bedanke. Ich kann es als nicht fassen, daß sie so treu um mich besorgt ist, wo wir uns vor noch nicht langer Zeit so fremd noch waren. Eine solch treue Freundschaft ist wirklich nicht oft anzutreffen und läßt sich auch nicht mehr auslöschen. Meiner Freundin Liesel viele Grüße und nochmals herzlichen Dank.

Liebe Eltern! Das Geld von Euch mit Freuden erhalten. Besten Dank dafür. Es kam gerade zur rechten Zeit, doch nun will ich mich wieder besser einteilen, denn es ist ja katastrophal, was ich über die Feiertage verbraucht habe.

Nun will ich Euren Brief von 5.1.36 beantworten. Nehmt es mir nicht übel, wenn ich in der Karte den Brief so hart beantwortete, doch man ist nicht immer gleich gelaunt zum Schreiben. Daß Ihr die Feiertage gut verbracht habt, freut mich sehr. Ihr habt ja genügend Besuch gehabt, der Euch Gesellschaft leistete. Das Weihnachtsgebäck, das für mich reserviert wurde, dürft Ihr ruhig essen, damit es nicht noch schimmlig wird. Sowas zum Essen bewahrt man nicht auf, sondern ißt es gleich auf. Wenn ich einmal komme, gibts wieder neues. Daß die Schule für unsere Karole nichts anqenehmes ist, weiß ich, schade daß ich nicht daheim bin.

Wie lange ich (im KZ) bin, weiß ich allerdings selbst, doch ist meine Lage noch lange nicht schlimm. Ihr habt in diesem Begriff "Zeit" überhaupt keine Ahnung. Von mir aus geschieht nichts. Wollt Ihr ein Gesuch machen, so sage ich nicht ja noch nein. Ich denke eben, wenn meine Zeit gekommen ist, dann werde ich entlassen und nicht früher.

Nun sage ich Gute Nacht. Seid alle herzlich gegrüßt von Eurem Robert.

Dachau, den 22.2.36

Liebe Eltern, Liesel und Karole!

Eure beiden Briefe sowie die schöne Karte erhalten, es hat mich sehr gefreut und ich bedanke mich vielmals dafür. Besonders auch für das Geld, das Ihr mir geschickt habt. Am meisten Spaß machte mir Eure Entrüstung über meine letzte Karte, Ihr seht also, daß ich das Leben immer von der lustigen Seite nehme, und ich kann Euch nur empfehlen, dasselbe zu tun. Sonst bin ich noch gesund und munter, was ich auch von Euch erwarte. Näheres im nächsten Brief.

Seid alle herzlich gegrüßt von Eurem Robert.

Dachau, den 21. 3 . 36

Liebe Eltern, Liesel und Karole!

Die besten Grüße sendet Euch allen Euer Robert. Ich erfreue mich noch bester Gesundheit, was ich auch von Euch hoffe.

Meine Lieben! Die Post sowie die Zugabe erhalten, besten Dank dafür. Es hat mich sehr gefreut, wenn mir auch manches in den letzten Briefen mißfallen ist. So könnte man staunen über Eure Zähigkeit, mit der Ihr an Eurem Glauben hängt, wenn er auch noch so lächerlich ist. Wie oft habe ich Euch auf die Aussichtslosigkeit solcher Meinungen aufmerksam gemacht und doch muß ich immer wieder dasselbe hören, wenns nichts wird, dann wird geheult. Darum muß ich Euch bedauern und Euch den Trost geben. Machts endlich einmal wie ich und laßt alles laufen wie es will. Einmal wirds schon wahr werden. Ich brauche bestimmt keinen Trost wegen so etwas.

Nun seid alle recht herzlich gegrüßt von Eurem Robert.

Dachau, den 18.4.36

Liebe Eltern, Liesel und Karole!

Die besten Grüße sendet Euch allen Euer Robert. Ich bin noch gesund und munter, was ich auch von Euch erwarte. Nun möchte ich Euch folgendes mitteilen: Ab 1. Mai darf ich keine Pakete mehr empfangen und auch keine absenden. Ihr braucht mir also nichts mehr schicken. Ferner darf ich wöchentlich nur einen Brief oder eine Karte empfangen. Wenn Ihr mir in einer Woche also einen Brief und eine Karte schreibt, so geht das zuletzt Geschriebene wieder zurück. Richtet Euch alle danach, es ist zu Eurem Vorteil.

Sonst gibts nichts Besonderes. Seit Donnerstag regnet und schneit es fast ununterbrochen, ein echtes Aprilwetter. Seid alle gegrüßt von Robert.

Dachau, den 13.6.36

Liebe Eltern, Liesel und Karole!

Die besten Grüße sendet Euch allen Robert. Ich bin noch gesund und munter, was ja auch bei Euch der Fall ist. Euren lieben Brief erhalten, besten Dank. Ich möchte Euch aber den Rat geben, schreibt mir in Zukunft möglichst Postkarten. Solltet Ihr doch einmal das Bedürfnis haben, mir einen Brief zu schreiben, so nehmt Euch meine letzten Briefe als Muster. Wenn Ihr mir so schreibt, wie ich Euch, dann habt Ihr Gewähr, daß ich die Briefe erhalte. Sonst bin ich damit zufrieden, die Wäsche habe ich gut aufgehoben. Von Motten habe ich noch nichts gemerkt, ich glaube, die sind bei uns alle erfroren. Heute scheint zum erstenmal wieder die Sonne, der zehntägige Regen hat gestern in einem Gewitter geendet.

Nun Schluß. Viele Grüße an alle Verwandte, Freunde und Bekannte. Seid auch Ihr alle herzlich gegrüßt von Eurem Robert.

Dachau, den 20.6.36

Liebe Eltern, Liesel und Karole!

Die herzlichsten Grüße sendet Euch allen Robert. Euern Brief habe ich auch erhalten und daraus ersehen, daß Ihr alle noch gesund und munter seid. Dasselbe kann ich auch noch von mir berichten. Nun muß ich aber Euch nochmals auf folgendes aufmerksam machen: Wenn Ihr mir Briefe schreibt, dann reißt den Doppelbogen entzwei und macht zwei Briefe daraus. Schickt mir also jedesmal ein Blatt als Brief, das nicht mehr als 30 Zeilen hat, dann bin ich mit Euch wieder zufrieden. So hab ich von Euren Briefen gar nichts. Da fällt es Euch wenigstens nicht mehr schwer, einen Brief voll zu bringen. Sonst gehts noch gut. Seid alle vielmals gegrüßt von Eurem Robert.

Dachau, den 1.8.36

Liebe Eltern, Liese! und Karo1e!

Die herzlichsten Grüße sendet Euch allen Robert. Eine Karte sowie die Geldsendung mit Freuden erhalten, besten Dank. Wie ich ersehen habe, seid Ihr alle noch gesund und wohlauf, was ich auch von mir sagen kann. Habt acht auf die Vorschriften. Für: heute Schluß. Herzlichen Gruß Robert.

Dachau, den 26.9.36

Liebe Eltern, Liesel und Karole!

Die herzlichsten Grüße sendet Euch allen Robert. Ich bin noch gesund und munter, was ich auch von Euch hoffe. Hoffentlich hat sich nichts besonderes ereignet, da ich von Euch keine Post erhielt. Bei uns gibt es wieder viel Regen. Sonst weiß ich nichts. Gruß und Kuß Euer Robert .

_____

Dachau, den 3.10.36

Liebe Eltern, Liesel um Karole!

Die herzlichsten Grüße sendet Euch allen Euer Robert. Ich bin noch gesund und munter, was ja auch bei Euch der Fall ist. Die Erkältung von Liesel wird ja schon wieder vorbei sein, denn in einer Jahreszeit von so zweifelhaftem Wetter kommt das öfters vor, daß man sich etwas zuzieht. Meine Lieben! Eure Post sowie das Geld mit Freuden erhalten, herzlichen Dank dafür. Es freut mich sehr, daß Ihr so sehr an meiner Lage Anteil nehmt, doch Eure Sorgen müßt Ihr Euch sparen. Ihr werdet alt und schwermütig dabei und mir ist doch nichts geholfen. Es ist ein großer Fehler, den Ihr an Euch begeht, wenn Ihr Euch von allen Menschen abschließt, denn gerade unter lieben Menschen trägt sich die Last am leichtesten. Über diesen Zustand bin ich glücklicherweise hinweggekommen, ich mache mir bestimmt weniger Sorgen darüber.

Mit der Arbeitsmöglichkeit bin ich sehr zufrieden, denn ich verstand mich gut mit meinem Lehrmeister. Bei Euch scheint das Wetter ebenso schlecht zu sein, es wird halt bald Winter. Nun seid alle recht herzlich gegrüßt von Eurem Robert.

_____

Dachau, den 21.11.36

Liebe Eltern, Liese! und Karole!

Karte erhalten, besten Dank. Bei mir ist auch noch alles beim Alten. Eine Enttäuschung (wegen des fehlgeschlagenen Entlassungsgesuches) konntet Ihr mir nicht bereiten, im Gegenteil. Ihr habt mir nur bestätigt, was ich von der ganzen Sache gehalten habe. Laßt Eure Finger davon, wolhr doch nichts ändern könnt. Meine Lieben! Eure Gottessprüche müßt ihr Euch sparen, da ich den alten Mann ja doch nicht kenne. Herzliche Grüße, Euer Robert.

_____

146

Dachau, den 23.1.37

Liebe Eltern, Liesel, Karole und Heinz!

Eure Karte erhalten, vielen Dank. Ich bin noch gesund und munter wie Ihr. Es freut mich, daß Ihr Euch auch etwas Abwechslung gönnt. Ihr habt es notwendig. Nur immer fröhlich mitmachen, man lebt nur einmal. Mit Karole wirds jetzt wirklich Ernst, schade, ich wäre gerne dabei gewesen. Ich bin gespannt, wie sie in die neuen Kleider paßt. Seid alle herzlich gegrüßt von Robert.

Dachau, den 13.2.37

Ihr Lieben alle!

Die herzlichsten Grüße sendet Euch allen Robert. Ich bin noch gesund und munter wie Ihr. Leider hatte ich diese Woche etwas Pech gehabt. Beim Essen ist mir eine alte Zahnplombe herausgefallen. Um den Zahn nicht verlieren zu müssen, ließ ich mir sofort eine Stahlkrone aufsetzen, die mich allerdings um 12 RM erleichterte. Nun habe ich wieder Ruhe.

Seid alle herzlich gegrüßt von Robert.

Dachau, den 8.5.37

Meine Lieben Alle!

Die herzlichsten Pfingstgrüße sendet Euch allen Robert. Eure schöne Karte erhalten, besten Dank. Ich bin noch gesund und munter wie Ihr.

Meine Lieben! Eure Unruhe ist nicht notwendig, ich könnte mir nicht vorstellen, welche Veränderung bei mir eintreten sollte. Ich wollte nur verschiedene Wäschestücke Euch zusenden, sonst nichts! Ob ich es mache, weiß ich noch nicht. Nun mache ich Schluß. Gruß und Kuß, Euer Robert.

Dachau, den 22.5.37

Meine Lieben Alle!

Die herzlichsten Dankesgrüße sendet Euch allen Robert. Der Brief hat mich sehr gefreut, besonders Euer Pfingstausflug. Daß Ihr mir nichts verheimlicht, ist sehr schön von Euch. Nun wißt Ihr ja Bescheid und könnt Euch danach einstellen. Ich bin mir schon immer klar darüber und weiß, daß Ihr alle an der Sache nichts ändern könnt. Darum laßt den Kopf nicht hängen, bleibt gesund und nehmt die herzlichsten

Grüsse und Küsse von Eurem Robert

Dachau, den 3.7.37

Ihr Lieben Alle!

Das Geld sowie die Karte erhalten, besten Dank. Meine Lieben! Ihr habt mich mit Eurer Nachricht auch enttäuscht, denn ich erwartete, daß Ihr Euch auch freut über die Heimkehr von Hermann und nicht so engstirnig darüber denkt. Man soll nicht zuviel auf einmal erwarten, sonst wird man natürlich enttäuscht. Ich freue mich jedenfalls und damit Schluß. Herzlichen Gruß Euer Robert.

Dachau, den 14.8.37

Ihr Lieben Alle!

Die herzlichsten Grüße und vielen Dank für Eure schöne Karte sendet Robert. Mir geht es noch genauso wie Euch. Für die Art und Weise wie Karole Geld verdienen will, kann ich mich nicht begeistern. Mit der Aussteuer wird es auch noch Zeit haben, ich werde mich jedenfalls nicht beeilen zum heiraten. Am wohlsten fühle ich mich, wenn ich frei und ledig bin. Herzliche Grüße Euer Robert.

Dachau, den 24.10.37

Meine Lieben Alle!

Herzliche Grüße und vielen Dank für die Karte sendet Euch Robert. Ich bin noch gesund und munter wie Ihr. Meinen Brief werdet Ihr jetzt erhalten haben, während ich Euern mit Freuden erwarte. Meine Lieben! Wenn ich Euch raten darf, so denkt nicht so viel wegen mir, Ihr werdet alt und grau dabei und doch zu keinem Ziel gelangen. Für heute Schluß. Herzliche Grüße Euer Robert.

Dachau, den 14.11.37

Meine Lieben Alle!

Viele Grüße und innigen Dank für die gute Nachricht sendet Euch Euer Robert. Ich bin tief gerührt über die unerschütterliche Treue und Anhänglichkeit, die Ihr mir entgegen bringt. Möge sich unser Wunsch bald erfüllen. Ich bin noch gesund und wohlauf, was ja auch bei Euch der Fall ist. Mutter wird ja inzwischen wieder hergestellt sein. Herzliche Grüße Euer Robert.

Dachau, den 21.11.37

Meine Lieben Alle!

Herzliche Grüße und vielen Dank für die Karte sendet Euch Robert. Ich bin noch gesund und munter wie Ihr. Meine Lieben! Hoffentlich enttäusche ich Euch nicht in der Vorstellung, die Ihr von mir habt. Ich bin immerhin vier Jahre älter und in Vielem anders geworden. Für heute Schluß. Seid alle herzlich gegrüßt von Robert.

Dachau, den 12.12.37

Liebe Eltern, Liesel, Karole und Heinz!

Nun geht es mit Riesenschritten auf Weihnachten und darüber hinaus dem Jahresende zu. Was wird uns das neue Jahr bringen? Unser aller Wunsch wird dahingehen, daß wir nach langer Trennung mal wieder gemeinsam den Kampf des Lebens meistern. Eurer Meinung nach geht der Wunsch in Erfüllung. Trotzdem will ich nicht versäumen, Euch im voraus recht vergnügte Weihnachten und ein frohes, gesundes Neues Jahr zu wünschen. Wenn Ihr mich persönlich als lebendes Weihnachtspaket bekommt, dann ist es umso besser. Meine Lieben! Eure letzte Karte mit Freuden erhalten, vielen Dank. Ich bin noch gesund und wohlauf, was ja auch bei Euch der Fall ist. Einen richtigen Schnee hatten wir heuer noch nicht, die paar armseligen Flocken wurden sofort zu Wasser und verursachten einen richtigen Schlamassel. Das naßkalte Wetter ist überhaupt am ungesündesten. Am liebsten ist mir trockenkalt. Das werdet ihr ja selbst wissen.

Karole soll nur feste üben und die Quetschkommode schmieren, aber nicht bloß mit so faden, sentimentalen Kinderliedern. Ich wünsche was kerniges, festes. Nun aber Schluß. Laßt Euch alle recht innig grüßen von Eurem Robert.

Dachau, den 19.12.37

Meine Lieben Alle!

Viele Grüße und innigen Dank für die Karte sendet Euch Euer Robert. Doch eins möchte ich Euch sagen, daß ich dreimal Adventskarten erhalte, hätte ich nie gedacht, denn so religiös bin ich nicht mehr veranlagt. Sonst gibt es nichts Neues. Ich bin noch gesund und wohlauf, was auch bei Euch der Fall ist. Seid alle recht herzlich gegrüßt von Robert.

Briefe aus der Zeit im Strafbataillon 999

Heuberg, den 24.6.43

Meine Lieben!

Die herzlichsten Grüße von einem schönen Sonntag sendet Euch Euer Robert. Heute war ich auch schon im Kino. Von hier aus sieht man auch die ganze Alpenkette, so schönes Wetter ist heute. Mir geht es noch gut, was ich auch von Euch hoffe. Nun werdet Ihr ja wieder alle da sein, ich glaube, Vater wird froh sein. Hoffentlich haben sich Mutter und Karola gut unterhalten und erholt in ihrem Urlaub. Waren auch die Flieger schon wieder da? Hier kennt man die Sachen nicht, nachts stört uns hier kein Tommy. Sonst ist noch alles in Ordnung. Viele Grüße und alles Gute sendet Euch Euer Robert.

Heuberg, den 27.6.43

Meine Lieben!

Teile Euch kurz mit, daß ich mit der Grundausbildung ziemlich fertig bin und nun in eine neue Kompanie komme. Wenn es möglich ist, so schickt mir so schnell Ihr könnt etwa 100 Feuersteine oder Streichhölzer, Süßstoff und ein paar Zigaretten. Es ist natürlich nur ein Wunsch von mir. Ob Ihr es ausführen könnt, ist eine andere Frage. Auch meine Sonnenbrille und wenn ich noch Filme in einer Zigarrenkiste habe in meinem Schrank schickt mir mit. Sonst alles in Ordnung. Den Brief habe ich erhalten. Seid alle recht herzlich gegrüßt von Eurem Robert.

Heuberg, den 5.7.43

Liebe Eltern, Liesel und Karola!

Euch Euer Robert .Ihr glaubt gar nicht, wie ich mich glücklich fühle, zu Hause so liebe Menschen zu wissen, die alles für mich tun, wo ihr doch selbst nichts habt als das Notwendige zum Leben. Nun will ich aber sehr zufrieden sein und nichts mehr von Euch verlangen, denn das wäre ja glatte Ausbeutung, wo ich doch hier auch zu essen bekomme. Ja meine Lieben, ich wollte nur noch ein paar Kleinigkeiten haben und Ihr habt mir wieder ein Paket zusammen gemacht, daß ich mich fast schämen muß, es anzunehmen. Zu Hause mußte ich doch auch mit jedem Stückchen Brot rechnen und wie oft haben wir ein Stück trocken verzehrt und hier würdet Ihr mich verwöhnen

Nun liebe Mutter, heute an Deinem Geburtstag denke ich mit Stolz an Dich und hoffe noch manchen Freudentag mit Dir zu verleben. Nimm Dir von meinem Geld soviel Du willst und kaufe Dir etwas zum Andenken, egal was Dir gefällt und was es kostet. Zu Karolas Geburtstag nimmst Du 15 Mark und gibst es ihr. Was Liesel angeht, so weißt Du ja, daß mir nichts zu viel ist. vielleicht findest Du auch etwas für sie zum Geburtstag. Wenn ich mal die Möglichkeit haben sollte, etwas zu erwischen, werde ich Euch natürlich nicht vergessen. Nun danke ich Euch nochmals für alles, besonders Mutter und Liesel und wünsche Euch alles Gute. Mit den besten Grüßen verbleibe ich heute und immer Euer Robert.

Auf Wiedersehen.

Heuberg, 13.7.43

Meine Lieben!

Recht herzliche Grüße sendet Euch in alter Frische Euer Robert. Mir geht es noch gut, was ich auch von Euch hoffe. Post habe ich diese Woche noch nicht erhalten, doch nehme ich an, daß bei Euch noch alles stimmt. Heute waren wir im Kino. "Die goldene Stadt" hat mir in dieser Einöde besonders gut gefallen. Sonst bin ich hier sehr solide. Die Hauptausgaben sind Flaschenbier und Zigaretten. Das Wetter hat sich diese Woche wieder sehr verschlechtert. Hier kann man im Sommer erfrieren. Nochmals alles Gute Euer Robert.

Heuberg, 20.7.43

Meine Lieben!

Recht herzliche Sonntagsgrüße sendet Euch Robert. Mir geht es noch gut, was ja auch bei Euch der Fall sein wird. Das Besuchen schlagt Euch nur aus dem Kopf. Erstens schlechte Bahnverbindung, zweitens keine Unterkunftsmöglichkeit, drittens zwei Stunden Laufen vom Bahnhof immer bergauf, viertens bekomme ich keinen Ausgang, also zwecklos. Macht mir keine Dummheiten, sondern richtet Euch danach, was ich Euch schreibe. Gestern lag ich schon um halb neun im Bett. Heute werde ich mal wieder ein Sonnenbad nehmen. Nun alles Gute und immer Kopf hoch, Euer Robert.

Heuberg, 25.7.43

Meine Lieben Alle!

Recht herzliche Sonntagsgrüße sendet Euch Euer Robert. Mir geht es noch soweit gut und Euch hats wohl die Sprache verschlagen, weil Ihr die ganze Woche nichts von Euch hören laßt. Oder sollte Euch der Toni so ausgiebig besucht haben? Hoffen wir mal, daß alles in Ordnung ist. Heute ist bei uns ein schöner Tag, hoffentlich bleibts auch so, denn hier ändert sich das Wetter im Handumdrehen. Wir hatten fast jeden Abend ein Gewitter und wenn wir die Alpenkette so wunderbar sehen, können wir bestimmt am nächsten Tag mit Regen rechnen. Heute haben die besten Schützen der Kompanie den ersten Ausgang. Natürlich bin ich auch dabei. Wir dürfen von 2 bis 8 Uhr abends in die Umgebung vom Lager ausgehen. Ich werde mit einigen Kameraden eine kleine Wanderung zum Schaufelsen machen, von wo aus wir eine wunderbare Aussicht in das Donautal haben werden. Ich freue mich schon richtig darauf, mal wieder für ein paar Stunden als Soldat frei in der Gegend mich bewegen zu können. Nun geht es schon in die achte Ausbildungswoche und ich kann Euch sagen, es ist nicht immer leicht, frohen Mutes zu bleiben. Der Dienst ist in letzter Zeit ziemlich scharf und lang und wer da nicht auf Draht ist, dem fällt es besonders schwer. Wir müssen eben in drei bis vier Monaten soviel können, wozu man früher 2 Jahre Zeit hatte. Ihr könnt mir glauben, daß ich fast keine Gelegenheit mehr habe, mich ernstlich mit etwas zu beschäftigen, was nicht mit dem Dienst zusammenhängt. Was im Privatleben war und vor sich geht, kommt hier erst in zweiter Linie und auch nur dann, wenn Du einmal eine Schnaufpause hast. Diese Woche wurden wir auch wieder geimpft und ich fühle mich heute noch nicht ganz auf der Höhe. Ich habe eine Brust wie ein junges Mädchen, so schön rund. Doch wie es kommt, so wirds gefressen und alles nimmt einmal ein Ende. Vielleicht kann ich Euch auch noch einen kurzen Besuch abstatten, bevor wir zum Einsatz kommen. Doch das hat ja noch ein paar Wochen Zeit. Nun will ich eine Pause einlegen und mein feudales Mittagessen einnehmen. Dann gehts raus ins Freie. Näheres darüber, wenn ich heute abend zurück komme. Meine Lieben! Es war sehr schön heute. Leider habe ich meinen Füllhalter verloren und nun könnt Ihr mir ja gleich den neuen von Karola schicken. Wir hatten ungefähr eine gute Stunde durch schönen Wald zu laufen, wo wir ausgiebig Erdbeeren und Himbeeren gegessen haben. Dann standen wir plötzlich vor einem Abgrund, der ungefähr 80 bis 100 Meter senkrecht abfiel. Man hatte eine schöne Aussicht ins Donautal, die ich mir allerdings etwas anders vorstellte. Ringsherum sah man zerklüftete Felswände, die ich im Bilde festgehalten habe. Dann stiegen wir zwischen den Felsen auf steil abfallendem Gelände ins Tal, das war eine tolle Sache, die mich auch meinen Füllhalter kostete. Schweißgebadet unten angekommen mußten wir feststellen, daß hier die Donau etwa 15 Meter breit und einen halben Meter tief war, also keine ideale Badegelegenheit. In einer Mühle tranken wir ein Glas Bier und nach kurzer Schnaufpause traten wir gemütlich den Heimweg an. Nun ist der erste Ausgang auch herum und der Dienst nimmt uns wieder 8 Tage gefangen. Für heute seid alle recht herzlich gegrüßt von Eurem Robert. Viele Grüße an Liesel, Heinz und Heiner, die haben sicher noch Sorgen mit ihrer Wirtschaft, vielleicht bleibt sie offen, damit ich auch mal ein Glas Bier trinken kann.

Heuberg, den 5.8.43

Meine Lieben Alle!

Will Euch schnell einen Kartengruß senden, zum Brief habe ich keine Zeit. Hier müßte der Tag noch ein paar Stunden länger sein, wenn man sich in Ruhe etwas sammeln will. Ich komme aus dem Taumel kaum noch heraus, es gibt nur noch Dienst und nochmals Dienst. Doch sonst fühle ich mich noch gesund und munter, was ich auch von Euch hoffe und wünsche. Nun seid alle recht herzlich gegrüßt von Eurem Robert.

Ulm, den 27.8.43

Meine Lieben Alle!

Recht herzliche Grüße sendet Euch allen Euer Robert. Mir geht es noch gut, was ich auch von Euch allen hoffe. Nun wird Mutter ja wieder zu Hause gelandet sein und Ihr braucht Euch nicht mehr alleine herumzuschlagen. Bei mir ist leider die kurze Zeit in Ulm auch wieder aus. Morgen gehts wieder auf den Heuberg zurück, zu schade. Hier gibt es zwar viel Dampf und mancher Schweiß ist hier schon vergossen worden. Ich schreibe hier auch in der Mittagspause auf dem Übungsplatz, denn heute abend will ich nochmal ausgehen, etwas essen und zum Schluß noch eine Portion Eis vertilgen in der oberen Stube. Dann geht's mit der Straßenbahn nach Hause und in die Falle. Morgen früh um 5 Uhr machen wir einen gewaltsamen Flußübergang über die Donau und bauen zum Abschluß dann eine Brücke auf Floßsäcken. Heute legen wir Brückensprengungen und verlegen und sprengen Minen. Gestern hatten wir Panzerbekämpfung aller Art, Bunker niederkämpfen, Gräben aufrollen und Häuserkampf, alles mit scharfer Munition. Das war ein Krachen und geschwitzt habe ich, beladen wie ein Esel und alles noch voll Handgranaten und geballten Ladungen. Trotzdem hat es Spaß gemacht. Der Dienst ist zwar gefährlich, aber nicht langweilig. Ja meine Lieben, so ist das hier in Ulm. Mutter wird Euch ja erzählt haben, wie wir hier leben. Die Behausung ist nicht gerade ideal, aber wir sind ja auch den ganzen Tag nicht zu Hause. Ins Kino bin ich leider hier nicht gekommen, denn dazu ist unser Ausgang zu kurz. Diese Woche war es jedesmal halb acht bis wir fertig waren. Ich muß sagen, jetzt habe ich erst eine Ahnung, was man von einem Pionier alles verlangt. Nächsten Freitag haben wir auf dem Heuberg unseren Kompanieabend und am 12. September hauen wir sehr wahrscheinlich ab. Da werden wir das alles praktisch ausprobieren können, denn ich glaube, daß wir bald Bekanntschaft machen werden mit Panzern aller Art.

Hoffen wir mal das Beste. Hoffentlich habt auch Ihr weiterhin viel Glück zu Hause und übersteht alle Angriffe, die sicher noch mehrmals über Euch kommen werden.

Nun ist der Dienst zu Ende und ich finde hier in der Bude einen Brief von Liesel. Vielen Dank dafür, ich freue mich schon auf den Kuchen, der für mich schon wieder gebacken wurde. Hoffentlich seid Ihr jetzt zufrieden, denn Ihr wißt ja nun über alles Bescheid. Ich gehe jetzt aus, etwas Abendbrot essen, denn heute gabs nur Bratkartoffel. Nun wünsche ich Euch alles Gute und verbleibe mit den besten Grüßen und Küssen Euer Robert.

Heuberg, den 21.9.43

Meine Lieben Alle!

Noch schnell einen Gruß, bevor wir auf große Fahrt gehen, sendet Euch allen Euer Robert. Werdet nicht gleich zappelich, wenn Ihr jetzt vielleicht nicht so oft und regelmäßig Post von mir bekommt, ich werde jedenfalls mein Möglichstes tun, um Euch auf dem Laufenden zu halten. Eure Post wird mich in den ersten Wochen auch nicht erreichen und wir müssen halt abwarten, bis wir unseren Bestimmungsort erreicht haben. Dann geht wieder alles regelmäßig vor sich. Nun hoffe ich, daß bei Euch noch alles in Ordnung ist und Ihr auch weiterhin recht viel Glück habt. Mir gehts noch gut und hoffe auch in Zukunft alles gut zu überstehen. Nun seid alle recht herzlich gegrüßt und geküßt, Euer Robert

---

Auf großer Fahrt, den 28.9.43

Meine Lieben Alle!

Recht herzliche Grüße aus weiter Ferne sendet Euch Euer Robert. Mir geht es noch gut, was ich auch von Euch hoffe und wünsche. Wir haben hier eine gute und reichliche Verpflegung und an Rauchwaren fehlt uns auch nichts. Heute kauften wir wieder 100 prima Zigaretten aus rumänischem Erzeugnis für zwei Mark. Ich würde ja gern Vater etwas schicken, doch vorerst geht das leider nicht. Je näher wir uns unserem Einsatzgebiet nähern, umso mehr werden wir Tabakwaren und Wein angeboten bekommen. Doch von unserem Geld wollen die Balkanvölker nichts wissen, nur tauschen gegen Süßstoff, Kleider, Wäsche und Schuhe. Ein Kamerad bekam für ein paar Halbschuhe 800 Zigaretten. Die Italiener sind da ganz große Gauner. Täglich rollen Züge an uns vorbei, die das Pack von der Front ins Reich bringen. Die vertauschen alles und wenn sie barfuß und ohne Rock weiter müßten. Wir liegen jetzt viel auf der Strecke, da die Bahn meist eingleisig fährt. Das gefährlichste Partisanengebiet haben wir nun hinter uns und mancher ausgebrannte oder gesprengte Zug lag neben der Böschung. Das ist ja auch kein Wunder. In Kroatien kostet eine Zigarette 40 Pfennige, ein Selterswasser 1,50 Mark. Das Volk ist richtig arm. Nun für heute alles Gute und recht viele Grüße und Küsse, Euer Robert. Auf Wiedersehen. Grüße an Liesel.

29.9.43

Meine Lieben Alle<!

Recht herzliche Grüße von unserer Wanderfahrt quer durch den Balkan sendet Euch Euer Robert. Bei mir ist noch alles in bester Ordnung, was ich auch von Euch hoffe. Das Wetter scheint hier sehr beständig zu sein, tagsüber sehr heiß und nachts ganz schön kalt.

Gestern fuhren wir den ganzen Tag durch gebirgisches Gebiet. Aber Ihr müßt Euch nichts Falsches vorstellen. Wenn Ihr das Haardt-Gebirge oder den Odenwald betrachtet, vollständig kahl, kein Baum oder Strauch, sondern nur Steine, Sand und Felsen, dann kommt Ihr ungefähr hin. Ihr seht überall das gleiche Bild, der größte Teil des Volkes verarmt und verlumpt. Ob das Kroatien, Serbien, Bulgarien oder Griechenland ist, überall dasselbe. Und doch sieht man viel lachende und zufriedene Gesichter auch ohne Lackschuhe, schöne Anzüge und was bei uns noch alles dazugehört.

Für heute alles Gute und viele Grü

Auf großer Fahrt, den 1.10.43

Heute will ich Euch kurz über meine wunderbare Fahrt durch ein schönes Gelände schildern. Mir gehts noch gut, die Verpflegung ist prima und wenn man nicht voll Waffen und Gerät hänge, so könnte man glauben, eine Kraft-durch-Freude-Reise zu machen. Nach längerer Reise durch Felder und Olivenhaine sahen wir von weitem den Gipfel des Olymp aus den gewaltigen Gebirgsmassiven hervorragen. Am Fuße dieses bekannten Berges überraschte uns ein neuer Anblick. 30 Meter neben uns erschien wie hingezaubert das strahlende Meer. Wie ein unendlicher Spiegel lag es vor uns und begleitete uns ein ganz schönes Stück. Leider konnten wir unser so begehrtes Bad nicht nehmen, obwohl die Sonne vom wolkenlosen Himmel erbarmungslos niederbrannte. Schuld ist der Krieg, denn in diesem zerklüfteten Berggelände ist es nicht ganz geheuer und ich hoffe, daß wir auch weiterhin Glück haben. Hoffentlich ist auch bei Euch, meine Lieben, noch alles in Schuß und ich wünsche nur, daß wir uns alle mal gesund wieder sehen werden. Noch alles Gute und seid alle recht herzlich gegrüßt und geküßt auch unsere Liesel von Eurem Robert.

---

90 km vor dem vorläufigen Ziel, den 4.10.43

Meine Lieben Alle!

Recht herzliche Sonntagsgrüße sendet Euch allen Euer Robert. Heute bin ich prima aufgelegt. Ich liege mit noch einem Kameraden, der die Ziehharmonika besitzt, als MG-Sicherung auf dem Wagen, wo der Rechnungsführer und der Fourier sitzt. Gestern abend machten wir zu fünf Mann einen bunten Abend. Wir haben gesungen, getanzt und gesoffen, was wir hatten. Der Rechnungsführer, ein Heidelberger Unteroffizier, hatte noch fünf Flaschen 3prozentigen Weißwein, dann hatten wir noch italienischen Rotwein und Wacholderschnaps, das gab Stimmung. Ich war blau wie ein Blümchen. Doch eingeschlafen bin ich nicht, obwohl ich bis halb 3 Uhr Wache stand. Wir fuhren über Brücken, wo es uns bald schwindelig wurde, und 84 Tunnel mußten wir durchfahren. Leider war die Nacht ziemlich dunkel und wenig zu sehen. Gestern traf ich einen Eisenbahner von Eppelheim, der hatte Willi Huber und Westenhöfer und Teufels Luise gekannt.

Sonst noch alles in Ordnung. Für Vater schicke ich ein paar Zigaretten, hoffentlich kommen sie an. Wenn Ihr mir die Bilder schickt, so sendet mir jedesmal nur zwei Abzüge in einem Brief, das heißt, Ihr müßt mehrere Briefe mit Abständen von einem Tag schicken. Wenn was verloren geht, dann nicht alles. Es grüßt und küßt Euch Euer Robert

---

Kos, den 9.10.43

Meine Lieben Alle!

Recht herzliche Grüße von einer Insel, wo Orangen, Zitronen, Bananen und recht viel Wein gedeiht, sendet Euch Euer Robert. Mir geht es noch leidlich gut und ich hoffe, daß auch weiterhin das Glück bei mir ist. Wir waren zwei Tage in Piräus, das ist der Hafen von Athen. Da war allerhand los, nur hätte man auch griechisches Geld haben sollen. Nur zu schnell mußten wir weg von hier und im Morgengrauen wurden wir am 6. Oktober eingeschifft. Nach einer wunderbaren Fahrt durch die hellblaue See vorbei an anderen Inseln kamen wir dem Ziel, das ungefähr zwischen Athen und Kreta in der Mitte liegt, immer näher. Morgens um halb 5 Uhr wurden wir am 7. Oktober von zwei englischen U-Booten ausgemacht und eine Stunde später war es passiert: Ein Kreuzer, ein Zerstörer, zwei Kanonenboote und U-Boote waren zu stark für uns. Wir wehrten uns zwar bis das Boot brannte und dann aber hinein in das schöne Meer. Wir waren 8 Boote, aber leider erreichte keines den Bestimmungsort. Jedes feuerte so lange es ging und dann war es aus. Mancher gute Kamerad ist mit in die Luft geflogen oder wurde noch im Wasser getroffen. Der Tommy schoß noch längere Zeit auf uns im Wasser. Dann kamen unsere Flugzeuge und er mußte abdrehen. Mittags holten uns die Jungs von der Luftwaffe einzeln heraus und abends um halb 6 nach 11 1/2 Stunden Bad war ich auch dabei. Im großen und ganzen konnte ich noch selber gehen, obwohl ich morgens um halb 5 schon einen Steckschuß im rechten Oberschenkel bekommen habe und hier im Lazarett liege. Ihr braucht Euch aber keine Sorgen machen, denn es ist keine Gefahr vorhanden, und das bißchen werden wir auch noch überstehen. Meinen Photo und die Uhr sowie die Bilder habe ich auch dabei, leider hat alles durch das Salzwasser sehr gelitten. Mein Freund Willi liegt ebenfalls neben mir, er- hat einen Splitter in der Ferse, sonst aber ist alles noch in Ordnung.

Nun wißt Ihr mal wieder einige Zeit Bescheid, wann die nächste Post weg kommt, ist unbestimmt, denn die Insel ist erst fünf Tage von uns besetzt und diesen Brief gebe ich einem Verwundeten nach Athen mit. Über mich braucht Ihr Euch keine Sorgen machen, ich komme überall durch, aber Ihr macht mir Sorgen. Nach den letzten Angriffen muß ich annehmen, daß fast alles etwas abgekriegt hat, und hoffe nur, daß Ihr wenigstens noch alle am Leben seid. Wann ich von Euch mal Post erhalte, ist sehr fraglich, und ich glaube, daß bei mir alles gut geht und hoffe von Euch dasselbe.

Das Briefpapier und die Tinte habe ich hier gefunden, denn das Gebäude war eine italienische Schule und nun nimmt man halt, was man findet. Unsere Vorgänger waren Tomy, daher das komische Briefkuvert. Nun viele Grüße an alle Freunde, Bekannte und was noch dazu gehört.

Nun fehlt mir das gute Habereckel, denn der Wein löscht halt doch keinen Durst. Hoffentlich steht die Kneipe von Liesel noch und ich wünsche mir einmal nur noch die schöne Zeit, wo ich manche Stunde verbracht habe. Nun für heute alles Gute und recht viele Grüße und Küsse Euer Robert.

Auf Wiedersehen und macht Euch keine unnötigen Sorgen.
Und gibt's auch mal Zunder und Dreck,

das alles geht wieder weg.
Parole: Es geht alles vorüber, es geht alles vorbei.

Euer Robert

Im Süden, den 22.10.43

Meine Lieben Alle!

Heute will ich Euch mal wieder einen herzlichen Gruß zusenden und hoffe, daß Euch diese Zeilen gesund erreichen werden. Mir geht es ziemlich gut und vor allem lebe ich sorgloser als Ihr zu Hause. Ihr könnt also ruhig sein, was mich anbetrifft so bin ich vorerst gut aufgehoben. Mein Heilungsprozeß macht gute Fortschritte und ich glaube, in ein paar Wochen ist wieder alles beim alten. Von Euch weiß ich noch nichts, doch hoffe ich auf baldige Antwort auf den Brief, den ich an Elsa Huber geschrieben habe.

Heute will ich Euch einmal einen Einblick in mein Lazarettleben geben, das übrigens ein wunderbares Bauwerk und nochmal so groß ist wie das Marienkrankenhaus bei uns.

Meine Lieben! Morgens um halb 6 kommt unsere Schwester Liesbeth und zieht die Vorhänge zurück. nach einem freundlichen "Guten Morgen" und "habt Ihr gut geschlafen" verschwindet sie wieder. Dann träume ich noch bis 6 Uhr. Es ist so schön, den Wolken zuzusehen, wenn sie aus dem dunklen Grau hervorkriechen, sich in allerhand bunte Farbenverwandeln und als weiße Wolken weiterziehen. Es ist jeden Morgen ein neues Bild, wenn die Sonne hinter den Bergen herausschlüpft und alles mit ihrem Glanze überstrahlt; dann scheint sie mir aber genau ins Gesicht und jetzt ist es vorbei mit träumen. Um 6 Uhr beginnt das Radio uns seine Melodien zu schenken und jetzt kommt Leben in die Bude. Unsere schwarze Griechin Marika bringt uns Waschwasser und macht uns die Betten wieder frisch. Dann kommt Schwester Erna mit dem Kaffee und zwei Stück Marmeladenbrot. Nachher besucht uns die Putzfrau, unsere Katharina, und nach handlicher Begrüßung wird die Bude ausgefegt und aufgewischt. Nun warten wir auf die Visite. Unser Stabsarzt, ein prima Kerl, fragt seine üblichen Sachen und macht seine Witze dazu. Damit ist dann etwas Ruhe. Auf einmal hören wir das bekannte Geräusch. Schwester Liesbeth kommt mit ihrem Panzerspähwagen zum Verbinden. Das ist als ein Theater bis jeder verbunden ist. Einer macht sich über den anderen lustig und jeder macht ah! und oh! und alles mögliche für Töne kommen da zum Vorschein. Um halb 12 gibts Mittagessen, meistens Eintopf, aber man wird satt. Zum Nachtisch gibts Pudding, Trauben, Äpfel oder Rosinen. Dann wird etwas geschlafen, was sowieso meine Hauptbeschäftigung ist, auch nette Bücher haben wir hier. Um halb 4 gibt's Kaffee mit Marmeladenbrot und um 6 Uhr Nachtessen mit Wein und drei Zigaretten. Um 9 Uhr geht das Licht aus und jetzt wird geschlafen. Wenn ich als mal Lust habe, so stehe ich auf und humple auf zwei Krücken durch die Gegend, da liegt es sich wieder leichter.

So meine Lieben, jetzt könnt Ihr Euch eine Vorstellung machen, wie es mir geht, jedenfalls bestimmt nicht schlecht. Wir liegen mit 5 Mann im Zimmer, die ganze Seite zur Veranda ist alles Fenster in Bauchhöhe, so daß wir vom Bett aus alles übersehen können. Wir sind 4 Pioniere von uns und ein Matrose. Bruno, der schwarze Stabsgefreite möchte auch viele Grüße bestellen, besonders an Karola, und mein Freund Willi läßt Euch auch alle grüßen. Von unseren 40 Pionieren weiß ich nur 16 gerettet, davon 9 Mann verwundet. Bin mal gespannt, was sie mit uns anfangen. Nun habe ich aber genug geschrieben und will langsam Schluß machen. Mein Photo ist kaputt, das Salzwasser hat die Blende durchgefressen. Die Uhr geht auch nicht mehr und mein Messer ist verrostet. Sonst habe ich nichts mehr als ein paar Bilder von Euch.

Nun hoffe ich, daß Euch diese Zeilen gesund und munter erreichen und wünsche Euch allen liebe Mutter, Vater, Liesel und Karola alles Gute und viel Glück.

Seid alle recht herzlich gegrüßt und geküßt von Eurem Robert. Viele Grüße an alle Bekannte und Freunde, da ich sonst niemandem schreibe als an Euch.

Wien, den 9.12.43

Meine Lieben Alle!

Viele Grüße sendet Euch Robert. Morgen gehts hier weg und das Paket ist noch nicht da, geht halt wieder zurück, schade. Genesungsurlaub bekomme ich nicht, es ist also wenig Hoffnung auf ein Wiedersehen. Heute hatten wir Gänsebraten, feine Sache, was! Vorgestern war ich im Theater und gestern im Kino, da sah ich auch einen schönen Umzug aus Mannheim in der Wochenschau. Sonst ist noch alles in Ordnung, was ich auch bei Euch annehme. Meine neue Adresse werde ich Euch gleich mitteilen, wenn ich an Ort und Stelle angelangt bin. Hier war ich fast täglich im Kino und ich glaube es reicht wieder für eine Zeitlang. Nun alles Gute und seid recht herzlich gegrüßt von Eurem Robert.

Im Osten, den 11.3.44

Meine Lieben Alle!

Recht herzliche Grüße sendet Euch Euer Robert. Eine Anschrift habe ich noch nicht, da ich noch nirgends fest dabei bin. Meine Lieben, diese paar Tage Rußland werde ich nie vergessen. Am Dienstag wurden wir mit der Kleinbahn 4 Stunden nach vorn gebracht. Dann marschierten wir von 11 Uhr nachts bis morgens 6 und da wir uns verlaufen hatten, kamen wir an derselben Stelle wieder raus, wo wir weggingen. Hundemüde suchten wir uns in Panjehütten eine Unterkunft. Mit 7 Mann lagen wir in einem Raum, der ungefähr so groß ist wie Euer Keller, und außer uns hausten noch 2 Frauen und 2 Kinder darin. Die Flöhe tanzten auf uns herum, doch das störte uns nicht. Abends um 5 zogen wir wieder los und nach mühevollem Marsch gelangten wir nachts um 2 Uhr in Beroslav am Dnepr an. Der Russe lag uns 200 Meter gegenüber. Die Fronttätigkeit war verhältnismäßig ruhig. Morgens um 9 Uhr traten wir an zum Appell. Das erste war, politisch Bestrafte links raus. Wir waren 25 Mann. Man nahm uns die Waffen ab und dann warteten wir auf besondere Verwendung. Abends um 10 Uhr nahmen wir unser Gepäck auf und trabten wieder zurück. 25 km durch Dreck und Schlamm mit 60 Pfund auf dem Buckel, das macht den stärksten Mann fertig. Der Bodenklebt wie Pech an den Stiefeln und manchmal möchte man am liebsten liegen bleiben. Doch um 6 Uhr waren wir da und da sahen wir von allen Seiten Truppen marschieren. Der Russe war durchgebrochen und nun kam der Rückzug. Unser Gepäck wurde verladen und wir marschierten weiter auf dem Schienenstrang entlang. Nach 15 km lagerten wir und warteten, bis sich die Kleinbahn nahte und dann fuhren wir in kleineren Trupps zur Hauptbahn zurück. Der Russe griff uns mehrmals mit Flieger an, doch war nichts besonderes. Abends wurde dann die Strecke teilweise gesprengt. Um 7 Uhr suchten wir uns eine Notunterkunft, um wenigstens ein paar Stunden zu schlafen, der Russe belästigte uns die ganze Nacht mit Fliegern. Um 3 Uhr zog ich auf Wache und um halb 11 fahren wirzurück nach Nikoleijev. Dort sollen wir zu einer Baukompanie, das heißt schanzen. Doch kann uns nichts erschüttern. Das ist alles halb so wild,mit Waffen trauen sie uns halt nicht.

Für heute reichts, ein andermal mehr. Es kann etwas länger dauern, denn bei einem Rückzug geht alles drunter und drüber. Nun hoffe ich,

daß Euch diese Zeilen gesund antreffen und grüße und küsse Euch recht

herzlich, Euer Robert.

Viele Grüße an Liesel. Auf Wiedersehn!

Nikoleijew, den 15.3.44

Meine Lieben Alle!

Heute will ich Euch mal wieder ein paar Zeilen zukommen lassen. Mir gehts noch gut, was ich auch von Euch hoffe. Nun bin ich schon 5 Tage hier und weiß noch nicht, was jetzt eigentlich kommt. Wir sind praktisch deutsche Kriegsgefangene. Wir sitzen hinter Stacheldraht und werden von Posten bewacht. Im selben Lager sind auch 15 000 Russen untergebracht. Morgen soll es weiter gehen, wahrscheinlich ins Reich. Der Russe stand gestern 13 km vor der Stadt. Das Essen ist knapp dafür haben wir wenigstens Ruhe. Russische Flieger sind jede Nacht hier, doch es stört uns nicht. Den letzten Brief schrieb ich Euch am 11.3. morgens 8 Uhr. Wir sollten dort um halb 11 verladen werden. Bekanntlich mußten wir versuchen, aus dem Kessel rauszukommen. Der Russe warf laufend Bomben auf Ziele rund um den Bahnhof, obwohl alles voll stand mit Soldaten, schoß er nicht auf uns. Um 1 Uhr hieß es dann "alles auf den Güterzug, der Russe versucht, die Bahn zu durchbrechen". Ich saß auf der Lokomotive und wir zogen los. Das war 60 km vor Nikoleijew.

Nach 20 km standen tatsächlich russische Panzer 5 km vor der Bahn in einem Dorf. Alles war schon gestürmt, da rasselten Sturmgeschütze und deutsche Panzer heran. Unsere Flieger warfen auch schon mehrere in Brand. Alle Landser mußten den Zug verlassen und wurden zur Verteidigung eingesetzt. Nur wir 255 Mann entwaffnete Truppe fuhren. weiter und kamen abends um 7 Uhr in Nikoleijew an. Nach einstündigem Marsch zogen wir ins Gefangenenlager ein, wo schon weitere 200 Mann auf uns warteten.

Wir sind alle als politisch unzuverlässig aus den Stellungen rausgezogen worden, entwaffnet und nach hier gebracht. Es soll jetzt ein Bericht aus Berlin abgewartet werden, was mit uns geschehen soll. Wir sind alle von 999 und nun will keiner über uns die Verantwortung übernehmen. Das Wichtigste für mich ist jetzt, erst mal aus dem Kessel rauszukommen, denn der Russe kommt überall bedenklich näher. Wir sind schon überall feste am sprengen und von der Stadt wird nicht mehr viel übrigbleiben. Nächstes Ziel ist vermutlich Odessa, vorausgesetzt, daß der Russe nicht schon vor uns darin ist. Wenn die Bahn zu stark überlastet ist, werden wir halt laufen, es sind bloß 120 km, dann werden wir weiter sehen, was kommt. Gestern wurden wir entlaust, bekamen Schnaps und 50 Zigaretten. Nun gehts wieder eine Weile. Für heute will ich nun Schluß machen, das Mittagessen kommt gleich. Seid alle recht herzlich gegrüßt und geküßt von Eurem Robert. Viele Grüße an Liesel! Auf ein gesundes, baldiges Wiedersehn! Nicht schreiben, da auf dem Rückzug ja doch die Post nicht befördert wird.

16.3.44

Meine Lieben Alle

Alles noch in Ordnung, nichts Neues, Gruß und Kuß Euer Robert.

Serbien, den 8.8.44

Meine Lieben Alle!

Heute sollt Ihr mal wieder ein paar Grüße bekommen. Mir gehts noch gut, was ich auch von Euch hoffe. Gestern mittag waren wir in Belgrad, es war ein herrliches Bild. Die saubere Stadt liegt am Abhang der Berge und am Fuße fließt breit und ruhig die Donau. Hier begann das Handeln und Tauschen. Vor allem Streichhölzer waren begehrt. Für 2 Päckchen 1 Liter prima Eierkognak. Hier war alles zu haben, aber kein deutsches Geld bringst du hier an, das ist hier wertlos. Dieses Mal fahren wir etwas anders wie letztes Jahr. Die alte Strecke wird von Partisanen beherrscht, da kommt kein Zug mehr durch. Hauptsächlich Tieffieger machen sich da bemerkbar. Bis jetzt hatten wir Glück, obwohl Kroatien so unsicher ist. Leider hören wir jetzt wenig von zu Hause und den Fronten. Nun recht viele Grüße an Liesel. Seid alle recht herzlich gegrüßt von Eurem Robert.

Südosten, den 9.8.44

Meine Lieben Alle!

Recht herzliche Grüße von einer schönen aber gefährlichen Ecke sendet Euch Robert. Mir gehts noch gut, was ich auch von Euch hoffe. Ringsumher sind wir von Bergen und Hügeln umgeben, ein ideales Gelände für Partisanen, die auch zahlreich vertreten sind. Heute Nacht hatten wir die erste Berührung mit dem Volk, doch greifen sie nicht gern stark bewaffnete Transporte an. Die Schienen haben sie kurz hinter uns gesprengt und wir liegen nun schon 14 Stunden hier fest. Doch ist das so üblich hier, wir stehen kurz vor der bulgarischen Grenze und die Sonne schmort uns ganz anständig. Als Kaffee, Mittags- oder Abendtrunk gibt es prima einfaches Brunnenwasser. Und das schmeckt prima, wenn man sonst nichts hat. Geweckt wurden wir heute morgen mit Blasmusik. 5 Burschen vom Dorf spielten "Am Abend auf der Heide" und sonstige Schlager. Sonst ist noch alles in Ordnung. Herzliche Grüße und Küße Euer Robert. Gruß an Liesel.

Athen, den 12.8.44

Meine Lieben Alle!

Mit viel Glück haben wir diese abenteuerliche Fahrt beendet. Zurück möchte ich diese Fahrt nicht mehr machen. Es ist doch ein komisches Gefühl, jeden Augenblick in die Luft fliegen zu können. Überall liegen ausgebrannte Züge und gesprengte Gleise auf der Strecke. Nach romantischer Fahrt durch die Thermopylenpässe flog hinter uns nur wenige Stunden später die größte und 107 Meter hohe Brücke in die Luft. Bevor der Schaden nicht behoben ist, kann kein Zug mehr verkehren. Die Partisanen treten hier überall in starken Gruppen zu 1000 Mann und noch mehr in Erscheinung. Mehrere in Brand gesteckte Dörfer sahen wir im Gebirge, allerdings von unseren Truppen gemacht, um den Partisanen die Schlupfwinkel zu nehmen. Der Laden wird hier immer toller, hoffentlich können wir bald auf unsere Insel, dort ist noch etwas Ruhe. Meine Lieben! Mit Rosinen wird es vorerst nichts. Hier sind Preise, da geht Dir der Hut hoch. Als Löhnung bekommst Du 6 000 000 Drachmen, nach unserem Geld 1-9 RM, es ist Behelfsgeld, da gibts nichts dafür. 1 kg Trauben kostet 10 Mill., Rosinen 10 Mill., 1 Zeitung 2 Mill., 1 Schachtel Streichhölzer 2 Mill., 1 Brot 40 Mill., 2 Zigaretten 1 Mill.. Ihr seht also, daß wir hier schwer beschissen sind. Sonst ist das Leben hier wie bisher, das heißt, es wird gehandelt, getauscht und geschimpft. Mir geht es noch gut, was ich auch von Euch allen hoffe. Die Sonne brennt anständig auf uns und in unseren dicken Uniformen wirds uns ganz schön warm. Nun will ich Schluß machen und etwas durch die Straßen bummeln. Recht herzliche Grüße an Liesel. Seid alle recht herzlich gegrüßt und geküßt von Eurem Robert.

Südosten, den 16.8.44

Meine Lieben Alle!

Heute sollt Ihr mal wieder ein paar Zeilen erhalten. Mir gehts noch gut, was ich auch von Euch hoffe. Der Tommy hat Euch ja wieder mal reichlich zugedeckt, hoffentlich ist bei Euch noch alles in Ordnung. Ich warte nun hier bis besseres Wetter eintritt. Es ist kaum zu glauben, eine Hitze von über 50 Grad und dabei ein

Sturm, der Dich bald umwirft, aber genau so heiß. Doch es ist alles zu ertragen. Ich schwitze hier nicht mehr als im Sommer zu Hause.

Um halb 5 stehen wir auf, von 6 bis 10 ist Dienst in der Steinwiese, wo nur Disteln wachsen. Um halb 12 Mittagessen, bis 3 Uhr frei. 3 bis 5 Uhr wieder Dienst, dann Abendessen. Feierabend. Ausgang gibts nicht mehr, da die Lage zu gespannt und gefährlich ist. Wir sehen also alles nur aus der Ferne. Richtig gesehen sind wir eine belagerte Kaserne, die nur darauf wartet, angegriffen zu werden. Abends um 8 Uhr ist es hier schon Nacht und um den lieben Wanzen nicht zum Opfer zu fallen, lege ich mich aufs Dach und schlafe auf Steinboden, bedeckt mit einer Decke. Ja man gewöhnt sich an alles. Wenn die Lage nicht so ernst wäre, könnte man es aushalten. Nun alles Gute und recht herzliche Grüße und Küsse von Eurem Robert. Viele Grüße an Liesel.

O.U., den 23.8.44

Meine Lieben Alle!

Zur Feier des Tages sollt Ihr mal wieder ein paar Zeilen bekommen. Mir geht es noch gut, was ich auch von Euch hoffe. Ich glaube kaum, daß ich nochmal auf ne Insel komme. Wahrscheinlich werden wir hier auf dem Balkan in verschiedene Kompanien aufgeteilt und zur Bandenbekämpfung eingesetzt. Die Inseln werden über kurz oder lang doch fallen und da gibt es nur Tod oder Kanada. Ist ja auch egal, wo man das Kriegsende erlebt, hier ist überall nichts los. Heute besuchten uns 10 Mädel aus Breslau, die uns sangen und spielten. Es war sehr schön. Zur Verpflegung gabs ein Viertel Wein, leider schmeckt das Zeug furchtbar schlecht, kein Vergleich zu unserem Pfälzer Tropfen. Nun alles Gute und recht herzliche Grüße und Küsse. Euer Robert. Viele Grüße an Liesel.

O.U., den 24.8.44

Meine Lieben Alle!

Recht herzliche Grüße sendet Euch allen Euer Robert. Mir gehts noch gut, was ich auch von Euch hoffe. Heute hat sich unser klarer, blauer Himmel mal mit Wolken bedeckt und seit Stunden regnet es in Strömen. Es ist für diese Zeit etwas Seltenes, für uns jedoch eine willkommene Abkühlung. Leider kann ich da nicht unter den

Sternen schlafen, sondern muß mich den Wanzen zur Verfügung stellen, die sich sicher darüber freuen.

Vor zehn Tagen schickte ich Euch ein paar Rosinen, die kosteten vier Päckchen Zigarettenpapier. Rauchwaren kann ich leider nicht schicken, da ich selbst nichts habe. Raus können wir nicht und Geld haben wir auch keins. Für zehn Tage Löhnung bekomme ich 12 Zigaretten oder ein Pfund rauben, dann ist es aus. Und besser wird es hier nirgends mehr werden. Für heute alles Gute und viele Grüße und Küsse Euer Robert. Recht herzliche Grüße an Liesel.

Südosten, den 27.8.44

Meine Lieben Alle!

Recht herzliche Sonntagsgrüße sendet Euch aus weiter Ferne Euer Robert. Mir geht es noch gut, was ich auch von Euch allen hoffe.

Bei uns ist seit Tagen ein Sauwetter, da ist alles dran. Regen und Sturm, daß man sich kaum fortbewegen kann. Jetzt kann man sogar Unterhosen vertragen, so kühl ist es hier. Die See ist bewegt, daß kein Wasserflugzeug starten kann. Überhaupt glaube ich nicht mehr an eine Insel, da die Bedeutung der Inseln durch die neue Lage an allen Fronten gesunken ist. Sicher werden wir hier wegkommen, entweder ins Gebirge oder nach Rumänien. Leider werde ich jetzt längere Zeit nichts mehr von Euch hören, denn auf die Insel komme ich wahrscheinlich nicht, bis die neue Post hierher kommt, werde ich nicht mehr da sein und eine neue Anschrift braucht wieder längere Zeit, bis der Verkehr klappt. Hoffen wir also, daß in der Zwischenzeit nichts besonderes vorkommt.

Heute haben wir hier eine Feierstunde, um den Übergang vom 5. zum 6. Kriegsjahr würdig zu begehen. Ich bin mal gespannt, was allesgesprochen wird. Hoffentlich ist bald das Ende in Sicht und wir können zu Hause wieder alle beisammen sein. Jetzt wäre ich entweder auf Wanderung oder bei Liesel und würde bei Radiomusik mein Viertel im Steinkrug trinken oder einen prima Likör hinter die Binde gießen. Ich wäre auch mit einem Glas Bier

zufrieden, wenn sonst nichts da ist. Zum Kaffee könnte ich vielleicht ein Stück Kuchen erben. Hier kenne ich nur Karo einfach und Negerschweiß. Butter gibts hier nicht, nur Margarine und Marmelade. Überall macht sich die lange Dauer des Krieges bemerkbar und bei Euch wird es ja auch nicht anders sein. Es würde mich interessieren, ob sich durch die neuen Maßnahmen bei manchen unseren Bekannten etwas geändert hat. Sicher wurde doch mancher noch gezogen, der sich zu Hause so sicher fühlte. Na, es wird ja bald zu Ende sein. Nun recht viele Grüße an Liesel, was macht denn Heinz? Viele Grüße an Karola und ihren Fritz, richte viele Grüße aus an die Wander- und Volkstanzgruppe. Für heute nun alles Gute und recht viele Grüße und Küsse von Eurem Robert.

Auf ein frohes Wiedersehen.

Südosten, den 3.9.44

Meine Lieben Alle!

Heute am Sonntag sendet Euch die herzlichsten Grüße aus luftiger Höhe Euer Robert. Mir geht es noch gut, was ich auch von Euch hoffe. Bei glühender Sonne sitze ich hier auf einem Berggipfel inmitten von Felsbrocken und ein paar Disteln und schreibe Euch diesen Brief. Ringsherum nur Steine und etwa 7 km davor das verlockende grüne Meer. Ab und zu ballert die Flak dort unten. Wahrscheinlich sind ein paar naseweise Tommy in der Nähe. Ich bin seit gestern Abend 7 Uhr hier auf Wache und heute abend geht es wieder in die Kaserne. Hier hat man wenigstens seine Ruhe. Vorhin hatten wir zum Mittagessen neue Kartoffeln und Gulasch. Ich aß 8 Kartoffel, die schmeckten prima, besonders wenn man schon lange keine mehr gegessen hat. Nun noch einen Schluck schwarzen Kaffee und ne Zigarette und wir sind zufrieden. Meine Decke spannte ich über zwei Steine und nun liege ich etwas vor der grellen Sonne geschützt an einen Felsen gelehnt und denke an Euch, meine Lieben. Meine eiserne Braut liegt neben mir und beschützt mich gegen auftauchende Partisanen oder englische Fallschirmjäger.

Ich glaube, die längste Zeit waren wir hier. Die Rote-Kreuz-Schwestern sind schon weg hier und jede Nacht holen unsere Maschinen Truppen von den Inseln herüber. Vielleicht reicht uns die Zeit noch, alle Inseln und unser Gebiet zu räumen. Wann wir hier abhauen und wohin, ist noch unbekannt. Leicht ist der Weg jedenfalls nicht, denn bis zur Heimat ist es weit. Doch wir werden das Kind schon schaukeln. Wenn nur bei Euch alles beim Alten bleibt und nicht der Amerikaner bei Euch ist, denn in Frankreich geht es ja rasend schnell. Doch wir wollen mal abwarten, was sich noch alles ereignet. Überraschungen haben wir ja schon genug erlebt dieses Jahr, vielleicht kommen noch etliche. Nun wie gehts bei Euch? Noch alles in Butter? Wie gehts Fritz in Italien? Ist Karola noch in Heidelberg oder mußte sie andere Arbeit aufnehmen? Ihr seht, mich interessiert hier allerhand, wie gehts bei Liesel zu? Was macht Joseph und sein Kumpel? Frankreich wird jetzt auch ein Trümmerhaufen werden. Leider habe ich noch keine Nachricht von Euch erhalten, hoffe aber täglich, nur Gutes von Euch zu erhalten. Nun weiß ich nicht mehr weiter. Richtet viele Grüße aus an alle Verwandte, Freunde und Bekannte, da ich nur an Euch schreibe. Bei *dieser jetzigen Lage habe ich keine große Lust, viele Briefe zu schreiben. Nicht daß ich etwa meinen Humor verliere oder ängstlich bin, das liegt mir vollkommen fern, aber wenn Ihr die Landkarte betrachtet und die militärische und politische Lage verfolgt, dann werdet Ihr verstehen, daß mich das mehr interessiert und meine Gedanken beschäftigt als alles andere. Nun wünsche ich Euch alles Gute und viel Glück. Seid alle recht herzlich gegrüßt von Eurem Robert.*

Südosten, den 14.9.44

Meine Lieben Alle!

Recht herzliche Grüße sendet Euch immer noch von alter Stelle Euer Robert. Mir geht es noch soweit gut, was ich auch von Euch hoffe. Post habe ich noch keine, doch hoffe ich jetzt bald etwas von Euch zu hören. Irgendjemand muß doch meine Post erhalten, wo ich alle 2-3 Tage schreibe. Von der Insel kommt auch keine Nachricht, da hier alles zur Räumung vorbereitet wird und wahrscheinlich auch der Postverkehr schlecht klappt. Alle Flugzeuge sind zur Räumung von Kreta eingesetzt. Hier ist überhaupt eine komische Politik zur Zeit. Scheinbar will der Tommy den Russen hier ein Schnippchen schlagen, indem er uns ungestört von den Inseln die Truppen holen läßt, damit wir den Russen aufhalten und er die Inseln besetzen kann. Denn der Russe hat natürlich auch ein Interesse daran, hier sich festzusetzen. Vor kurzem wurde noch jedes Flugzeug und Schiff vom Tommy angegriffen und jetzt fliegen Tag und Nacht unsere Flugzeuge und unsere Schiffe fahren ungestört in der Ägäis herum. Einmal flogen Bomberverbände über einen Geleitzug von uns, ohne etwas zu unternehmen und ein englisches U-Boot tauchte auf Sie

fuhr ein Stück mit uns, ohne uns anzugreifen.

Das heißt natürlich nicht, daß der Tommy nun unser Freund ist, denn unsere Lage bleibt die gleiche, nur sind wir im Rückzug mehr Truppen, die sich mit dem Russen schlagen werden und den Vorteil hat der Tomy, denn er bekommt billig seine Inseln und vielleicht auch Griechenland. Heute nacht hatten wir auch Fliegeralarm, doch griff er nur 3 Flugplätze an, die in unserer Nähe sind. So ein Fliegeralarm ist hier eine besondere Sache. Erstens gibts erst Alarm, wenn sie schon da sind. Dann muß man sich anziehen und außerhalb der Kaserne über freies Gelände 10 Minuten weit in den Steinbruch laufen. Inzwischen ist natürlich alles vorbei und im Ernstfall wird bestimmt nicht viel übrig bleiben von uns.

(Schluß fehlt)

Athen, den 22.9.44

Meine Lieben Alle!

Na endlich ist einmal eine Nachricht von Euch eingetroffen und zwar ein Brief Nr. 5 vom 5.9. und Karolas Zeilen vom 8.9. Wie ich daraus ersehe, seid Ihr alle noch gesund und die Bude steht auch noch. Sehr viel habt Ihr mir allerdings nicht geschrieben, doch ist es ja möglich, daß noch größere Briefe unterwegs sind. Den Nachrichten zufolge glaubte ich, daß der Hemshof verschwunden sei, nun bin ich beruhigt und hoffe, daß Ihr auch weiterhin Glück habt. Hoffentlich werdet Ihr nicht noch evakuiert, wenn der Tommy einmarschiert, denn zu Hause ist es immer noch am besten.

Nun meine Lieben muß ich Euch aber eine Rüge erteilen. Wie kommt Ihr auf den dummen Gedanken, mir Geld zu schicken? Was bekommt man für unser Geld im Ausland? Nichts! Oder könnt Ihr vielleicht für griechisches Geld zu Hause etwas kaufen? Ich glaube kaum und so ist es hier. Behelfsgeld habe ich genug, nur gibt es nichts. Ausgang haben wir auch nicht, also brauchen wir nichts. Ich habe das Euch nur geschrieben, um Euch die Verhältnisse etwas zu schildern. Jetzt haben wir Rauchwaren genug. 400 Stück habe ich Reserve und täglich gibts 20 Stück dazu. Heute hatten wir Schweinebraten, unsere Schweine und Schafe wurden alle geschlachtet, ein Zeichen, daß wir bald hier weggehen. Ihr wollt wissen, wo ich hinkomme? Betrachtet mal die Landkarte und sucht einen Weg nach Deutschland. Erst werden wir nach Saloniki fahren, wenn es möglich ist und dann werden wir den Ring irgendwo sprengen müssen, den der Russe und die Partisanen um uns gelegt haben. Was der Tommy uns noch für Überraschungen bietet, weiß ich noch nicht. Also macht Euch mal noch keine Sorgen. Vorerst geht es mir noch gut und wenn es mal anders ist, dann hört Ihr es von mir. Hoffen wir mal für alle das Beste und# viel Glück. Nun viele Grüße an Liesel. Für heute seid alle recht herzlich gegrüßt und geküßt von Eurem Robert. Auf baldiges Wiedersehen.

Südosten, den 24.9.44

Meine Lieben Alle!

Heute sollt Ihr wieder einen Sonntagsgruß erhalten. Mir geht es noch gut, was ich auch von Euch hoffe. Heute mittag hatten wir auch wieder 2 Stunden Fliegeralarm. Die 3 Flugplätze waren wieder das Ziel. Es war ein tolles Schauspiel, wie ein ü

.md die Zukunft ist für uns nicht gerade angenehm. Wenn wir hier abhauen, müssen wir zunächst mal nach Saloniki über das Thermopylengebirge marschieren. Das sind 600 km. Wieviel von uns dort ankommen, ist ungewiß, denn Partisanen und Flieger werden uns schwer zu schaffen machen. Wo bis dahin der Russe steht, müssen wir versuchen, durchzubrechen und halt weitermarschieren, Ziel unbekannt. Natürlich werdet Ihr dann wochenlang nichts von mir hören und ich von Euch nichts, denn wer soll die Post besorgen, wo keine Transportmöglichkeit da ist. Es heißt dann also, die Nerven behalten und auf unser Glück vertrauen. Ich werde es schon schaffen. Macht Euch also keine Sorgen.

Ich mache Euch hier nichts vor, sondern sage die Wahrheit, daß Ihr Bescheid wißt und nicht kopflos werdet, wenn eine Zeitlang die Post ausbleibt. Es wird schon noch alles gut werden. Ich habe das Gefühl, daß mir nichts passiert und nehme alles von der leichten Seite. Meinen Humor und das Lachen werde ich nicht dabei verlieren. Natürlich hätte ich vorher noch gern ein paar Briefe von Euch und von Liesel, um zu wissen, was sich zu Hause alles geändert hat. Heute bekamen wir wieder Schnaps und 25 Rollen Drops. Wenn es los geht, gibt es auch wieder Schokolade. So ist es immer. Wenn es dem Ende zugeht, ist genügend da und viel wird in die Luft fliegen. Nun heißt es also, die Füße schmieren und laufen unter dem Motto: Wozu ist die Straße da, zum marschieren. Das stärkt die Glieder und fördert die Verdauung.

Nun muß ich Schluß machen und etwas essen, nachher muß ich wieder auf Wache ziehen. Viele Grüße an meine hübsche Wirtin, meine Freundin Liesel. Euch alles Gute wünschend grüßt und küßt Euch alle Euer Robert.

Gute Nacht Mutter.

Südosten, den 28.9.44

Meine Lieben Alle!

Soeben habe ich den Brief vom 10.Sept. Nr. 6 erhalten, recht herzlichen Dank. Ich war sehr erfreut darüber, daß Du, liebe Mutter, Dir so viel Mühe gemacht hast und mir vier große Seiten geschrieben hast. Nun bin ich wieder beruhigt und über manches im Bilde, was bei Euch zu Hause los ist. Leider ist der Rummel zur Zeit so, daß durch die Ereignisse des Krieges alles gestört wird und wenn man jetzt auf jemand angewiesen ist, dann erlebt man meistens Enttäuschungen. Man braucht wirklich starke Nerven, um nicht den Kopf ganz zu verlieren. Doch Ihr werdet es schon schaffen und die Zeit wird ja auch mal wieder anders. Wie schnell wird alles vergessen sein. Mir geht es noch gut und gesund bin ich auch noch. Heute waren *wir nochmal baden, vielleicht zum letzten Mal. Nun alles Gute und herzliche Grüße und Küsse Euer Robert. Viele Grüße an Liesel.*

Südosten, den 31.9.44

Meine Lieben Alle!

Nun ist es soweit. heute nacht kehren wir der Stadt Athen den Rücken und marschieren vorerst 50 km weiter. Dann werden wir wieder weiter sehen. Bis jetzt geht es mir noch gut, was ich auch von Euch hoffe. Meine Lieben, heute bekam ich 4 Briefe und zwar Nr.4, 8 und 9, einer war von Elsa aus Heidelberg. Das war natürlich eine große Freude für mich und gerade die richtige Stimmung, die man braucht auf unserem Trauermarsch. Wenn zu Hause alles stimmt, dann ist man immer guter Laune. Nun muß ich aber Schluß machen, es geht gleich los. Für heute alles Gute und recht herzliche Grüße und Küsse Euer Robert. Viele Grüße an Liesel.

Südosten, den 1.10.44

Meine Lieben Alle!

Recht herzliche Grüße sendet Euch Robert. Mir geht es noch gut, was ich auch von Euch hoffe. Heute morgen kamen wir an in einem schönen Städtchen, müde und abgekämpft nach 55 km Marsch. Leider habe ich mir die Füße kaputtgelaufen. 6 große Blasen. Es ist zum Lachen, wenn ich wie ein Seiltänzer auf dem Boden spaziere. Heute gibt es viele Trauben, aber nichts zu trinken. Heute abend geht es wieder weiter, 12 km. Was dann los ist, weiß ich noch nicht. Bis jetzt hatten wir Glück, hoffen wir auch weiterhin das Beste. Nun will ich etwas schlafen, ich bin hundemüde. Für heute alles gute und recht herzliche Grüße und Küsse Euer Robert. Viele Grüße an Liesel.

Südosten, den 8.10.44

Meine Lieben Alle!

Heute will ich nochmal die Möglichkeit ausnutzen und Euch ein paar Zeilen schreiben. Wir sind jetzt auf dem großen Marsch und können die nächste Zeit nicht mehr schreiben. Es geht mir noch gut, was ich auch von Euch hoffe. Es ist zwar kein Spaziergang, aber wir werden es schon schaffen. Manches schöne Stück geht hier zum Teufel, denn nur das Nötigste wird mitgenommen. Vor allem Rauchwaren und Munition. 600 Zigaretten werden eine Zeit reichen, inzwischen werden wir irgendwo landen, wo es etwas gibt. das Wetter ist noch sonnig und heiß, nachts braucht man allerdings einen Mantel

(Schluß fehlt).

Skopje, den 30.10.44

Meine Lieben Alle!

Mir geht es noch gut und es ist noch alles in Ordnung. Nach 14 Tagen Marsch haben wir nahezu 700 km gelaufen. Da war alles dran. Nun fahren wir 2 Tage auf der Bahn, dann gehts wieder auf die Landstraße quer durch Serbien, nach Wien. Ob wir dieses Jahr noch ankommen? Macht Euch keine Sorgen. Schreiben kann ich jetzt nicht mehr. Verpflegung ist noch gut, Zigaretten habe ich 1000 Stück, das wird reichen. Nun viel Glück und alles Gute wünscht Euch Euer Robert. Keine Bange, ich komme schon wieder. Viele Grüße an Liesel.

Erinnerungsbericht

aus einem Brief an einen Freund, einem ehemaligen Mithäftling,

vom 27.5.1947

Am 6. Juni 1943 wurde ich zu 999 auf den Heuberg eingezogen. Das alte Theater begann wieder von vorn. Im September fuhr ich mit dem 9. Bataillon nach Griechenland, um die Insel Cos zu besetzen. Am 7. Oktober wurde unser Transport von 8 Schiffen durch Kriegsschiffe vom Tommy versenkt. Wir hatten 2/3 Verluste. Ich wurde verwundet und nach einem 12stündigen unfreiwilligen Bade durch

Flugzeug gerettet und zur Insel Cos gebracht. 3 Tage später fog ich zurück nach Athen ins Lazarett. Ende November fuhr ich mit dem Lazarettzug nach Wien. Kurz vor Weihnachten wurde ich nach Baumholder entlassen. Anfang Januar 1944 fuhr ich 14 Tage auf Urlaub, um anschließend dem 15. Bataillon in Russland zugeteilt zu werden. Wir lagen bei Bereslav-Cherson am Dnepr. Kurz nach unserer Ankunft wurden durch einen Zwischenfall (5 Genossen liefen zum Russen über) alle politisch Vorbestraften entwaffnet und zu einem Strafgefangenen-Batallion zusammengestellt. Mit über 500 Mann wurden wir unter stärkster Bewachung nach Nikoleijew in ein Gefangenen-Lager gebracht, wo bereits 15 000 Russen waren. Das konnte aber unserer Stimmung keinen Abbruch tun. Nachdem die Front immer näher rückte, wurden wir über Odessa-Tiraspol-Jassy nach Polen und von dort nach Baumholder gebracht. Viele wurden zur OT und zum Aufräumen eingesetzt. Nach 8 Wochen drehte man den Spieß herum und stellte diese Aktion als ein Mißverständnis hin. Wir wurden wieder unter Waffen gestellt und im Juli 1944 fuhr ich erneut nach Griechenland. Da die Inseln jedoch schon geräumt waren, verblieb ich in Athen und trat dort am 16. Oktober mit dem Alarm-Regiment als letzte Truppe den Rückzug an. Unter unsäglichen Schwierigkeiten und dauerndem Partisaneneinsatz marschierten wir Tag und Nacht, bis wir an Weihnachten 1944 in Sarajewo ankamen. Zerlumpt, ausgehungert und mehrmals mit anderen Verbänden vereinigt, haben wir uns durchgeschlagen. Mit verfrorenen Händen und einer Rippenfellentzündung schleppte ich mich noch weiter bis 5. Januar, wo ich dann endlich nach Agram ins Lazarett eingeliefert wurde. Von da gings weiter nach Michelfeld bei Pegnitz.Ende Februar wurde ich nach Torgau entlassen. Dort wurde mir mit-geteilt, daß 999 wegen zu großen Verlusten aufgelöst war. Ich wurde sofort nach Olmütz zu dem Wehrmacht-Strafbatallion 500 abgeschoben.Dort erlebte ich noch eine tolle Zeit. Täglich viel Dienst und Erschießung von Kameraden, die entweder Fahnenflucht, Feigheit vor dem Feind, Wehrmachtzersetzung usw. begangen haben sollen. Im April rückte ich mit dem Verein ab nach Jägerndorf. Dort jagte uns der Russe von einem Kessel in den anderen. Am 6. Mai wurde ein Zug von 17 Mann bei Römerstadt sitzen gelassen, um den Russen aufzuhalten. Die Stalinorgel reduzierte in kurzer Zeit unsere Truppe auf wenige Überlebende, ich nutzte die Gelegenheit aus und schlug mich ins Dorf zurück, wo ich abends als Einziger in russischer Gefangenschaft ging. Dort wurde ich sehr gut behandelt, verpfegt und nach 2 Tagen an die Tschechen in Mährisch-Schönberg ausgeliefert.

Eine günstige Gelegenheit verschaffte mir die Möglichkeit, mich als Zivilist dort aufzuhalten. Ich arbeitete 3 Monate als Schlosser bei der GPU und bei den Tschechen, wo es mir ganz gut ging. Ich setzte mich dort mit der Partei in Verbindung und fuhr im Juli 1945 mit etwas Risiko bei Eger über die Grenze. Im September kam ich wieder nach Hause.

Robert Weber

politische Arbeit nach 1945

Redemanuskript

für eine FDJ-Veranstaltung am 25. April 1947

Das faschistische Deutschland liegt zertrümmert. Seine Götzen stürzten in den Abgrund. Trümmer blieben und Überlebende. Das neue, demokratische Deutschland lebt noch nicht. Um seine Gestaltung ringen die Übriggebliebenen. Inmitten dieser Auseinandersetzung steht die Jugend wie ein "Wanderer zwischen 2 Welten". Enttäuscht, irregeführt im heißen Glauben an Deutschland und mißbraucht für imperialistische Ziele kommt sie aus dem großen Völkermorden. Leidenschaftslos, rauh und müde, realistisch, still. Sie hat gelernt, sich durchzuschlagen oder mit Gegebenheiten sich abzufinden. Sie ist ohne inneren Halt, außer Brotsorgen und Vergnügen besitzt sie keinen lebendigen Impuls. Wenn man unter Jungsein das Begeisterungsfähige, Frische, Kraftvergeudende, Übermütige, Widerspruchsvolle und Wandelbare versteht, dann ist die Jugend nicht mehr Statt dessen eine große Skepsis, ungehemmte Vergnügungssucht, ansteigende Jugendkriminalität, Arbeitsscheu, Schwarzhandel, Edelweisspiraten u. reaktionäre Studenten, so urteilt die Kritik. Ernst und heiß, manchmal auch verständnislos wird seit dem Zusammenbruch darüber diskutiert. Zahlreiche Äußerlichkeiten, ernste Warnzeichen einer gefährlichen Regsamkeit werden festgestellt, ohne den Zusammenbruch dabei zu berücksichtigen. So entstehen Zerrbilder einer Jugend, ohne ein Verständnis für diese Jugend zu wecken. Um also die heutige Situation der Jugend verstehen zu können, müssen wir die gesellschaftlichen Verhältnisse ihrer Entwicklung zu den heutigen Gegebenheiten kennen lernen.

In Krieg und Inflation wurde sie geboren. Weltwirtschaftskrise und Arbeits-losigkeit als Erscheinungen der kapitalistischen Wirtschaft überschatteten ihre Kindheit. Als Hitler Reichskanzler wurde, waren sie noch Kinder. Sie sahen mit ihren Kinderaugen den Freudentaumel der Erwachsenen und freuten sich kindlich mit.

Man schickte oder lockte sie in die H.J. mit Fanfaren und schönen Worten und sie folgten begeistert, nichts ahnend, gutgläubig wie Kinder sind. Sie waren in der Schule geistig darauf vorbereitet worden. Der Militarismus hatte bei der Geburt der deutschen Schule bereits Pate gestanden, sein Geist bestimmte seither den Schulunterricht. Moltke sagte einmal: „Der preußische Schulmeister hat die Schlacht von Königgrätz gewonnen." Diese Erfahrung machten sich die

Jugendführer im 3.Reich zu eigen. Sie wussten: Jugend schaut auf und begeistert sich an Vorbildern.

Krieg und Feldherrn, das zeigte man ihnen. Sie nützten vor allem den Weg der Deutschen zur Romantik aus, weil sie dadurch die Jugend bequem und unauffällig an ein primitives Lagerleben gewöhnen konnten. Sie verdrängten das frohe Jugendspielen durch kriegerische Geländespiele. Sie lehrten die Jugend anstatt die Schönheit der Landschaft zu schauen, nur noch das Gelände zu betrachten. Sie verdrängte jede geistige Regsamkeit, impften die Jugend mit Kummer, Ideen und Rassenhass, züchteten eine dumme Überheblichkeit gegen andere Völker.

Sie lenkten mit gaunerhafter Fertigkeit, den jugendlichen Widerspruchsgeist von der totalen Autorität des nazistischen Parteiregimes ganz auf das Elternhaus, die Liebe und die humanistischen Kräfte innerhalb der Schule ab. Sie taten alles für Deutschland und entwürdigten in Wirklichkeit den heiligen Vaterlandsbegriff. Viele fanden dieses Führerprinzip eben darum so bequem, weil man nicht viel zu denken brauchte. Denken setzt außerdem Wissen voraus und das wurde dem Volke bewusst vorenthalten. Man wünschte keine Dichter und Denker, man erzog Soldaten. Diejenigen die also noch menschlich fühlten, wurden durch die an sich überstürzenden Ereignisse alle in ihren Bann gezogen und abgelenkt. München, Österreich, Sudetenland, Einmarsch in Prag, aus Deutschland wurde Großdeutschland. Erfolge auf Erfolge und schon stand man mitten im Kriege - Polenfeldzug- Norwegen - Westfeldzug– Balkan - Afrika - Rußlandüberfall, Vormarsch bis an die Tore Moskaus. Die Jugend war begeistert, war stolz, Angehörige eines Volkes sein zu dürfen, dessen Wehrmacht von Sieg zu Sieg eilte. Aber der Rückschlag kam schnell. Niederlage vor Moskau -Eiswinter - Rückzug - Stalingrad wurde ein Fanal. Die Kritik erwachte, die Jugend wurde nachdenklich, Sie suchte nach dem Sinn des Lebens, man hatte den Krieg satt. Dieses Hundeleben und Dahinvegetieren. Man wollte einmal wieder Mensch sein. Die Geschwister Scholl, Probst und viele Unbekannte erregten Verzweiflungstaten. Diese Jugend wußte kaum wofür, sie wußte nur wogegen. Diese Rebellen aus innerer Ehre wollten das Naziregime beseitigen aber Hitler erschien wieder vor ihnen unantastbar. Sie hatten immer wieder gelernt: Hitler ist Deutschland. Deutschland aber war der heilige Vaterlandsbegriff für die Jugend. Unter dieser Parole kämpften sie heroisch und oft sogar bestialisch. Sie folgten aus mißverstandener Nibelungentreue ihrem Verderber in den Untergang.

Der 9. Mai 1945 beendete nicht nur einen blutigen Krieg in Europa, ersetzte zugleich den Schlussstrich unter eine geschichtliche Epoche. Ruinen und Schutthalden sind nun mit den deutschen Menschen zurückgeblieben. Aus den Gefangenenlagern kehren langsam die Jugendlichen zurück. Enttäuscht, verbittert und haltlos geworden. Nicht haltlos im eigentlichen Sinne, sie besaßen nie inneren Halt, nur Drill und Dressur und das ist nun vorbei, geblieben ist allen gemeinsam die große Vereinsamung und eine geistige Armut. Groß ist der Mangel an Selbsterkenntnis. Trotzdem ist die Lage der Jugend keineswegs verzweifelt, aber sie bedarf bewusster Förderung. Die freie demokratische Jugend hat sich die Aufgabe gestellt, der deutschen Jugend auf dem Weg zur wahren Demokratie, zu Frieden, Freiheit und Fortschritt voranzugehen. Sie hat aus der Vergangenheit die Lehre gezogen und ist bestrebt, alle jungen Menschen gleich welche religiöse oder politische Einstellung sie haben, ob sie arm oder reich sind, in den großen Freundschaftsbund der Jugend zu vereinen. In Deutschlands bitterster Not bekennen wir uns zum Neuaufbau unserer Heimat auf antifaschistisch - demokratischer Grundlage. Uns Jungen und Mädels der F.D.J. vereinigt der heilige Wille, die schwerste Zeit unseres Volkes überwinden zu helfen. Mit unseren eigenen Händen wollen wir unsere deutsche Heimat neu und schönerbauen. In unseren jungen Herzen tragen wir die tiefe Sehnsucht für ein geeintes und glückliches Deutschland. Wir alle hungern und dürsten nicht nur nach dem täglichen Brot sondern auch nach Wahrheit, Schönheit und Glück. Wir wollen nicht noch einmal sinnlos sterben, deshalb dürfen wir nicht länger enttäuscht und tatenlos abseits stehen, sondern müssen mit aufgekrempelten Ärmeln anpacken, die Not der Gegenwart zu überwinden.

Vor uns liegt der Weg steinig und hart, der allein uns aus dem Elend herausführen kann und wird. Es ist der Weg friedlicher, also wahrhaft heldenhafter Arbeit. Ausgehend von diesen Erwägungen erheben wir auch Anspruch auf die Grundrechte der Jugend, die uns in einem demokratischen Staate zustehen.

1. Die politischen Rechte:

Um zu gewährleisten, daß die junge Generation tätig am Aufbau mithilft, wollen wir erreichen, daß befähigte Jugendliche zur Bekleidung öffentlicher Ämter, z.B. Jugendämter, Sozialämter, Jugendgerichtsbarkeit usw. herangezogen werden. Nach Beendigung der Lehrzeit wird der Jugendliche in die Stufe der erwachsenen Staatsbürger eingeteilt, übernimmt damit alle Pflichten gegenüber Staat und öffentlichen Körperschaften, darum fordern wir auch das Wahlrecht ab 18 Jahre. In der Vergangenheit wurde die Jugend sehr früh dazu gezwungen den Stahlhelm zu tragen und im Schützengraben ihr Leben einzusetzen; um das zu verhindern erwartet sie ein Mitbestimmungsrecht bei allen Fragen, die unsere Jugend angehen.

2. Das Recht auf Arbeit und Erholung:

Reform des beruflichen Ausbildungswesens, vorzeitige Zulassung von befähigten Lehrlingen zur Gesellenprüfung, allgemeine und vorbehaltlose Zulassung der Mädels zu allen Berufen, die sie ausführen können, z.B. Textilbranche- Verkehrsbetriebe -Friseurberuf -Graphisches Gewerbe- Feinmechaniker- Apotheker- Uhrmacher-Gärtnerinnen - Lehrerberuf - Verwaltungsdienst usw. Gleichen Lohn für gleiche Arbeit und Leistung, geeignete Arbeitsplätze für Kriegsbeschädigte und Körperbehinderte, Ausbau von Jugendheimen, Verbesserung des bestehenden Jugendschutzes durch Schaffung eines neuen Jugendschutzgesetzes.

3. Das Recht der Bildung:

Wir verlangen den unentgeltlichen Besuch aller Schulen, Lehranstalten und Universitäten für befähigte, minderbemittelte junge Menschen beiderlei Geschlechts. Ferner den Ausbau der Berufsschulen, die Schaffung von Volkshochschulen und Jugendbibliotheken für die Stadt- und Landjugend.

4. Das Recht auf Freude und Frohsinn:

Der Jugend soll die Möglichkeit gegeben werden, Kinos, Theater, Konzerte und sonstige für die Jugend wertvolle kulturelle Veranstaltungen zu verbilligten Preisen besuchen zu können. Die Bildung von Laienspielgruppen, Musikgruppen, Wander- und Sportgruppen soll dazu beitragen, einen Ausgleich im Berufsleben zu schaffen. Wir wollen arbeiten und zupacken, wir wollen aber auch frohe Stunden der geselligen Unterhaltung; das Ziel unserer Gemeinschaft ist der wahrheitsliebende freie Mensch. Aufgabe unserer Erziehungslogik wird es sein, unsere Jungens und Mädels in die großen Zusammenhänge des politischen, sozialen und kulturellen Lebens einzuführen und durch freie Aussprachen, durch Rede und Gegenrede zur Klärung aller Dinge beizutragen durch Klärung zur Klarheit. Wir erreichen damit, was wir alle wollen: Die Fähigkeit der jungen Menschen, Würde seiner Menschlichkeit und damit für Wahrheit, Freiheit, Gerechtigkeit, Hilfsbereitschaft, Fortschritt und Selbstverantwortung. Die Lösung dieser Aufgaben trägt in entscheidendem Maße dazu bei, eine neue Moral unter der Jugend zu schaffen.

Kameradschaft und Nächstenliebe, Achtung vor jeder ehrlichen Überzeugung soll uns leiten, die Lüge muß uns verhasst und die Wahrheit oberstes Gesetz unseres Lebens sein. Wir wollen immer daran denken, dass wir Söhne und Töchter unseres Volkes sind. Unser Vorbild muss der Magnet für breite Kreise der deutschen Jugend sein, denn unser Ziel bleibt die Vereinigung der Jugend zur Entwicklung und Förderung freiheitlichen Geistes und sozialen Wohlstandes und eines frohen und freien Jugendlebens. Friede, Freiheit und Fortschritt sind die Säulen, auf denen unsere Zukunft und damit das Wohl unseres Vaterlandes ruht. Wir rufen den jungen Arbeiter, den Studenten, die Bauernjugend, wir rufen alle jungen Deutschen in Stadt und Land. Erhebt mit uns den strahlenden der Freien demokratischen Jugend. Werdet die kühnen Baumeister eines neuen glücklichen Banner Deutschlands.

Robert Weber

Brief an die Mitglieder der KPD

<u>Ludwigshafen/Rhe1n, den 8.9.1949</u>

An alle Orts- und Betriebsgruppen.

Werte Genossen!

Die letzte öffentliche Großveranstaltung unseres Kreisgebietes, die Friedens-kundgebung ist vorüber. Mangelnde Unterstützung der einzelnen Orts- und Betriebsgruppen, das Versagen der Organisation, die Unterschätzung dieser Kundgebung durch die Mitgliedschaft hat dazu beigetragen, dass die Partei sich öffentlich blamiert hat. Bei 10 000 Wähler haben wir ganze 600 Menschen zur Kundgebung bringen können. Jeder Genosse, der ohne zwingenden Grund zu Hause geblieben ist, hat zu diesem traurigen Ergebnis beigetragen.

Genossinnen und Genossen! Es dürfte Euch so langsam bekannt geworden sein, dass der Kreisvorstand nichts unnötiges von Euch verlangt. Wenn der Kreisvorstand immer dem Willen der einzelnen Genossen Rechnung tragen wollte, so wären wir keine Kommunistische Partei mehr, sondern ein bürgerlicher Wahlverein. Wenn die Zeit oder die politischen Verhältnisse es erforderlich machen, muss die Partei auf den Plan treten und handeln. Es ist nicht unsre Schuld, dass der Krieg am 1. Sept.1939 ausgebrochen ist und ausgerechnet 1949 14 Tage vorher die Bundestagswahlen stattfanden.

Es ist auch nicht unsere Schuld, dass faschistische Methoden im Landtag gegen unsere Landtagsfraktion angewandt wurden und drei Abgeordneten die Immunität entzogen wurde. Es müsste aber alarmierend wirken auf die

Parteigenossen, wenn man heute schon wieder kommunistische Abgeordnete mit Polizeigewalt aus dem Parlament entfernt. Gerade deshalb hätte es jedem Genossen als Selbstverständlichkeit erscheinen müssen, dem Rufe der Partei Folge zu leisten. Es war nicht meine oder Eure Veranstaltung, es war unsere Veranstaltung.

Genossen, das hättet Ihr bedenken müssen, dann wäre auch die Friedenskundgebung ein Erfolg geworden.

Nun ersuche ich die säumigen Genossen, möglichst bald ihre Außenstände einzuholen und bei uns abzurechnen. Der Landesvorstand fordert von uns die Abrechnung der Sammellisten und Wahlzeitungen. Wir benötigen dringend die Verrechnung der Karten der Reimann-, Feller- und Friedenskundgebung. Ferner dürfen die Beitrags- und Broschürenabrechnung nicht vergessen werden.

Genossen, mehr Verantwortungsbewusstsein ist nötig, um den großen Auf-gaben unserer Partei gerecht zu werden.

Mit sozialistischem Gruß!

Kreisvorstand der KPD　　　　　　　　*Robert Weber*

#

Erklärung in Sachen Hanna Nahrendorf

Liebe Hanna!

Ich bin gerne bereit, Dir ein Zeugnis auszustellen, ob es Dir aber etwas nützt, ist eine andere Frage. Was Du beim BDM und bei der Werkgruppe getan hast, weiss ich nicht. Hoffentlich warst Du dort derselbe Mensch und Kamerad wie ich Dich kennen und schätzen lernte. Liebe Hanna, Vor allem bitte ich Dich um eins, vergiss nicht, dass Du als deutsches Mädel auch heute noch den Mut und die Kraft aufbringen musst, der Dir die Anerkennung und Achtung Deiner Mitmenschen sichert. Nicht Du bist schuld an der politischen Entwicklung gewesen, sondern die Leute, die Dich und Millionen junge Menschen erzogen und verblendet haben. Das kannst Du jederzeit betonen und durch Dein Verhalten heute unter Beweis stellen, dass Du gewillt bist, beim demokratischen Neuaufbau unseres Vaterlandes mitzuhelfen, um eine Wiederholung der Katastrophe zu verhindern.

Mit den herzlichsten Grüßen

Eidesstattliche Erklärung

Ich kenne Frau Hanna Nahrendorf seit 1940 und kann nur betonen, dass sie in unserem Mannheimer KDF-Wanderkreis nie versucht hat, irgendwelche faschistische Politik zu treiben oder gar gegen unsere antifaschistische Propaganda zu arbeiten. Sie wusste, dass ich sowie mein Freund Hermann Lipponer, Ludwigshafen, von 1934 bis 1938 wegen Vorbereitung zum Hochverrat im Gefängnis und KZ Dachau inhaftiert waren und dass wir in diesem Kreis von vorwiegend jungen Menschen immer versucht haben, unsere Anschauungen und Meinungen gegen das Dritte Reich zu vertreten Wie Frau Nahrendorf in ihrem Betrieb sich betätigt hat, entzieht sich meiner Kenntnis. Ich persönlich kann nur ein gutes Urteil abgeben und bitte bei der Beurteilung dieses berücksichtigen zu wollen.

Robert Weber, Ludwigshafen, den 2.9.1947

Erklärung in Sachen Alfred Westenhöfer

Nachdem ich Kenntnis erhalten habe, dass mein Vetter, Herr Alfred Westenhöfer, zur Waffen-SS gestoßen war, war für mich klar, dass das Schicksal einen hoffnungsvollen, brauchbaren, jungen Menschen diesen Verbrechern zugespielt hatte. Zerrüttete Familienverhältnisse, mangelndes elterliches Pflichtgefühl, kein Verständnis für eine vorwärtsstrebende, jugendliche Seele, trugen dazu bei, dass ein junger Mensch einen Weg beschritt, ohne zu ahnen, welches Los ihm beschieden war. Um den Schlägen des Vaters (der gern betrunken war) zu entgehen, war er gezwungen, das Elternhaus zu verlassen. So kam er zur SS. Schöne Uniformen, leichtes Leben, verführerische Propaganda begünstigen den jugendlichen Hang zur Romantik und trieb Millionen junge Menschen in den Strudel des politischen Spiels der Naziverbrecher. Heute ist das Ideal der Jugend zerbrochen und anklagend steht die junge der älteren Generation gegenüber. Es muss mit zur Aufgabe der Erwachsenen gehören, Verständnis und Vertrauen der so schwerenttäuschten und missbrauchten Jugend entgegen zu bringen.

Über sein Verhalten bei der SS kann ich nicht urteilen, da ich nicht informiert bin. Ich bin anerkanntes Opfer des Faschismus und nicht daran interessiert, wirklich Schuldige vor ihrer verdienten Strafe zu schützen. Als Mensch will ich aber überall dort helfen, wo eine Möglichkeit vorhanden ist, aus einem auf Irrwege geleiteten jungen Menschen ein brauchbares Mitglied der Gesellschaft zu machen.

Robert Weber, Ludwigshafen 25. Februar 1947

Ende des politischen Engagements

Wo kein Vertrauen mehr besteht, ist auch eine Zusammenarbeit nicht mehr möglich.

31.3.1951 Roberts Kündigung und Austritt aus der KPD

Ich konnte diese Schaukelpolitik nicht mehr mit ruhigem Gewissen vertreten. In der Landesleitung war man blind für die Lage der Bevölkerung. Ich brachte praktische Beispiele in Mengen was getan werden müsse. Doch man nannte mich einen Versöhnler, weil ich für Genossen eintrat, die in Verwaltungen tätig waren und dort nicht stur Parteipolitik machen konnten. Man sah lieber, dass diese Leute auf die Straße flogen. Man wollte nicht einsehen, dass viele Positionen von reaktionären Elementen und alten Nazis wieder besetzt waren. Man drosch alte Phrasen und trieb einen Stalinkult, der selbst verdienten Genossen auf die Nerven ging.

Aus Roberts „Erinnerungen"

Gertruds Poesiealbum

Gertruds Zitatenbüchlein

Gertruds Tagebuch

Gertrud Kirner

Poesiealbum

23.6.1931 - 16.2.1936

24.12.1931
Mein Kind, gehorche der Zucht deines Vaters
Und verlaß nicht das Gebot deiner Mutter,
denn solches ist ein schöner Schmuck deinem Haupte
und eine Kette an deinem Halse.

Von deinem Vater Hans Kirner

Der Wille
Dich sorgt, wie die Schwächen, die Zweifel du bannst!
Wollen, nur wollen, und sieh, du kannst!
Denn wo ein Wille, da ist ein Weg.
Dem Wille vertraue und er wird reg.
Und langsam empor aus dem Dunkel der Nacht
Steigt Arbeit gebietend die Königin Macht.
Geleitend dich sorglich durch Wetter und Wind
Und purpurumflutet – ein Königskind –
Durchschreitest du siegreich das staunende Tal,
stolz zeigt deine Stirn das Kampfesmal!
Und ob sich vor Zeiten die Herren verhöhnt:
Sie beugen die Knie, du bist gekrönt.

Von deinem Großvater Adolf Hoffmann

1932

Lerne dich beugen vor der Welt, aber kämpfe mit ihr, sonst wirst du untergehen.

Von deiner Tante Friedel, Duisburg-Neuhof

19.1.1932

Ein gerader Sinn, ruhig überlegen, richtig fühlen können: das ist der Weg der Wahrheit, den ich gehe.
Und unablässig die Bitte, dass ich ein guter, edler Mensch werde, dass ich dem Nachbar helfe, wo ich kann, dass ich ein frisches Herz behalte, ein fröhliches trotz allem Drang und Druck der Erde.
Mein Wunsch für dich! Hildenbrand

Februar 1932

Bleibe immer froh und heiter,
das ist ganz bestimmt gescheiter
als die Trübsalblaserei!
Alles wird dir leichter glücken
Und du kommst des Lebens Tücken
Mit Humor am besten bei!

Meinem lieben „Gertrüdchen" zur Erinnerung an die frohe Kinderzeit in der Schule. W. Wilde

9.2.1932

Schmerzt dich in tiefster Brust
Das harte Wort „du musst"
So macht dich eins nur still:
Das stolze Wort: „Ich will"

Zur freundlichen Erinnerung Marianne Oehlbert

9.2.1932

Sage nie, das kann ich nicht,
vieles kannst du, wills die Pflicht,
alles kannst du, wills die Liebe
darum dich im Schwersten übe!

Zur freundlichen Erinnerung Edith Oehlbert

15.2.1932

Die Seele Gott
Das Herz dem Vaterland
Das Blut der deutschen Erde.

(Schlageter)

Zur freundlichen Erinnerung Irene Klein (Kind)

16.2.1932

Das Auge klar, Die Rede wahr, Die Seele rein,
so kannst du froh und glücklich sein.

Zum Andenken an deine Freundin L. Kuhn

24.2.1933

Willst du glücklich sein im Leben
Trage bei zu andern Glück
Denn die Freude die wir geben
Kehrt ins eigne Herz zurück.

Zur freundlichen Erinnerung deine Annelore Ludwig

6.4.1932

Richte nie den Wert des Menschen nach einer kurzen knappe Stunde,
oben sind bewegte Wellen, doch die Perle liegt am Grunde.

Zur ewigen Erinnerung an deine Erna Harter

10.7.1932

Im Herzen rein, im Kopfe klar
Im Sinn bescheiden, im Worte wahr
Fleißig in Händen, fröhlich Im Spenden
Fromm und rein solls deutsche Mädchen sein.

Dein Lehrer Karl Fischer

4.9.1932

Es ist ein tiefer Segen,
der aus dem Worte spricht:
Erfülle allerwegen
Getreulich deine Pflicht.

Zur freundlichen Erinnerung Erna Leppert

2.3.1933

Hab in dem Herzen Sonnenschein,
und trag ihn überall hinein,
sei freundlich gegen jedermann,
dann sieht dich jeder freundlich an.

Zur freundlichen Erinnerung an deine Schulfreundin Ruth Raquet

13.10.1933
zwei Lebensstützen brechen nie:
Gebet und Arbeit heißen sie.

Zur Erinnerung von Elisabeth Puchta

16.10.1933
Es gibt nur ein Glück: die Pflicht
Nur einen Trost: die Arbeit
Nur ein Vergnügen: das Schöne

Zum Andenke Isolde May

31.3.1934
Zum Andenken
Wie hast dus gut, dich tröstet doch
Bei jedem Schmerz die Mutter noch.
Wie glücklich ist dein Leben.
Drum sollst du auch recht dankbar sein,
dass dir ein liebes Mütterlein
der liebe Gott gegeben.

Der lieben Gertrud zum Andenken von Anni Mittmer

16.2.1936
Es ist nicht genug, zu wissen,
Man muss auch antworten
Es ist nicht genug, zu wollen,
man muss auch tun. (Goethe)

Zur freundlichen Erinnerung an unsere Schulzeit Deine Friedel Biehl

Gertrud Kirner

Zitaten-Büchlein 1940 – 1945

Erfülle Dich mein Volk, mit dem was Gott Dir gab.
Erfülle Dich in Deinem tiefsten Wesen,
wer schwankt und zweifelt, gräbt sich selbst sein Grab,
vom Unglück kann der Starke nur genesen.
Erfülle Dich, mein Volk, den Mut zur Tat gestrafft!
Du trägst Dein eignes Schicksal in den Händen!
Erkenne Dich und traue Deiner Kraft,
so wirst im Leid Du siegend Dich vollenden.

Deutsch sein heißt klar sein.
Leben heißt, zutiefst einsam sein!
Du musst zu innerst glühen!

Das Ideal ist nicht über den Dingen, sondern in den Dingen.
Es ist kein Leckerbissen, sondern das tägliche Brot.
Unsere größten Erlebnisse sind nicht unsere lautesten, sondern unsere
stillsten Stunden.
Glück hat auf die Dauer nur der Tüchtigste.
Deutschland ist mir das heiligste, das ich kenne.
Deutschland ist meine Seele.
Es ist was ich bin und haben muß, um glücklich zu sein---
Wenn Deutschland stirbt, so sterbe ich auch!
Königin *Luise*

Zweierlei ist uns allen gemeinsam: Unsere Mutter und der Tod. Wir wollen
Ehrfurcht haben vor beiden Und zwischen Mutter und Tod ein sauberes
Leben führen.

Mutter!
Du bist das Ewige in unserer Brandung
Und steigst empor aus jeder Woge neu.
Du bist das Bleibende, wir sind die Wandlung.
Du brichst die Fluten, Fels, Versandung
Bewahrst du was im Fernen sich verlor.

Du bist die Schale, Gott ist deine Glut
Und flammt aus dir zu werdender Gestaltung.
Du bist das Tragende, er ist das Blut
Auch dir gebenedeit wächst der Mut
Und deines Volkes Sehnsucht zur Entfaltung
Wenn wir der Fahne unsere Hände geben.
Gibst du den Händen Liebe sie zu falten
Den Fäusten, die sich hart zum ? ballen
Verschwendest du des Segens Allgewalten.
Wir sind die Tat, du bist das Leben,
du bist das Ewige, der Fels, die Schale,
daraus sich einstmals dieses Volk gebar.
Dich grüßen unserer Toten Siegfanale
Dich grüßen wir beim letzten Opfermahle
Du unser Gottaltar.
Herbert Böhme

Das Muß ist hart!
Aber beim Muß allein kann der Mensch zeigen,
wie es innwendig mit ihm steht,
willkürlich leben kann jeder!
Goethe

Für Volk und Vaterland wollen wir keinen Gedanken zu hoch halten, keine
Arbeit zu langsam und mühevoll, keine Unternehmung zu kleinlich, keine
Tat zu gewagt und kein Opfer zu groß.
Jahn

Alles was wir haben, muß stehen im Dienst.
Wo es nicht im Dienst steht, stehts im Rauch.
Luther

Jedes Leben ist zu einem Werke da.
Hans Grimm

An kleinen Dingen darf man sich nicht stoßen, wenn man zu Großem auf
dem Wege ist. Von einander frei sein, um füreinander da sein zu können.
Das Letzte ist nicht, was wir tun, sondern was wir aus dem Tun heraus
werden. So geschieht Volk. So geschieht Gott in uns, so geschieht die ewige
Menschengestalt.
Sterne und Menschen müssen einmal sinken und gehen.
Aber sie sinken und gehen nur in die Ewigkeit hinein.
Gorch Fock

Nur wer sich selbst verbrennt, wird den Menschen ewig werdende Flamme sein und wer auf die Fahne schwört, hat nichts mehr, was ihm selbst gehört.

Der Charakter ist für den Menschen viel entscheidender als der Reichtum des Geistes.
Fest ins Auge blicken sollen wir der großen Zeit, ihre Fruchtbarkeit und Herrlichkeit verstehn, dass wir uns zu ihrer Höhe emporheben ihren heiligen Willen vollbringen können.
Arndt

Wem viel gegeben ist, der hat auch viel zu leisten. Lebensfreude ist das reinste Dankgebet. Wie die reine Flamme sich vor Euch selbst verzehrt, im Kampf gegen die Finsternis.
Deutsch sein, heißt klar sein!
Nicht in der Verneinung, sondern in der Bejahung liegt das Leben.
Deutsch sein, heißt klar sein!

Gut fühlen heißt gut folgen, und zwar so stark folgen, dass man andere auf seinem Weg mitreißt.

Wie die reine Flamme sich vor Euch selbst verzehrt, im Kampf gegen die Finsternis der Nacht, so sollst auch Du, deutsche Jugend, eine lautere Flamme sein und selbstlos das Licht des Glaubens an Deutschland durch Nacht und Dunkel tragen.

Wenn man eine Aufgabe übernommen hat, ist es gar nicht mehr so wichtig, ob es die rechte ist oder nicht die rechte, sondern dass man sie zur rechten macht.
Georg Staemmler

Und setzet ihr nicht das Leben ein,
nie wird Euch das Leben gewonnen sein.
Schiller

Besitz stirbt, Sippen sterben, du selbst stirbst wie sie. Eins nur weiß ich, das einzig lebt: der Toten Tatenrufen.
Edda

Hilf dir selber, dann hilft dir auch unser Herre Gott
Volksmund

Im Arbeitsdienst
Wir kommen vom Süden, vom Westen, vom Norden
Und sind im Arbeitsdienst Eins geworden.
Wir kommen von Schule, Büro und Maschine
Und kennen nur eines noch: Ich diene.

In allen Dingen freiwillige Pflicht,
denn ein hartes Muß kennen wir nicht.
Wir stehen täglich Hand in Hand,
wir schaffen Arbeit, die nie wir gekannt.
Und über allem steht groß und schwer,
das eine, was uns so hoch und hehr:
Deutschland!#

Ein Pfui dem Mann, der sich nicht wehren kann.
Not lehrt das Gebot: Schlag dot, schlag dot.
Hermann Löns

Der Tod fürs Vaterland ist ewiger Verehrung wert.
Ewald Christian von Kleist

Wer leben will, der kämpfe also, und wer nicht streiten will in dieser Welt
des ewigen Ringens, verdient das Leben nicht.
Adolf Giller

Unsere Liebe, wir nennen sie nicht,
wir tun nur, was andere vor uns taten,
für Deutschland erfüllen wir unsere Pflicht
als Kämpfer und Soldaten!
Das ist unser Glaube in diesem Krieg,
so fest wie Beton und Eisen:
wir glauben, glauben an Deutschlands Sieg,
und sind bereit, es zu beweisen!
Bert Brenneck

Mensch so du etwas bist,
so bleibe ja nicht stehn.
Man muß von einem Licht in das Andere gehen.
Einen Menschen, den man lieb hat und eine große Idee, die die
Seele ausfüllt, was braucht man weiter?
Feuerbach

Lachen können, wenn uns etwas schwer fällt, zu stolz zu sein, um zu
jammern und zu klagen, aber sich zusammenreißen können, einen tapferen
Mut zu allen Dingen und zu aller Arbeit aufbringen und in allem, was wir
tun, ehrlich sein. Dann werden wir uns trotz allen großen und kleinen
Sorgen des Alltags ein frohes Leben erkämpfen.
Georg Staemmler

Die einfache Tagesweisheit sagt uns: das Leben ist Kampf und ist Liebe. Wehre dich und halte Treue. Das Leben birgt schönes und schweres in sich. Nimm fröhlich vom einen und sei tapfer im anderen.
Georg Staemmler

Der liebt nicht die Wahrheit, der sie anderen sagt.
Nur der liebt die Wahrheit, der sie gegen sich verträgt.
Gegen den Willen des Himmels kein noch so harter Zwang
Menschlicher Kräfte siegen kann.
Das Leben fließt wie ein Fluß in vielen Windungen. Nicht aus eigener Laune wählt es seinen Lauf, unbekannte Gesetze schaffen ihm Hindernisse, sie lenken es hierhin und dorthin, streng, väterlich. O Narr, der du gegen den Willen des Schicksals deine eigene
Ein großes Herz verlangt die Zeit,
das stark ist zu begreifen, das überall zutiefst bereit,
Verwirrung, Furcht und Kleinlichkeit
Wie Spinnweb abzustreifen.
Ein froh Gefühl verlangt der Tag mit seinem Tun und Treiben,
dass dort wo Zweifel nisten mag,
ein Glaube sich zu gründen wag,
der stark ist, stark zu bleiben.
Ein großes Herz voll Fröhlichkeit
Lässt keine Hand erschlaffen.
Ob Arbeits- ob Soldatenkleid
Ein großes Herz in harter Zeit,
das sind die rechten Waffen.

Vielleicht wartet auf uns schon der Mensch, dessen Tränen zu trocknen uns bestimmt ist, uns ganz allein und niemand außer uns.
Lohnt es nicht, darum zu leben?
Dankbarkeit gehört zu den Dingen, die keinem Wandel der Zeit unterworfen sein dürfen.
Ernst Wiechert

Wir tragen alle ein Ideal in und mit uns, was wir sein sollten und nicht sind. Die Schlacken, die wir ablegen, die Form, die wir erlangen sollen, kennen wir alle.
Herder

Je mehr der Stahl geglüht,
je besser ist das Schwert.
Je mehr ein Herz geblutet
Je größer ist sein Wert.
Rosegger

Willst du dass wir mit hinein
in das Haus dich bauen,
laß es dir gefallen, Stein,
dass wir dich behauen!
Friedrich Rückert

Gesell dich einem Bessern zu, dass mit ihm deine besseren Kräfteringen.
Wer selbst nicht weiter ist als du, der kann dich auch nicht weiterbringen.
Friedrich Rückert

Wem nie durch Liebe Leid geschah,
dem ward auch Lieb durch Lieb nie nah.
Leid kommt wohl ohne Lieb allein,
Lieb kann nicht ohne Leiden sein.
Tristan und Isolde

Wir lernen die Menschen nicht kennen, wenn sie zu uns kommen; wir müssen zu ihnen gehen, um zu erfahren wie es mit ihnen steht.
Goethe

Du sollst ein Wegstück mit mir gehen,
mit mir in alle Sterne sehn,
die hoch an unserm Himmel stehn
und Wunderstrahlen spinnen.
Leg deine Hand in meine Hand,
steh auf vergiß den scharfen Sand
und deiner Sohlen heißen Brand
du sollst den Mut gewinnen.

Eine Liebe kann wohl im Nu entstehen, und jede echte Neigung muß irgend einmal gleich dem Blitze plötzlich aufgeflammt sein. Aber wer wird sich denn gleich heiraten, wenn man liebt? Liebe ist etwas Ideelles, Heiraten etwas Reelles und nie verwechselt man ungestraft das Ideelle mit dem Reellen. Solch ein wichtiger Lebensschritt will allseitig überlegt sein und längere Zeit hindurch, ob auch alle individuellen Beziehungen, wenigstens die meisten, zusammen passen.
Johann Wolfgang von Goethe

Schlaf mein Kind! Im fernen Land hält dein Vater für uns Wacht;
blickt wohl auf uns Licht der Sterne und schickt Grüße dir zur Nacht.
Schlaf mein Kind! Kannst ihn nicht kennen, sahst noch nie sein Angesicht.
Mag der Krieg auch lange noch dauern, Kindlein, er vergisst uns nicht.
Leise knarrt die alte Wiege, schlaf mein Kind, hier ruhst du gut.

Viele haben drin geschlummert, in der Mutter sanfter Hut.
Längst zu Staub sind sie geworden, ruhen unterm Rasen aus von des Lebens
Hast und Mühe, nur die Wiege blieb im Haus.
Viele haben so gesessen, einsam, bang in dunkler Nacht.
Haben sacht ihr Kindlein wiegend, an den Mann im Feld gedacht.
Die Geschlechter sind gegangen, andre folgten ihnen nach,
immer aber blühte Leben in dem alten grauen Dach.
Schlaf, mein Kind, schlaf süß und träume und ich lösch das letzte Licht.
Ewig, ewig ist das Leben und der Tod bezwingt es nicht!
Laß die Vergangenheit wie ein heller Sonnenschein an deinem Gedächtnis
vorüberziehen. Sonnenschein, der alle Wolken vertrieben hat.

Ich glaube an das Leben, an das große, wunderbare Regen und Bewegen
der Kräfte, die in Menschen wirkend sind. Ein Ganzes ist es, ist ein
Vielgeteiltes und jedes Einzelne wird in ihm ganz. Gesegnet sei der
Träumende, der schafft.
Wir müssen alles, was schön und schwer ist, in unser Herz hinein-
tun, die Sterne, die Pflanzen, die Wolken, die Steine, damit es groß
und weit werde von ihnen. Dann können wir es wieder einmal an-
deren geben, wenn sie es brauchen, das heißt, sie lieb haben.
Die Nacht ist hinter die Tage gesetzt wie das Tal zwischen die Berge,
damit die Seele reift und sich löse für den aufbrechenden Morgen.

Das menschliche Herz ist wie eine Blume. Es braucht guten Boden, es muß
immer begossen werden, sonst verwelkt und verschmachtet es, und es
braucht Sonne. Ohne Licht kann kein Herz gedeihen und blühen.

Dem Menschen aber ist das Unmögliche zugemutet, Vorbestimmtes
freiwillig zu tun, Schicksal zu grüßen, bringe es Leben, oder Tod.
Denn Männer mögen sinken wie Halme auf schnittreifem Feld, über
den fallenden unsterblich hebt sich die Fahne.

Ein Leben muß erkämpft werden und errungen werden unaufhörlich, und das
menschliche Herz darf nicht ersticken, auch wenn es von Not und Grauen erdrückt
wird, sondern muß sich von jeder Nacht wieder erholen und aufschwingen wie ein
Vogel am Morgen zu neuem Schlag.

Wir sollen fruchtbar sein, sonst bleibt die Welt stehen. Frucht bringen aber heißt,
sich mit Wind und Wetter herumschlagen und es bestehen. Wir müssen etwas
dazutun von uns, auch um die Welt vorwärts zu bringen. Wer versagt, fällt aus, ist
unnütz und wird ersetzt.

Die Jugend ist keine bloße Frage der Jahre, sie ist und bleibt eine Entscheidung der inneren Werte eines Menschen. Jung sein heißt, das reine wollen, einer klaren Erkenntnis unerbittlich dienen, jung sein heißt, bedingungslos denken und handeln.
Hanns Johst

Der Soldatentod ist ein edles Gesetz! Der eine beugt sich unter dieses Gesetz, weil es so sein muß, der andere weiht sich ihm

Die unzerstörbare Hoffnung des Lebens, bei aller Bereitschaft es einzusetzen, bei allem Wissen es doch zu verlieren, ist das erschütternd Rätselhafte in der Seele derer, die unter diesem Gesetz des Todes stehen.

Kein Leben ist umsonst, kein Tod vergebens,
doch sterngleich strahlt des Opfertodes Erz.
Die sterben, dienen dem Gesetz des Lebens!
Doch die da fallen, fallen Gott ans Herz.
G. Schumann

Einem Gefallenen

Leicht gesagt ist das Wort: fallen. Doch wer dies weiß, sterben, dies dunkle Andre, der schweigt in Trauer und Scheu, denn es stirbt sich so schwer. So unendlich einsam ist der Tod. Flamme warst du mein Freund, liebtest der Flamme Geschick: sich verzehren im Licht. Brüdern Glut und Geleucht. Doch verbrennen ist schwer, so unendlich einsam verzuckt ein Licht.

Ewig und groß ist das Volk, opfernder Söhne reich. Aber dein Platz ist leer, tritt auch ein anderer ins Glied, hält die Fahne, die rot und schwer dir entsank. Doch nicht du mehr. Du...

Aber soll man warten, bis man eine Arbeit, die keinen Aufschub gestattet, herangelassen wird? Soll man sich nicht selber den Weg zu ihr bahnen, weil es höchste Zeit ist, dass etwas geschieht? Und was ist richtig? Woher weiß man, dass etwas wichtig ist? Wer sagt es so, dass es auch wirklich stimmt?

Es fiel vom Himmel ein leuchtender Stern,
als du zum Abschied gekommen.
Mein Lieb, ich hätte so gern, so gern,
dich mit auf mein Pferd genommen.
Es fiel eine leuchtende Träne
Still über ein weißes Gewand
Hart griff in die schimmernde Mähne

Meine gepanzerte Hand.
Es sank in inniglicher Schöne
Der Stern aus des Himmels Nacht.
Mein Lieb, es hat deine Träne
Mich selig und traurig gemacht.
Horch, aus der Ferne verloren
Ruft Hornruf mich feindeswärts.
Ich geb meinem Hengste die Sporen
Und ritt über mein eigenes Herz.
Wirf dein Gesicht über meines
Sei wie der Abend und komm
Lächle dein wehendes kleines
Lächeln und mache mich fromm.
Hanns Johst

Man müsste Soldat bleiben, dürfte nie völlig abrüsten. Das geistige Sein eines tätigen, bewussten Mannes in dieser Zeit, was ist es anderes als eine belagerte Festung, die er mit aller Umsicht, Sparsamkeit, Ausfallbereitschaft zu halten hat gegen eine immer wachsenden, oft mit dem eigenen Blute verbündeten Feind? Je mehr aber solche Festungen stehen, umso besser für das Ganze.
Hans Carossa

Gebet
Gib am Ende meiner Wanderschaften,
wenn der Abend langsam niedersinkt,
dass ein Schall von Feierabendglocken
süß und tröstend mir zu Ohren dringt.
Gib mir dann ein Haus mit hohem Giebel
Rings von Fliederhecken eingehegt
Und am Gartentore meiner wartend,
gib ein Kind, das meine Züge trägt.
Agnes Miegel

Was ist Leben? Herzblut, Flamme. Und der Lebende hat recht. Aber er hat die Toten in sich. Und so gibt es keinen Tod.
Du bist nicht für dich allein auf der Welt. Du bist nur ein Glied in der langen goldenen Kette, die du weiter schmiedest, an der du arbeiten musst, dass du ihrer wert bist, deiner deutschen Ahnen. Du musst sie gut in dir bewahren, sie pflegen und steigern, denn auch du bist einmal Ahn und Segner deiner Enkel.
Du bist die Gesamtheit deiner Väter, die an dir zeugten, und die Summe deiner Mütter, die dich geboren. Du wiederholst sie, verdichtet, und trägst sie weiter, kristallisiert. Wohin wirst du sie tragen?

Aus unscheinbaren Gliedern, die für sich allein wenig bedeuten, fügt sich die goldene Kette, der Ahnenring. Erst in seiner Vollendung glänzt er ganz auf und gibt eine Ahnung von Ewigkeit. Denn im tiefsten Grunde jedes Menschenherzens lebt im Bewusstsein der unversieglichen Kraft aus Gottes Brunnquell: nichts geht verloren, nichts wird zu nichts.
Ludwig Finckh

Wenn wir in Staub zerfallen, was bleibt von uns zurück,
von unseren Gütern allen, von dem erbauten Glück?
Die Mauern werden brechen und Gras wächst überm Grund
Doch sollen Enkel sprechen von uns mit frohem Mund.
Wir können nichts erwerben für alle Ewigkeit
Wie wir uns selbst vererben, das dauert durch die Zeit.
Wenn nicht in bangen Tagen die Enkel fragend stehn,
dann soll in starken Tagen von uns ein Mut ausgehn.
Dann sollen sie es wissen, was nur ein Mensch erträgt,
und dass sie schlagen müssen, wenn sie ein andrer schlägt.
Da gibt es nichts zu büßen, fießt Feindblut noch so rot,
wir wolln sie lachend grüßen hin über unsern Tod.
Herbert Mengel

Keine Ruhe wirst du nach dem Tode finden, wenn nicht ein Sohn dir das Ahnenopfer bringt.
Nach dem Sanskrit

Wie auf Tafeln, in früher Zeit gemalt,
Menschengeschehn auf goldnem Grund erstrahlt,
der um jede Stirne Verklärung gießt,
dennoch zu Einem innig zusammenfließt,
also soll sich aus der Liebe heben
unser beider Werk und einig Leben.
Hans Baumann

Vergebens werden ungebundene Geister nach der Vollendung reiner Höhe streben.Wer Großes will, muss sich zusammenraffen. In der Beschränkung zeigt sich erst der Meister, und das Gesetz nur kann uns Freiheit geben.
Goethe

Kunst ist, aus dem Marmor Venus meißeln und Apoll, höhere Kunst, den Menschen bilden wie er werden soll.
Schiller

Von seinen Waffen gehe weg der Mann keinen Fuß auf dem Feld: nicht weiß man gewiss, wann des Wurfspießes draußen man bedarf.
Edda

Der ängstliche Mann meint ewig zu leben, meidet er Männerkampf; einmal aber bringt das Alter den Frieden, den der Ger ihm gab.
Edda

Froh lebt, wer freigiebig und kühn, selten quält Sorge ihn. Furcht hegt immer der feige Mann, es wurmt die Gabe den Geizhals.
Edda

Wie kann man sich selbst kennenlernen? Durch Betrachten niemals, wohl aber durch Handeln. Versuche deine Plicht zu tun und du weißt gleich, was an dir ist. Was aber ist deine Pflicht? Die Forderung des Tages.
Johann Wolfgang von Goethe

Habe Geduld gegen alles Ungelöste in deinem Herzen und versuche, die Fragen selbst liebzuhaben wie verschlossene Stuben und wie Bücher, die in einer sehr fremden Sprache geschrieben sind. Forsche auch nicht nach den Antworten, die dir nicht gegeben werden können, weil du sie nicht leben kannst. Und es handelt sich darum, alles zu leben. Lebe jetzt die Fragen, vielleicht lebst du dann eines fernen Tages, ohne es zu merken, in die Antwort hinein.
Rainer Maria Rilke

Du bist frei, wenn du dich einordnest, wenn du dich einbeziehst in eine Ordnung, die du anerkennst. Anders gibt es keine Freiheit.
Rudolf G. Binding

Nicht rechnen, nicht zählen, reifen wie ein Baum, der getrost in den Stürmen des Frühlings steht, ohne die Angst, dass dahinter kein Sommer kommen könnte. Er kommt doch. Aber er kommt nur zu den Geduldigen, die da sind als ob die Ewigkeit vor ihnen läge, so sorglos still und weit. Ich lerne es täglich, lerne es unter Schmerzen, denen ich dankbar bin: Geduld ist alles.
Rainer Maria Rilke

Die Stärke der Männer zeigt sich nicht am Abend nach dem Siege, sondern wenn die Sonne einmal nicht scheint. Der Mutige wird in grimmigem Trotz den Kampf von neuem aufnehmen.
Adolf Hitler

Willst du, ich soll dir geben, sei, bitte, erst Schale und schön, sei erst bereit zu empfangen und ruhig zum halten.
Rainer Maria Rilke

Worte zum 30. Januar 1933:

Herr, du siehst wir haben uns geändert. Das deutsche Volk ist nicht mehr das Volk der Ehrlosigkeit und Schande, der Selbstzerfleischung, der Kleinmütigkeit und Kleingläubigkeit; Nein, Herr, es ist wieder stark geworden. In seinem Geist stark, in seinem Willen stark, in seiner Beharrlichkeit, stark im Ertragen aller Opfer. Herr wir lassen nicht von dir. Nun segne unsern Kampf um unsre Freiheit und damit unser deutsches Volk und Vaterland!
Adolf Hitler

Du hältst es nicht mehr aus, dein herrisch Schicksal? Liebe es, es bleibt dir keine Wahl.
Friedrich Nietzsche

Liebet die Künste für euch und die Wissenschaft für die anderen, weil die Kunst das Herz veredelt und erhebt, die Wissenschaft es auf die Materie beschränkt und dürr und trocken macht. Verbindet die Kunst mit der Wissenschaft und die Wissenschaft mit der Kunst und ihr werdet die wahre Lebensklugheit besitzen.
Sepantini

Die Kunst erfindet nicht die Ideale, sie gestaltet sie bloß je nach dem Geist der Zeit und des Volkes, dem der Künstler angehört.
Ludwig Richter

So du ein Werk deines Gefallens gemacht hast, so stell das für grob unverständige Leut, laß sie darüber entscheiden. Denn sie ersehen als allerungeschicktest, wiewohl sie das Gut nit verstehn. Findest du dann, dass sie eine Wahrheit sagen, so magst du dein Werk bessern.
Albrecht Dürer

Die Naturschönheit ist göttlicher, die Kunstschönheit ist menschlicher, und so wird es uns erklärlich, warum eben erst durch die Kunst der Sinn für die Natur erst wahrhaft aufgeschlossen wird.
Carus

Kein Ding wird je seine eigentliche Farbe zeigen, wenn das beleuchtende Licht nicht von durchaus derselben Farbe ist.
Leonardo da Vinci

Eigenes kann man nur haben und nicht wollen und es wäre doch wohl das Richtige, nichts anderes als die Kunst lernen zu wollen. Aber auch dies ist nicht so einfach und sollte im letzten Grund zu etwas anderem führen können als zur Wiederholung von schon etwas Vorhandenem.
Hans Hama

Lichtwende
Tief aus dem Herzen der Glockenruf
hast du ihn auch vernommen?
Tief aus dem Herzen das tiefe Licht,
ist es auch dir erglommen?
Tief aus dem Herzen ein Neues bricht,
Lichtwende will nun kommen.
Henrik Herse

Wie leis die Blüten klangen
In jener weißen Nacht
Und Baum und Sterne sangen,
da war es uns erwacht.
Da regte es die Flügel
Und schwang sich sternenwärts
Dann über See und Hügel
Sank's mitten dir ins Herz.
Henrik Herse

Frauen, eurer Herzen heiligste Saat,
Männer, eures Glaubens heißeste Tat,
die liegen nicht sternenweit.
Wo unsere Kinder singen,
viel junge Stern erklingen,
blüht neu die Ewigkeit.
Henrik Herse

Statt eines Briefes
Ich wollte so vieles dir sagen
Und nie schien dafür Zeit.
Nun täte ich's ohne Zagen
Und da bin ich wieder so weit.
Stets war mir der Mund verschlossen
Nie kam mir das leise Wort.
Heut steht mein Herz nun offen
Und ich bin so weit von dir fort.
Wenn Herz und Munde nie erklingen,
was ists, das so tief mich bewegt?
Es ist ein himmlisches Singen,
das seine Flügel regt.
Es schwingt sich in alle Weiten
Und will bei dir nur sein.
Immer höher die Schwingen sich breiten

Und du lässt es zu dir hinein.
Henrik Herse

Was ist denn wichtig? Immer das, was uns vorwärts drängt auf unserem Wege, was uns nicht zur Ruhe kommen lässt und uns zwingt, einen Fuß vor den anderen zu setzen, mag es auch noch so dunkel um uns sein und der Leib noch so müde. Das Ziel – wer könnte sich vermessen zu sagen, er kenne es. Wichtiger noch als das, was fern vor uns aufsteht, ist der Weg dahin. Wir müssen ihn so zu Ende bringen, dass wir uns nicht zu schämen brauchen. Es geht für uns nicht um das große, das mächtige Tun des Einzelnen. Dazu sind nur wenige vom Schicksal bestimmt. Es geht für uns um die stille kleine Arbeit an uns selber. Sie ist es – und

wir sind es also mit ihr – auf die letztes Endes doch alles ankommt. Denn die vielen Kleinen und Unbekannten geben schließlich unserem Volk Gesicht und Seele mit ihrem Tun.
Henrik Herse

Wonach du sehnlich ausgeschaut,
es wurde dir beschieden.
Du triumphiertest und jubelst laut:
Jetzt hab ich endlich Frieden!
Ach Freundchen, rede nicht so wild,
bezähme deine Zunge,
ein jeder Wunsch, wenn er erfüllt,
kriegt augenblicklich Junge.
Wilhelm Busch

Kind, Kind! Nicht weiter! Wie von unsichtbaren Geistern gepeitscht gehen die Sonnenpferde der Zeit mit unsers Schicksals leichtem Wagen durch, und uns bleibt nichts als mutig gefasst die Zügel festzuhalten und bald rechts, bald links vom Steine hier, vom Sturze da die Räder abzulenken. Wohin er geht, wer weiß es? Erinnert er sich doch kaum, woher er kam!
Johann Wolfgang von Goethe Goethe (Egmont)

Nun verdrießt mich nichts mehr, als wenn die Menschen einander plagen, am meisten wenn junge Leute in der Blüte des Lebens, da sie am offensten für alle Freuden sein könnten, einander die paar guten Tage mit Fratzen verderben und nur erst zu spät das Unersetzliche ihrer Verschwendung einsehen.
Johann Wolfgang von Goethe

Die Ehe ist der Anfang und der Gipfel aller Kultur. Sie macht den Rohen milde und der Gebildetste hat keine bessere Gelegenheit, seine Milde zu beweisen. Unauflöslich muß sie sein: denn sie bringt so vieles Glück, dass alles einzelne Unglück dagegen gar nicht zu rechnen ist. Und was will man vom Unglück reden? Ungeduld ist es, die den Menschen von Zeit zu Zeit anfällt, und dann beliebt es, sich unglücklich zu finden. Lasse man den Augenblick vorübergehn, und man wird sich glücklich preisen, dass ein so lange Bestandenes noch besteht. Sie zu trennen gibt's gar keinen hinlänglichen Grund. Der menschliche Zustand ist so hoch in Leiden und Freuden gesetzt, dass gar nicht berechnet werden kann, was ein Paar Gatten einander schuldig werden. Es ist eine unendliche Schuld, die nur durch die Ewigkeit abgetragen werden kann. Unbequem mag es manchmal sein, das glaub ich wohl, und das ist eben recht. Sind wir nicht auch mit dem Gewissen verheiratet, das wir oft gerne los sein möchten, weil es unbequemer ist, als uns je ein Mann oder eine Frau werden könnte?

Goethe (Wahlverwandtschaften)

Hast du erkannt mit klarem Blick
Den Wert der kleinen Herzensfreuden,
hast du entdeckt ein großes Glück
u brauchst den Reichen nichts zu neiden.
Und strebtest du mit grellstem Licht
Durch dieses Lebens Nacht,
du fändest jenen Freund wohl nicht,
wie du ihn dir erdacht.
Was weiß ich von dir?
Nichts, als dass du im Fernen dort
Manchmal ein liebes, freundliches Wort
Mit Winden und Wolken schickst.
So stehen wir beide weit voneinander, warten,
aber wenn du herüberblickst
und wir begegnen uns oben im Garten
der wandernden Sterne
dann schrumpft alle Ferne
in nichts zusammen—
und unsere Herzen sind
im ziehenden, fliehenden Abendwind
zuckende Flammen.

Herbert Lestibaudois (?)

Willst du des Kummers ledig sein,
so zieh allein tief in den dichten Wald hinein
und lausche, und lausche wie der Vogel singt,

wie leichtbeschwingt der Wind die Wipfel all durchdringt
und rauschet, und rauschet leise, flüstert sacht
Ernst Barre

Nun aufgewacht! Hier sollst du, was dich elend macht, vergessen.

Wenn jeder wüsste, was der andere schleppt, es würde so manchem der eigene
Pack leichter erscheinen.
August Sapper

Die Pflicht ist selbstverständlich, aber das richtige Gewicht gibt erst das Herz, das
freiwillig in die Waagschale geworfen wird.
Ernst Jünger

Jedes Amt in Treue verwaltet trägt seine stille Kron.
Ernst Wiechert

Dankbarkeit ist ein still quellender Born der Freude.
Martensen

O frag mich nicht: was ist denn Glück?
Sieh vorwärts nicht, noch sieh zurück!
O such es nicht in weiter Ferne
Auf diesem oder jenem Sterne!
O suchs nicht dort, und suchs nicht hier!
Es wohnet nur in dir.
Und wenn du's da nicht finden magst,
umsonst ist, dass du weinst und klagst,
umsonst dein Sehnen, dein Verlangen,
umsonst dein Hoffen und dein Bangen.
O frag mich nicht! Das Glück sind wir;
Das Glück wohnt nur in dir.
Hoffmann von Fallersleben

Alles Geben strömt zurück reich und segnend auf den Geber.
H. Schüler

Der höchste Grund der Arznei ist die Liebe.
Paracelsus

Es ist nicht gut, gering von den Menschen zu denken.
Ernst Wiechert

Gott bedient sich immer geringer Mittel und Werkzeuge zu seinen Zwecken.
Schleiermacher

Man muß sein Leben aus dem Holz schnitzen, das man hat.
Theodor Storm

*Wir können nicht immer große Dinge tun, aber wir haben die Möglichkeit,
in die kleinen Dinge etwas Großes zu legen.*
E. v. Dryander

*Nur ein einzig Ding am rechten Ende angefasst, zieht eine Menge anderer nach sich,
die von selbst dann ins rechte Geschick kommen würden.*
Bettina von Arnim

*Alles was mit einem Menschen später auch geschieht: seine Kindheit bleibt die
Wurzel seines Schicksals, wie die ins Erdreich findet, so wächst es.*
Wilhelm Schäfer

*Gute Kameradschaft ist wirklich eines der schönsten Erlebnisse, die einem in diesem
Leben überhaupt zuteil werden können.*
Adalbert Stifter

*Wir wandern hier durch Welt und Zeit,
durch Freuden und durch Schmerzen,
und tragen aus der Ewigkeit
den Heimatschein im Herzen.*

*Wenn der Mensch sein eigener Freund nicht mehr ist, so geht er zu seinem Bruder,
der es noch ist, damit ihn dieser sanft anrede und wieder beseele.*
Jean Paul

Wo Gott wohnt, da schweigt er nicht stille, und wo er redet, da wohnt er auch.
Luther

Die Welt besteht aus lauter Gelegenheiten zur Liebe.
Hölty

*Alles was man Gott zuzutrauen wagt, das findet man tatsächlich auch bei ihm und
noch tausendmal mehr.*

Pflicht gibt Brot, aber Liebe gäbe Butter und Honig dazu.
Federer

Musik ist der rechte Mondschein in jedem Lebensdunkel.
Jean Paul

*Gott will aber, dass die Menschen fröhlich sind, deshalb hat er ja alles so
schön gemacht.*
Felix Huch

Sollen wir Kinder ziehen, so müssen wir auch Kinder mit ihnen werden.
Martin Luther

Es sind nicht die bunten Farben, die lustigen Töne und die warme Luft, die uns im Frühling so begeistern, es ist der stille, weissagende Geist unendlicher Hoffnungen, ein Vorgefühl vieler froher Stunden, Blüten und Frühlinge.
Novalis

Wer wenig hat, kann seine ganze Freude auf das wenige sammeln und übersieht dabei nicht das Herrliche, was Gott uns jeden Tag schenkt.

Ruth Seiler

Wer wenig hat, kann seine ganze Freude auf das wenige sammeln und übersieht dabei nicht das Herrliche, was Gott uns jeden Tag schenkt.
Ruth Seiler

Wir dürfen glauben, dass in einer Zeit, in welcher Ungesundes von uns gefordert wird, uns unentwegt Hilfskräfte zufließen. Furcht tut nichts gutes, darum muß man frei und mutig in allen Dingen sein und feststehen.
Martin Luther

Man kann nur zu wenig schenken, nie zuviel. Von dem Licht der göttlichen Klarheit soll unser Herz immer erfüllt sein, dass es nicht sei wie ein finsterer Winkel, sondern wie ein schönes Gemach, darin sich der Sonne Glanz ungehindert ausbreitet.
S. A. Bengel

Aber im Winter geschieht auch etwas Gutes! Alles woran ihr euch im Januar freut, bereitet sich da vor. Drunten in der Erde, da sprießt es jetzt im Verborgenen.
S. M. Süß

Laßt uns Acker sein, denn was ist der Weizen ohne die Scholle?
Oeser

Nicht auf Kerzen und Lampen kommt es an, noch auf Sonne und Mond, sondern was not tut, ist einzig und allein, dass wir die rechten Augen haben, Gottes Herrlichkeit zu sehen.
Selma Lagerlöf

Man hat nur dann ein Herz, wenn man es hat für andere.
Friedrich Hebbel

Das Sicherste bleibt immer, nur das Nächste zu tun, was vor uns liegt.
Johann Wolfgang von Goethe

Liebe geht nicht verloren, sondern wird immer wieder Liebe.
H. Christaller

War nicht alles Leben Opfer? Wenn es in rechter Weise gelebt wurde?
G. Gunnarson

Gertrud Kirner

Tagebuch 1946 – 1947

Pfingsten 1946
Was ist's, das so froh mich gemacht?
Ich kann es in Worten nicht sagen,
es kam wie eine seltne Blume über Nacht
und will meine Seele zum Himmel tragen.
Tief drinnen im Herzen wills brennen
Ein Feuer so wild und so rein.
Was tuts, wenn wir es mit Namen nicht kennen?
Es kommt, wenn ich bei dir kann sein.
Es nimmt meine Seele auf Flügel
Und trägt sie hinweg von der Welt
Und trägt sie über Tal und Hügel
Hinauf bis ans Sternenzelt.

Ja was ist es, das mein Wesen in kurzer Zeit so veränderte? Soll ich es als Liebe oder als Sehnsucht bezeichnen? Ich sehe mich erschrocken vor einem Gefühl, das ich in dieser Art noch gar nicht kenne und das mich förmlich überrumpelte. Was soll ich tun? Soll ich dagegen ankämpfen und mir selbst dadurch eine schöne Zeit rauben? Oder soll ich mich diesem Gefühl überlassen, das in so eigener Weise mein Herz anrührte und meine Seele zum Schwingen brachte?!

Ach ich fürchte mich. Ich fürchte mich schon heute vor einer Verwundung meiner ach so empfindlichen Seele. Denn ich fühle es, dass ich mich gewaltsam und schmerzlich losreißen müsste aus dem Land meiner Träume und ich weiß nicht, ob ich mir das zumuten darf. Aber warum sollte ich gerade jetzt verzichten, da mir diese Liebe solchen Schwung gibt, die ich innerlich zu Kraft und Lebensmut umwandle? Ich habe schon so oft verzichtet, und nun will ich nicht. Nein ich will nicht!! Ich bin jung und darf vom Leben auch schöne, unvergessliche Zeiten erwarten.

Nun erst weiß ich, dass alles, was zuvor war –außer der Liebe zu Adi- nur Lüge sein konnte oder vielmehr ein Suchen und der Wunsch nach einem Menschen war, dem ich mein Herz und meine Seele anvertrauen kann. Aber all die kleinen Erlebnisse und all das Hässliche, sie konnten mir nichts anhaben und meiner Seele keinen Schaden zufügen. Ich freue mich heute darüber, dass ich nun ein so großes, reines Gefühl erleben darf. Nun hat es sich also doch gelohnt, konsequent gewesen zu sein, wenn man auch manchesmal Zweifel haben konnte.

12. Juni 1946

Hörst du die Silberglocke klingen
Tief drinnen in dem lichten Wald?
Sie soll mit ihrem feinen Singen
Dir Liebster meine Grüße bringen
Und sagen dir, o komme bald.

Es ist ein eigen Ding ums Menschenherz. Wer vermag zu sagen, er kenne sich ganz und ganz? Ist es nicht von Zeit zu Zeit als ob in uns ein anderer Mensch seine Stimme laut werden ließe, ein fremdes Wesen, das wir bis dahin nicht einmal aus der Ferne kannten? Der Mensch kann sich eine Lebensanschauung aufbauen, er kann sich an Grundsätze halten, aber ist das nicht eine gewisse Selbsttäuschung, ein Fliehen vor der eigenen Schwäche? Wer vermag so zu leben, wie er als Mensch geschaffen ist, mit all den Fehlern und Tugenden? Ist es nicht eigentlich die Umwelt, die sogenannte Gesellschaftsordnung, die den Menschen eine Maske aufsetzt und in ihrer Freiheit hindert? Findet man nicht in sich selbst genügend ethische Gesetze, die genügen müssten? Es würde dann allerdings auf der Welt nur zwei Arten von Menschen geben: Verbrecher und Genien.

Und doch man müsste der Jugend die Möglichkeit geben, neben dem Ein- und Unterordnen in eine Gemeinschaft sich eine gewisse geistige und seelische Bewegungsfreiheit zu schaffen. Man hat sich in der jugendlichen Reifezeit an Ideale und Vorbilder gehalten, man hat sich fremde Anschauung zur eigenen gemacht und hat nun stolz geschwellt behauptet: das bin ich! Das ist mein Wesen! Ach und eines Tages muss man erkennen, dass das alles Fassade war, dass dahinter ein ganz anderes Wesen in Erscheinung tritt, das uns Lügen straft. Zuerst will man das nicht wahrhaben. Man hält sich noch immer an die nun schon schadhaft gewordene Fassadenwand. Doch dieses anfänglich Fremde, es zieht uns an und mit der Zeit überstrahlt es mit seinem Licht alles von uns angenommene, an das wir uns noch krampfhaft versuchen festzuhalten. Und nun erkennen wir erst das Schöne an diesem Wesen, schon deshalb, weil es natürlich und kindhaft rein ist. Ergreift es uns nicht, wenn wir eines Tages aus den Trümmern einer gewesenen und im eigentlichen Sinne nicht besessenen Welt eine Lichtgestalt steigen sehen, die uns die Zukunft erhellt, da sie uns die innere Kraft neu zu schenken vermag? Jetzt erst spürt man, wie ohne Licht die Vergangenheit war und wie glücklich man ist, zu sagen:

„Trostlos, das Wort ist mir entschwunden, seitdem ich mich in mir gefunden!"

Ach wie dankbar bin ich, diesem Spruch von Morgenstern mit Überzeugung nachsagen zu können. Nun wünsche ich mir nur noch die Kraft, den seelischen Auf- und Umbau zu vollenden, und dann gestärkt und gefestigt anderen Menschen zu helfen und zur Seite zu stehen. Gott möge mir die Bitte nicht versagen und mich nicht allein durchs Leben gehen lassen. Ich habe den Mut und den Willen zum gemeinsamen Wandern. Aber ich will es hinnehmen wie es kommt und geduldig sein und an Rilkes Worte denken:

„Nicht nehmen und zählen, reifen wie ein Baum, der getrost in den Stürmen des Frühlings steht, ohne die Angst, dass dahinter kein Sommer kommen könnte. Er kommt doch, aber er kommt nur zu den Geduldigen, die da sind, als ob die Ewigkeit vor ihnen läge, so sorglos still und weit. Ich lerne es täglich, lerne es unter Schmerzen, denen ich dankbar bin: Geduld ist alles!"

14. Juni 1946

„Ich sage Dir: je weniger Du Dich um andere Menschen bekümmerst, desto freier bist Du. Ob Du sie beherrschst oder von ihnen beherrscht wirst, ist gleich, Du hast immerhin mit ihnen zu tun; das ist genug, Dir das Leben zu verleiden." (Brachvogel, Friedemann Bach)

Ich lese gerade diese Worte und ich muss dabei an meine gestrige Empörung denken über die eigentlich entehrende Äußerung einiger Menschen. Warum habe ich mich nur darüber so aufgeregt? Lohnt es sich denn? „Lass sie reden, schweig fein still. Kann ja lieben wen ich will." Was die Leute nur davon haben, über andere abfällige Bemerkungen zu machen? Meiner Meinung nach ist es die Hauptsache, dass man vor seinem eigenen Gewissen seine Handlungen verantworten kann.

Du weißt es nun, Lieber, dass ich hier meine Gedanken für dich niederschreibe, und nachdem du nun mit meinem Körper auch meine Seele zu eigen hast, so sollst du auch alles zu wissen bekommen, was mich bewegt und was ich empfinde. Ich weiß es nicht, ob es richtig war, was wir taten. Du hättest vielleicht mehr Geduld mit mir haben sollen. Ich bin heute innerlich so leer und ausgebrannt und ohne Empfindung.

Ich habe das Gefühl als liefe ich nur als hohler Körper durch die Gegend und das einzige, was mir zeigt, dass ich noch bin, sind die quälenden Gedanken.

Du wirst es wahrscheinlich nicht verstehen, wie bedeutungsvoll für mich das Erlebnis dieser Nacht war, aber du sollst es wissen. Sicher denkst du nur noch an das Vergnügen, das es dir –vielleicht- brachte. Ich weiß es nicht. Aber für mich bedeutete es eine seelische Erschütterung und neue Erkenntnisse in meinem Leben. Glaubst du, dass ich bei dem, was du innigste Liebe nennst, nichts empfand? Und dass ich mich heute maßlos schäme, dass ich es nicht verhindert habe?

Ich weiß, dass ich dich durch dieses Geständnis vielleicht verlieren kann. Aber ich kann nicht heucheln. Ich will dir ehrlich und offen begegnen und ich bitte dich, auch zu mir Vertrauen zu haben.

Weißt du, ich fühle mich eigentlich erst richtig glücklich in einer Liebe, die ein sorgendes Verständnis hat und mich mit Zartgefühl umgibt, und ich selbst möchte meinen liebsten Menschen mit denselben Empfindungen umgeben und die Gewissheit haben, dass er nur mir gehört. Ja ich weiß, ich bin anspruchsvoll. Aber ich könnte zum Beispiel nicht ertragen, wenn ich wüsste, dass über kurz oder lang eine andere Frau deiner Liebe sich rühmen darf. Obwohl ich weiß, dass es wahrscheinlich doch so kommen wird. Aber ich glaube, ich würde krank vor gekränktem Stolz und vor Scham über mich selbst.

Du hast gesagt: Jetzt bin ich dein Hans! Ja bist du es denn wirklich? Du glaubst nicht wie sehr ich mich fürchte, dich zu verlieren. Und ich habe eine große Bitte: wenn du einmal nicht mehr sagen kannst: Ich bin dein Hans, so vergiss mich doch nicht ganz und lass mich die Gewissheit mit fortnehmen, dass ich mich doch immer wieder zu dir flüchten und bei dir Schutz suchen darf. Ich spüre es, dass nun für mich eine Zeit kommt, in der ich all meine Kräfte aufbieten muss, um dem Sturm da draußen im Leben zu trotzen, und die Versicherung wenigstens deiner Freundschaft würde mir ein großer Trost sein. Denn dir kann ich anvertrauen, was bis jetzt noch kein Mensch, zum Teil nicht mal meine Mutter von mir erfahren hat. Ich bin ansonsten sehr verschlossen und du musst nicht denken, dass das was du von mir weißt, ich jedem preisgegeben habe. Du hast die Saiten meiner Seele angerührt und dir sollen sie auch klingen, aber leise, leise, nur für dich die Saiten meiner Seele angerührt und dir sollen sie auch klingen, aber leise, leise, nur für dich verständlich, Lieber!

26. Juni 1946

Ich schließe die Augen und schwebe, eingehüllt in den Duft herrlicher Rosen, auf zarten Silbertönen in ein Märchenland. Der Weg dahin ist schmal und dunkel und bevor man in das Reich der Feen und Elfen eintreten darf, muss man selbst ein reines, empfängliches Herz haben.

Willst du mir folgen, Liebster? Ja? So steige ein. Sieh, der Wagen wartet schon und die beiden Rappen davor werden schon ungeduldig. Du musst dich nicht fürchten, wenn es in laufendem Galopp durch den dunklen Wald geht. Gib mir deine Hand, hörst du sie, die vielen kleinen und großen Glocken, die mit ihren hellen reinen Tönen so herrliche Melodien zu singen verstehen? Ach und nun fallen all die herrlichen Lilien und Rosen, deren Duft wir zuerst wahrnehmen konnten, mit Orgeltönen ein und ein brausendes Chorwerk ist zu unserem Empfang veranstaltet. Ach und sieh nur, nun wird es auch immer heller und nun, ach Liebster halte mich ganz fest und schließe mir die Augen. Ganz lang-sam will ich mich an die strahlende Helle gewöhnen und alles in mich aufnehmen, was sich meinen Augen bietet. O trinkt, ihr Augen, was die Wimper hält, von dem goldnen Überfluss der Welt!

Nun lass uns erst einmal aussteigen und uns gegenseitig betrachten. Ach wie schön du bist, mein Prinz! In schneeige Seide bist du gekleidet und ein Goldreif schmückt deine braunen Locken. Und sieh mich einmal an, ja du hast noch deine Kinderaugen, die mir an dir so gut gefielen, als ich dich zum ersten Mal sah und die ich nicht vergessen konnte. Mit diesen Augen wirst du all die Dinge im Zauberland verstehen können. Komm wir wollen zu dem klaren Bächlein dort gehen. Lass mich einmal hineinschauen, ob auch ich mein Äußeres verändert habe. Ach sieh nur, ich trage das Kleid, das ich mir für dich wünschte. Gefällt es dir? Es ist gesponnen aus Sonnengold und den Silberstrahlen des Mondes und gewebt auf dem Webstuhl der Sehnsucht und der heißen Wünsche. Die dunkelroten Rosen am schweren, tränenbesetzten Saum des Kleides und der selbe Kranz im Haar, sind sie nicht wie große, schwere Bluttropfen aus einem verwundeten Herzen? Aber hör nur, mein Prinz –sind es die Rosen selbst, ist es ihr Duft?- sie klingen, wenn ich mich bewege, schwer und süß.

Komm und neige dein Ohr, ich höre es ganz deutlich. Sie singen und klingen in wunderbaren Variationen – ich liebe dich, ich liebe dich, ich liebe dich. Mein Prinz, mein Liebster, hast du es vernommen? Ich will mich niederknien und in diese Silberschale von dem klaren reinen Wasser des Bächleins schöpfen und kniend reiche ich sie dir zum Trunk empor. Lass uns in durstigen Zügen aus der Schale trinken, damit unsere Liebe werde wie das Wasser des Bächleins, klar und rein und durchsichtig, munter und froh.

Ich werfe die Schale an die Felsenwand, dass sie zerschelle und keines Menschen Lippen mehr daraus trinken. Ich küsse dir Augen und Hände, mein Prinz. Und nun reiche mir deinen Arm, wir wollen uns im Zauberland der Märchen ergehen und uns an uns selber freuen.

Hast du schon so einen so herrlich blauen Himmel gesehen? Die feinen weißen Wölkchen darüber, die der leichte Sommerwind wie Spielbällchen vor sich hertreibt? Und dort die Gruppe der zarten lichten Birken, sehen sie nicht aus, als ob sie sich in ihren knisternden Gewändern nach einer unhörbaren Musik im Tanze wiegten? Dort die Wiese, ein herrlich bestickter Teppich, und mitten hindurch das silberhelle Bächlein, das Bächlein der Liebe. Alle Blumenkinder neigen sich ihm zu und wollen sich an seiner kühlen Nässe erquicken. Zu der kerzengeraden alten Buche laß uns gehen. Dort wollen wir uns in ihren Schatten setzen und uns ausruhen. Ich will noch schnell ein paar Blumen pflücken, die will ich dir in deinen Goldreif winden. Und nun Lieber, lege deinen Kopf in meinen Schoß und lass uns all den Stimmen, den feinen Stimmen der Mutter Natur lauschen. Oh sie ist so gütig, die Mutter Natur, sie lässt keinen Menschen ein in unser Paradies. Kein Mensch, der unsere arme Seele quälen kann. Sieh nur, nun schickt sie uns die weisen Frauen, die Feen. Sie wollen uns segnen, komm Liebster lass uns demütig unser Haupt neigen und ihre Weihe empfangen. Die Fee der Weisheit, sie kommt zuerst. Mit ihrem Lilienstengel berührt sie unser Haar. Und nun die Fee der Demut, der Sanftmut und der zarten Geduld. Wie sie uns alle so innig anschauen. Jetzt schwebt auf leichten Sohlen daher: die Fee der Liebe. Eine herrliche Rose im Samtkleide trägt sie in der Hand und sieht doch selbst wie eine schöne aufgeblühte Rose aus. Ach Liebster, ihr Kuss auf meiner Stirn brennt wie ein Feuermal. Als letzte eine schöne Frau in grauem Kleid, oh ich erkenne sie, es ist das Leid. Kalte Schauer jagt sie durch unsere Körper bei ihrer Berührung. Aber noch kann sie uns nicht anhaben. Der Liebe Kuss brennt uns noch in den Adern. Doch das Leid mit seinem Eishauch, es wird uns den Brand einmal kühlen können, lass uns nicht daran denken! Wir sind ja glücklich, wir haben uns noch und ich will dich auch ganz fest halten. Du sollst mir nicht entgleiten.

Oh mein Lieber sieh nur. Wo kam es plötzlich her, das kleine Prinzchen, das mir im Schoß liegt? Wie es mich mit den großen dunklen Augen anschaut. Oh ich weiß es, das bist du Liebster, und nun kann ich dich nicht mehr verlieren, nun kann man mir dich nicht mehr nehmen. Du bist nun ganz bei mir, du hast deine Seele mit dem kleinen Prinzchen geteilt. Ach du liebe Seele, mein liebes Seelenkind. Wer hat dich uns geschenkt, und woher kamst du, du Engelchen?

Der Wind hat dich mir, auf einem Rosenblatt gebettet, ans Herz geweht. Und dort sollst du bleiben, bis wir dich rufen, mein Seelchen. Sieh mich nicht traurig an, es ist noch zu kalt, die Sonne scheint noch nicht warm genug für dich, mein zartes Wesen.

Schau mein lieber großer Prinz, nun ist es wieder fort, das Seelenkind. Es ist folgsam. Ich will gehen und ihm die Sonnenstrahlen holen, damit es sich daran erwärmen kann. Willst du mich begleiten, mein Prinz? Aber es wird ein harter Weg sein, voll Dornen und spitzen Steinen, und lang0. Schier unendlich lang.

Nein, du wirst hier bleiben, ich weiß es. Aber eines Tages wirst du mir vielleicht doch begegnen, auf einem einsamen Waldpfade und wirst mir suchen helfen nach den Sonnenstrahlen. Hier mein Prinz, dieser bunte Schmetterling, du wirst mit ihm spielen, wenn ich fortgegangen bin. Doch wenn du müde bist und der Schmetterling seine Farbe verloren hat oder einen lustigeren Spielgenosen gefunden hat, so brauchst du mich nur zu rufen, dann bin ich wieder bei dir und ich werde dich an die Hand nehmen und an meiner Wanderung teilhabenlassen. Bis dahin leb wohl, mein Liebster. Lebe wohl!

4. August 1946 in Ludwigshafen

An der Wand hängt die Gitarre und schaut mich mit traurigem Blick an, aber ich kann sie nicht erlösen. Als ich ihr vorhin zart und traurig über die Saitenstrich, klagte sie in einem unharmonischen Akkord. Da wusste ich, dass auch sie leidet, mit mir leidet, nachdem sie mir Gefährtin schöner und glücklicher Tage war.

15. September 1946

Wieder sind einige Wochen vergangen, Wochen voll Qual, ja Verzweiflung und innerer Zerrissenheit. Tage und Stunden, in denen ich glaubte, das Leben nicht mehr ertragen zu können, in denen mir selbst die Natur zu einem starren Gebilde wurde, ohne die ewig und leise kommenden und gehenden kleinen Wellen, die den Strom des Lebens erst zu einem solchen machen. Aber all dies schreckliche Verkrampfen und Sichlösen der Seele, ich nehme es hin und empfinde es wie einen neu belebenden Frühlingssturm, der die jungen Bäumchen biegt nach seiner Willkür, sie aber nicht zerbricht, sondern festigt für ihre kommenden Aufgaben der Reife und Fruchtbarkeit...lerne es unter Schmerzen, denen ich dankbar bin. Geduld ist alles!

Fast 3 Monate sind nun auch vergangen, seit ich meine letzte Eintragung in Friesenhausen gemacht und es hatte mich auch dieses Mal mein Gefühl nicht betrogen. Wie sehr recht hatte ich, meinem Liebsten Lebewohl zu wünschen, und war doch das letzte „Auf Wiedersehen", das ich in meinem Brief ihm zurief, nur eine Selbsttäuschung meinerseits gewesen, genau wie meine Briefe nur ein krampfhaftes Aufhalten des Schicksals sein sollten.

Ich habe es zutiefst gewusst, dass ich ihn nicht ganz besitze; seine Einheit von Seele und Körper habe ich nie zu greifen vermocht und dieses Bewusstsein war es wohl auch, was mir seine Anwesenheit zur schmerzvollen Angst werden ließ. Meine Lebenskräfte haben nicht auszureichen vermocht, ihn zu fassen. Sobald er mir körperlich fern war, konnte ich ihn nicht mehr erreichen.

Er aber, er hat meine ganzen Kräfte aufgesaugt, er hat sie mir entrissen im Kampf um sein Besitzen. Nun bin ich schwach und mutlos und gleiche einem Wesen, das im Sinken begriffen ist und sich verzweifelt nach einem Halt umsieht. Das Ufer, an dem mir dieser Halt zur Genüge gegeben ist, es scheint mir mit höhnischer Grimasse immer weiter zu entfliehen, während in Wirklichkeit ich selbst es bin, die vor lauter Zaudern den, wenn auch schwachen, Halt in meiner Nähe übersehe und mich immer mehr von diesem Ufer entferne und einem weiten, einsamen Meer zutreibe. Er weiß es wahrscheinlich nicht, dass ich ihn ganz in mich aufgenommen habe und dass er ein Teil seines Wesens an mich abgegeben hat. Ständig und fast stündlich macht sich dieses Dasein in mir schmerzlich bemerkbar. Er ist die Ergänzung meines Wesens, ein Teil der zweiten Seele, die ihn meiner Brust wohnt und die, fast scheint es so, mit ihm in meiner zweiten Heimat verblieben ist.

Seit 14 Tagen besuche ich die Feierstunden der freireligiösen Gemeinde, die meine seelische Zerrissenheit in keiner Weise vermindern, die mir aber ganz zutiefst im Herzen Kraft und Beruhigung geben. Die wirklich fast ausschließlich philosophischen Vorträge des Predigers, sie sagen mir nichts Neues, sie kleiden nur in Worte, was meine Seele empfindet und fühlt und es ist mir manchmal zumute wie einem Schriftsteller, der das Produkt seines Geistes von einem anderen Menschen vorgetragen hört. Und gerade dieses Aussprechen von Dingen, die vorher fast unbewusst in mir schlummerten, das ist es, was mich an diesen Stunden erschüttert. Es bäumt sich allerdings eine andere Stimme gegen dieses Erschüttern auf, und nach jeder Feierstunde gedenke ich die nächste nicht zu besuchen, doch erscheint dies mir wie Feigheit vor der Wahrheit, und die letzte Erkenntnis der Wahrheit ist ja nichts anderes als ein Läu zu diesen Stunden. Hier fühle ich mich ganz nah, ganz eins mit Hans. Oder ist es gar nicht Hans, ist es nur das zweite Wesen in mir, nach dem sich mein Selbst, mein Ich mit jeder Faser sehnt, sehnt nach der Vereinigung mit ihm?

Ich weiß es nicht. Aber ich fühle es, dass diese religiösen Feierstunden mir mehr bedeuten, sie sind mir eine Schale meiner Sehnsucht, in der sie aufzulodern vermag bis zur Selbstverzehrung. In dieser Zeit des Aufloderns der Flammen bin ich den Menschen so fern, gleichsam schwerelos, ohne Empfindung für meinen Körper, aus dem ich ausgeschlüpft zu sein scheine wie eine Schlange und „meine Seele hebt gewaltsam sich vom Dust zu den Gefilden hoher Ahnen". Nach solchem Erlebnis bin ich dann wieder ganz ruhig, bis dann all die Fragen und Zweifel wieder kommen, die mich zermürben. Warum schreibt Hans nicht? Von ihm als Menschen glaube ich mich gelöst zu haben, aber was stärker bindet, ist meine Hingabe an ihn und das Untertauchen in ihn und durch ihn, das mich nicht mehr von ihm lösen kann. Dass er all dies nicht fühlt, trotz der räumlichen Begrenzung, das zeigt mir, dass ich ihn nicht durchdringen kann, dass er es versteht, mich mir zu entziehen, dass er die gleiche Kraft und Gewalt der meinen entgegensetzt. Aber warum dies? Das ist letzten Endes Anfang und Ende meines Denkens und somit schließt sich auch wieder der Kreis.

Ich weiß, ich kann dieser Frage nicht aus dem Wege gehen, die sich um alles schließt, auch wenn ich mich äußerlich und körperlich von diesem Erlebnis trennen kann, das schließt nicht aus, dass es mich immer wieder mahnt und meiner Seele gleichsam umpflügt, sowie die obersten Schollen ruhig geworden sind und von Tränen und Herzblut getrocknet sind. Es wird mir nicht die Ruhe gönnen und mich damit immer gemahnen, dass es etwas wie eine Gerechtigkeit gibt. Den Pfeil, den wir gegen andere Menschen aussenden, er kommt unbarmherzig zurück, früher oder später. Gewöhnlich dann, wenn wir dieses Pfeiles längst vergessen haben, kommt er mit derselben Wucht zurück und durchbohrt uns mit elementarer Gewalt. Schauernd erkennen wir dann, was wirSelbst angerichtet haben. Die Schmerzen, die wir anderen zufügen, die legen sich nun auch in unser Herz und es gibt somit etwas wie Buße. Das ist hart, aber gerecht. Diese Erkenntnis aber gibt mir Hoffnung und Ruhe. Hoffnung insofern, dass nach dieser Buße die Möglichkeit eines ruhigen Lebens gegeben ist, und was wäre der Mensch ohne Hoffnungen! Das Leben n wäre wahrscheinlich sinnlos!

12. November 1947

Über ein Jahr habe ich meine Gedanken nicht mehr zu Papier gebracht, eine lange Spanne Zeit, und doch so kurz. Aber was hat sich nicht alles geändert in dieser Zeit! Von äußeren Dingen ganz abgesehen, die ich hier ja auch nicht aufzeichnen will, bin ich selbst doch ein ganz anderer Mensch geworden. Wenn ich geschrieben habe, dass die letzte Erkenntnis der Wahrheit einen Läuterungsprozess durchzumachen hat, so haben sich diese Worte am eigenen Erleben bewahrheitet. Dieser Läuterungsprozess liegt hinter mir. Er war schmerzlich, aber heilsam und nun – bin ich frei! All das, was in den vorherigen Blättern steht, ist ein Ziel dieser inneren Wandlung, und wenn auch hie und da eine visionäre Ahnung des wahren Lebens darin zu spüren ist, so ist doch alles nichtsdestoweniger immer noch ein krampfhaftes Festhalten an Vergangenheit.

Auch das Erlebnis mit Hans, fast möchte ich glauben, es wäre nie gewesen. Ich habe versucht, etwas zu besitzen, was nicht war, aber was mich an die Vergangenheit binden sollte. Meine Furcht vor einer Enttäuschung war nichts anderes als Feigheit, als Angst vor den Schmerzen der Wahrheit. Doch nun bin ich frei und all das, was vor einem Jahr volle Gültigkeit hatte, ist heute in nebelhaft Fernen gerückt.

Aber allein habe ich dies alles nicht geschafft. Im letzten Stadium dieser Reise, die mich aus Schutt und Asche herausführen sollte, reichte mir ein Mensch, ein Kamerad hilfreich die Hand und half mir so über den letzten tiefen Graben. Nun stand ich in einer ganz anderen Welt, die mir zu Anfang sehr fremd und unverständlich war, die aber, nachdem ich mich an die grelle Helle gewöhnt hatte, entschieden ehrlicher und wirklicher war und vor allem zu Herzen gehender als das, was ich zurückließ. Behutsam an der Hand genommen, erlebte ich die Wunder einer flammenden Religion und die Hingabe und Stärke ihrer Gläubigen, die in ihrer Welt das fertig bringen, was in unserer alten Welt nur als Vision geahnt wurde. Als ich dann meinen Retter einmal richtig anschaute, musste ich sehr erstaunt feststellen, dass das ja gar kein fremder Mensch war, sondern ich selbst, mein anderes Ich, das ich von Anbeginn an kannte und das ich verloren glaubte und nach dem ich mich sehnte. Nun also war er da und wir brauchten uns nicht mehr zu trennen, die Einheit nicht mehr zu zerreißen. Ach du gütiges Schicksal, du bringst mir also doch noch soviel Glück!

Unser Zusammengehören ließen wir uns durch das Gesetz bekräftigen, was ja eigentlich dieser Unterstreichung nicht bedurft hätte. Nun sind wir vor Gott und den Menschen Mann und Frau und ich bin sehr glücklich. Ich glaube und hoffe nicht, dass die äußeren Widerstände stark genug sind, uns wieder zu trennen.

Mein zweites Ich, das sich Robert nennt, ist endlich heimgekehrt, und ich will ihm alle Wunden, die er sich an Dornen und spitzen Steinen auf dem Wege zu mir gestoßen hat, versuchen zu heilen. Ich will darin nicht müde werden, denn er hat sich doch nur verletzt, um mir helfen zu können. Aber Du mein guter Kamerad habe auch viel Geduld mit mir, all das Neue ist noch so klein und zart und sei bitte nicht grob zu mir, ich bitte Dich so sehr darum. Habe vor allen Dingen Vertrauen und sei immer lieb zu mir!

Gertrud und Robert

Briefwechsel 2.11.1947 – 19.4.1948

Robert an Gertrud

2. November 1947

Mein geliebtes Mädchen!
Heute am 2. November denke ich besonders an Dich und grüße Dich auf das Herzlichste. Mir geht es gut, was ich auch von Dir hoffe. Meine Arbeit lässt mir sehr wenig Zeit, doch macht es mir viel Freude, immer Neues hinzu zu lernen. Leider wird es mir nicht möglich sein, Dich mein Schatz in nächster Zeit zu besuchen. Doch rechne ich, bis Frühjahr Deine Eltern und Schwiegereltern, von denen Du mir schon soviel geschrieben hast, persönlich kennen zu lernen. Bestelle bitte an alle recht herzliche Grüße. Ich brenne natürlich vor Sehnsucht nach Dir und möchte Dich fest in meine Arme schließen, Dich herzen und küssen und glücklich sein. Doch erst müssen wir arbeiten, um eine gesunde Grundlage für unsere Zukunft zu schaffen. Hoffentlich fallen bald die Zonengrenzen dass wir in unserem Deutschland ungehindert uns treffen können. Doch eins ist sicher, unsere Liebe wird vor nichts halt machen und in wenigen Monaten werden wir vereint als glückliches Paar durchs Leben gehen.

Bis dahin, mein Schatz, wollen wir noch warten, unsere Briefe sollen die Verbindung von Herz zu Herz sein und uns ganz nahe bringen. Sie sollen uns die Kraft geben, den Zwischenraum zu überbrücken und voller Vertrauen in die Zukunft zu sehen. Ich weiß, dass ich auf Dich bauen kann, dass Du, mein Liebes, mir treu bleibst. Auch ich werde nur an Dich denken und Dein Vertrauen rechtfertigen. Dein Bild grüßt mich zu jeder Tageszeit und lächelt mir zu. Du bist mir immer nahe und begleitest mich auf all meinen Wegen. Ich bin jeden Abend zu Hause bei Dir und leiste Dir Gesellschaft. Samstags und sonntags gehe ich als ins Kino, da habe ich nur ein paar Schritte zu gehen. Das Wetter ist zur Zeit herbstlich aber noch nicht sehr kalt. Doch ist es am schönsten in einer warmen Bude oder im Bett. Nun mein liebes Kind will ich Schluss machen und schlafen gehen. Voll Ungeduld erwarte ich Deinen nächsten Brief, der mir wieder liebe Grüße und viele Küsse überbringt.

Nochmals viele Grüße an Deine Lieben alle bei Dir zu Hause. Für heute grüße und küsse ich Dich auf das Herzlichste und verbleibe immer Dein Dich über alles liebender Butzel.

Robert an Gertrud

9. November 1947

Mein liebes Kind!

Recht herzliche Grüße und Küsse sendet Dir in inniger Verbundenheit Dein Liebling.

Wie geht es Dir? Hoffentlich noch gut, was ich auch von mir sagen kann. Heute habe ich nur gegessen, gelesen und geschlafen. Heute abend war ich im Kino. Bei unfreundlichem Herbstwetter ist es am schönsten zu Hause, so richtig faul im Bett zu liegen, mal lesen, mal schlafen. Doch mein Schatz, was machst Du den ganzen Tag? Hast sicher viel Arbeit, aber hoffentlich nicht viel Sorgen. Nimm das Leben von der Sonnenseite, da erträgt es sich am leichtesten. Auf jeden Winter folgt ein Frühling und wenn im Mai die Bäume wieder grünen und blühen, beginnt so richtig das Fest der Freiheit und der Liebe. Da werden die Menschen wieder froh, dass der strenge Winter vorbei ist, und überall zeigt sich wieder neues erwachendes Leben.

Mein Liebling! Mir macht meine Arbeit es nicht sehr schwer, die Woche zu verbringen, denn beim Ausüben eines Berufs muss man bei der Sache sein. Doch abends und sonntags bin ich immer ganz bei Dir, da fehlst Du in meiner Gesellschaft sehr. Da möchte ich Dich in meine Arme nehmen und Dich, mein Schatz, liebkosen. Doch müssen wir noch etwas warten bis wir uns an unseren eigenen Tisch setzen können, um im Eigenheim glücklich zu sein. Unsere Liebe gibt die Stärke, diese Zeit zu überbrücken.

Schreibe mir bitte oft ein paar liebe Zeilen, die das Band der Zusammengehörigkeit sein sollen. Nun mein Schatz will ich Schluss machen. Es ist Zeit zum Schlafen. Hier Deinen Gutenachtkuss: Sei mir gut und träume süß, es grüßt und küsst Dich recht innig Dein Liebling. Viele Grüße an die Eltern und alles Gute auch an Deine Schwester und Familie Enders.

Gertrud an Robert

26. November 1947

Mein Liebling!

Ganz zu Anfang einen festen Kuss als Dank für Deinen lieben Brief vom 9.11., der heute eintrudelte und der mich wieder sehr froh und glücklich gemacht hat. Ach Du Lieber, nun musstest Du so lange warten, bis Dich mein erster Brief erreichte. Doch hoffe ich sehr, dass Du inzwischen alle meine Schreibereien erhalten hast. Es wäre vielleicht gut, wenn wir unsere Briefe laufend nummerieren würden, damit jeder weiß, ob auch alle Post ankommt. Somit wäre es also mit diesem Brief das 4. Mal - einschließlich Päckchen- dass ich Dir geschrieben habe.

Nun also zurück zu Deinem Brief. Ich freue mich sehr, dass Dir der Sonntag ausschließlich zur Entspannung dient nach einer anstrengenden Woche. Es braucht jeder Mensch hin und wieder Stunden des völligen Alleinseins mit sich selber und der Besinnung, einfach einmal voneinander frei, um füreinander da sein zu können. Es ist nichts schrecklicher als ständig mit anderen Menschen zusammen sein zu müssen, man erschöpft sich so leicht als Gebender und man fängt an, von seinen Mitmenschen etwas zu erwarten. Das ist dann allerdings ein Zustand, der schleunigst abgestellt werden muss, denn damit beginnt die Unzufriedenheit. Wenn ich selbst an diesem Punkt angelangt bin, dann flüchte ich mich zu Dir und die Erinnerung an unsere gemeinsam erlebte Zeit, in Gedanken und unausgesprochenen Worten. So viele Kleinigkeiten erlebe ich dann noch einmal, aber viel inniger, denn erst in der Erinnerung lässt sich ja ein Erlebnis voll ausschöpfen. Und ich hamstere – ich baue mir Altäre, auf denen ich alles, was mir lieb und wert ist, unserer Liebe zum Opfer bringe, damit sie groß und rein werde und uns nie enttäusche. Möge es uns vergönnt sein, diese Liebe, die sich jetzt unserer bemächtigt hat, festzuhalten solange wir leben, in unverminderter Kraft. Siehst Du mein Schatz, jetzt bin ich wieder vom freien Sonntag zum Philosophieren gekommen. Oder macht dies das Gläschen Wein, welches ich eben getrunken habe? Nicht ausgeschlossen. Na dann mach Dich nur schön auf mehr dieser Gedanken gefasst, das heißt, wenn ich nicht wieder darüber einschlafe.

Ich glaube es Dir gerne, dass Dir die Arbeit keine Zeit zum Denken lässt und Du die Woche dadurch schnell rumbringst, ohne unter unserer Trennung zu leiden. Mir geht es kein bissel anders. Tagsüber sorgt die Arbeit für die n1 Und es ist gut so. Wenn mich die Sehnsucht nach Dir, Du mein Liebster, mein lieber Kamerad, wirklich einmal spontan mit elementarer Gewalt überfällt und ich meine, ich müsste Dich hierhaben, dann versuche ich mich auf dem schnellsten Wege abzureagieren, denn das bringt uns keinen Vorteil und keine Erleichterung. Die Sehnsucht lässt sich wohl nicht totschweigen und es wäre unehrlich von mir, zu behaupten, dass ich mich nicht sehr sehne nach Dir, mein Liebster. Aber sie darf uns nicht ganz beherrschen, denn dann sind wir ihr ausgeliefert und sie lässt uns nach ihrer Pfeife tanzen. Wir aber wollen uns doch ein freies und reines Herz bewahren, damit es groß und schwer werde von unserer Liebe und wir, nach den Monaten der Prüfung, unsagbar schöne Zeiten miteinander erleben dürfen, in denen wir bis an die Sterne reichen. Ich fliege voraus! Ich hole mir die Sonne und mein Glück!! –

Ich muss sagen, es kränkt mich eigentlich, dass so viele Menschen so kleinlich von mir denken. Sie müssten glauben, dass ich Deiner Abwesenheit wegen sehr ärgerlich und unzufrieden wäre und dass ich mit Dir schimpfen würde, weil Du noch nicht so oft hast schreiben können. Gewöhnlich reden sie mir erst solche Gedanken ein. Keiner möchte an meiner Stelle sein. Ist das nicht sehr kleinlich und eines wahren, natürlichen Menschen unwürdig? Gewiss, die Tatsache ist nicht gerade schön und ideal, aber wir sind ja Menschen und keine Spießer. Letzten Endes habe ich mich ja auch keinem Körper verbunden, sondern einer physischen und psychischen Einheit. Aber wie gesagt, solch Gerede kränkt mich einfach. Weißt Du, Butzel, es kommt mir manchmal vor als würden wir allein auf einem hohen Felsen stehen und uns zu Füßen kriechen Kreaturen, die Anspruch auf das Prädikat „Mensch" erheben. Diese Kreaturen zu uns, auf unseren Felsen her- aufzuziehen, scheint mir unsere Lebensaufgabe und moralische Verpflichtung zu sein.

Du hoffst ich habe nicht viel Sorgen? Ach Schätzchen, was heißt heute Sorgen! Materielle Sorgen sind ja eigentlich eine Umwandlung des Wortes Arbeit und Du weißt ja, ich arbeite gern. Und seelische Sorgen, das heißt Kummer, hat man wohl öfter, aber auch damit werde ich fertig – ich hab ja Dich! Nachdem Du mir geschrieben hast, dass Du in nächster Zeit nicht zu mir kommen kannst, hatte ich mir eigentlich vorgenommen, Dich vor oder zu Weihnachten zu überraschen. Schön, sehr schön wäre das gewesen! Aber ich will meine Wünsche der Verpflichtung den Eltern gegenüber zurückstellen. Mutter sagte nämlich schon verschiedentlich, dass sie froh wäre, wenn all die Feiertage schon hinter ihr lägen, sie wären so richtig dazu geeignet, traurige Gedanken zu bekommen und an alles Bittere zu denken. Ich möchte sie deshalb nicht allein lassen und ihr diese Tage ein bissel erleichtern. Gell, Du verstehst mich doch? Aber gleich im neuen Jahr komme ich ganz bestimmt. Das heißt natürlich, wenn es Dir recht ist, schreibst Du mir das mal?

Was Mutter betrifft, wollte ich Dich noch bitten, doch ihr einmal selbst zu schreiben, wenigstens zu Weihnachten. Sie hatte sich nämlich neulich einmal über etwas sehr gekränkt, ich konnte nicht ergründen, um was es sich handelte, aber ich vermutete, dass es mit Deinem ersten Brief zusammenhing, denn das fiel richtig zusammen. Es hat mir so weh getan, denn nun muss ich meine Freude über Deine Briefe, die mir soviel Kraft geben, immer dämpfen. Habe ich doch das Gefühl, als würde ich etwas Unrechtes tun. Ich habe schon soviel darüber nachgedacht und meinen Kopf zermartert, was wohl richtig ist. Ich habe wohl gesetzmäßig ein Recht auf Dich.

Aber vom rein menschlichen und gefühlsmäßigen Standpunkt aus gesehen: Darf ich dieses Recht in Anspruch nehmen? Ich möchte aber doch auch nicht auf Deine Briefe verzichten, sind sie doch die einzige Möglichkeit, uns so manches zu sagen, was nur uns beide angeht, und ohne die Angst, dass unberufene dritte Ohren davon Kenntnis nehmen. Schreib mir doch mal, wie Du darüber denkst.

So nun muss ich aber Schluss machen für heute, ich mache schon lauter Leichtsinnsfehler. Hoffentlich hast Du das Adventskränzchen noch rechtzeitig bekommen und Dich auch ein bissel gefreut. Gute Nacht, Du mein Geliebter. Komm ganz dicht zu mir, dann sage ich Dir, wie sehr ich Dich liebe. Lass mich Deine Augen küssen, damit sie immer mein Bild sehen und mich nicht vergessen. Innigst immer nur Dein Liebling.

Robert an Gertrud

30. November1947

Liebe Gertrud!

Herzliche Grüße übersendet Dir von einem großen Erlebnis im Kreise guter Kameraden Dein Robert

Es war für mich eine große Freude, etwas persönlich mich zu informieren und Dir hierdurch persönliche Grüße übermitteln zu können. Näheres wird Dir Anneliese erzählen. Mir geht es gut und ich hoffe auch von Dir das Beste. Viele Grüße an unsere Eltern besonders an meine Mutter. Ich hoffe, dass bei Euch alles in Ordnung geht und werde in Bälde ein paar frohe Stunden bei Euch verbringen. Nun will ich schließen, denn die Umgebung beeindruckt mich zu sehr. Nochmals alles Gute und recht herzliche Grüße und Küsse von Deinem Robert

---

Robert an Gertrud

6. Dezember 1947

Mein Liebling!

Die herzlichsten Grüße und Küsse sendet Dir Dein Schatz.

Recht vielen Dank für Deinen Brief, der mich vor allem sehr gefreut hat. Du hast hier Deine ganze Liebe hineingelegt und mich damit überschüttet. Ich bin ja so froh, dass Du glücklich bist und das richtige Verständnis für alle Fragen, die uns angehen, aufbringst. Man lebt viel freier und fühlt sich voll Schaffenskraft, wenn man sich auf seinen liebsten Menschen verlassen kann und ohne nennenswerte Sorgen lebt. Ich bin fest überzeugt, dass wir das Leben zu unserer Zufriedenheit meistern und so glücklich werden, wie es in Deinen Zeilen zum Ausdruck kommt. Wenn man den Willen hat, alles zu tun, was uns das Glück schenkt, so werden wir auch bauend auf unsere eigene Kraft recht viel Gutes und Schönes erleben und anderen Menschen geben können. Unser Wahlspruch lautet:

Vorwärts immer – rückwärts nimmer. Wir packen das Leben mit beiden Händen und zwingen ihm die schönsten Seiten ab.

Mein lieber Schatz! Die Nachricht über Ludwig ist leider ein Wermutstropfen in meiner Freudenstimmung. Mit ihm haben wir einen großen Menschen und Freund verloren. Er war bis zur letzten Minute ein Kämpfer für die über alles geliebte Freiheit und für den Frieden. Ein unermüdlicher Arbeiter und Ratgeber der Partei und sein sehnlichster Wunsch war, die Verwirklichung des Sozialismus erleben zu dürfen. Nun hat ihn seine heimtückische Krankheit aus seinem Schaffen und aus unserer Mitte gerissen. Wir beklagen aufs Tiefste den großen Verlust unseres Genossen Ludwig. Doch sein Tod muss uns Verpflichtung sein, alles einzusetzen, um sein Lebenswerk siegreich zu beenden. Vermittle bitte an Frau Sallmann meine innigste Anteilnahme und alle guten Wünsche für das weitere Leben. Du mein Liebling hast alles richtig gemacht und ich danke Dir dafür, dass Du im richtigen Moment das getan hast, was zu tun war und den Kontakt herstelltest. Es ist wirklich ein schönes Erlebnis, in einer schweren Zeit einem hart betroffenen Menschen Kraft und Stärke zu geben, um ihm zu helfen die Klippe zu übersteigen, die oft unüberwindlich erscheint. Doch wir werden immer in der Lage sein, aus unserem großen Herzen Glück und Freude zu spenden. Möge ein wenig auch auf andere Menschen übergehen, damit wir endlich „ein einig Volk von Brüdern werden".

Mein Liebling! Meine letzten Grüße werden Dich wohl erreicht haben und Dir einiges erzählt haben. Wir leben in einer ereignisreichen Zeit und wenn das Leben oft nicht so hart und schwer wäre, man könnte uns direkt beneiden darum. Deutschland wird heute darum ringen müssen, seine Einheit unter allen Umständen herzustellen. Es geht um Aufstieg oder Niedergang. Wir sind jung und haben das Leben noch vor uns. Wir, die deutsche Jugend muss sich heute darum kümmern, wie morgen Deutschland aussehen soll. Wir müssen die Rufer der neuen Zeit sein.

Nie müde werden, wenn es um die Freiheit und den Fortschritt geht. Mein Liebling! Wie war die Jahresfeier der F.D.J.? Hoffentlich warst Du mit Deiner Arbeit zufrieden. Bei mir ist alles in Ordnung, was ich auch von Dir hoffe und wünsche. Nun geht's mit Riesenschritten auf Weihnachten zu und auch das Jahr 1948 nähert sich uns. Was wird es uns alles bringen? Noch ist der Vorhang zugezogen und wir können nur ahnen, was er noch verdeckt. Doch wir stehen mit zwei Beinen auf der Erde und nichts kann kommen, was wir nicht meistern werden. Wenn es möglich ist, will ich Dir auch eine kleine Weihnachtsüberraschung zukommen lassen. Ich bin überzeugt, dass es Dir Freude bereiten wird, wenn allesklappt natürlich, denn heute kann man schwer etwas fest versprechen. Nun hoffe ich, Dir mit diesen Zeilen eine kleine Liebesbotschaft zu übermitteln. Ich schließe mit den herzlichsten Glückwünschen zu Weihnachten und verbleibe mit den innigsten Grüßen und Küssen Dein Liebster.

Herzliche Grüße und alles Gute an die Eltern.

Auf Wiedersehn.

Gertrud an Robert

7. Dezember 1947

Mein geliebter Bubi!

Heute abend habe ich zum erstenmal seit Du fort bist Feiertag. Ich bin ganz allein zuhause. Mutter ist heute Nachmittag mit Rolf für 8 Tage nach Mannheim und Vater hat Nachtdienst. Ach und dieses Alleinsein ist für mich einmal so wohltuend, ich kann endlich mal wieder meine Gedanken konzentrieren.

Schon so lange habe ich Dir nicht mehr geschrieben, obwohl meine Gedanken Tag und Nacht immer bei Dir sind und oft Zwiesprache mit Dir halten. Aber es war mir einfach nicht möglich, diese Gedanken zu bannen. Nun will ich es also heute abend versuchen.

Zunächst einmal habe ich Dir sehr lieb zu danken für Deine beiden Briefe vom 16.11. (war zensiert) und vom 23.11., die gestern ankamen. Viele, viele Küsschen Dafür mein Liebling! Inzwischen erhielt ich ja auch Deine Zeilen von Anneliese, für die ich Dir auch herzlich danke. Ich kann es noch gar nicht fassen, dass mein Bubi in 14 Tagen bei mir sein wird! Zuerst war ich eigentlich etwas erschrocken, denn diese Nachricht kam doch etwas sehr überraschend und ich hatte wirklich gar nicht damit gerechnet. Doch nun, da sich meine Anspannung etwas gelockert hat, kann ich mich erst so richtig freuen und nun muss ich weinen und weiß gar nicht warum. Jetzt kann ich meiner gewaltsam eingedämmten Sehnsucht endlich freien Lauf lassen, denn nun ist ihr ja ein Ziel, und sogar ein sehr nahes Ziel gesetzt. Sie überflutet nun mein ganzes Sein und jetzt kann ich mir auch ausmalen, wie es sein wird, wenn Du wieder bei mir bist und mich sehr lieb hast und mir alle Deine brieflichen Küsse noch einmal in Wirklichkeit schenkst und noch viele, viele dazu. Ach Du!...Ich glaube aber, dass wir beide uns in dieser Zeit der Trennung ein bissel gewandelt haben. Unsere Liebe ist nicht mehr etwas Selbstverständliches, wir haben uns sehr nacheinander gesehnt und sind uns noch mehr wert geworden. Ach Du liebes Weihnachtsgeschenk! Dir darf ich es ja sagen, wie sehr ich mich freue auf Dich, Du mein Liebes! In meinen Briefen habe ich mir immer selber Mut zugesprochen und ich habe das Empfinden, als ginge es Dir in Deinen Briefen nicht anders. Aber wenn Dir meine Briefe soviel Mut, Kraft und Freude bringen wie mir die Deinen, dann haben sie ja ihren Sinn und Zweck erreicht. Immer erreichen sie mich an einem Tag, an dem der graue Alltag über mich Herr werden will und wie goldene Sonnenstrahlen streifen Deine Worte dann mein Herz und verjagen alle grauen Schatten darin. Augenblicklich kann sich dann meine Niedergeschlagenheit wandeln und ich fühle mich so frei und leicht.

Du hattest mich am 23.11. überall gesucht mein Schatz. Ach Du glaubst nicht, wie leid mir das tut. Du darfst bestimmt nicht denken, dass ich diese Reise aus Bequemlichkeit nicht unternommen habe, das hätte mich nicht abgeschreckt. Aber Theo hat auf mein Schreiben an ihn bis heute nichts von sich hören lassen, ob irgendwas wieder einmal nicht ankam, jedenfalls hat es daran gelegen, und inzwischen hast Du vielleicht von Edmund oder auch anderen erfahren, warum es auch dazu nicht geklappt hat. Doch ich danke Dir, mein Lieb, dass Du mich gesucht hast. Das hat mir deutlich gezeigt, dass auch Du mich vermisst, und darüber bin ich glücklich.

Du, Liebster, kannst Du Gedanken raten? Mir sind zu Anfang Deine Briefe tatsächlich ungewohnt gewesen in der Ausdrucksweise und vor allem Dein erster Brief erschien mir so fremd und so unecht. Doch als ich ihn so oft las, bis ich ihn auswendig konnte, wusste ich, dass auch Dein Herz mitgeschrieben hatte und nun, da auch Deine Sehnsucht immer größer wird und Dir die Feder führt, bin ich so froh und dankbar, dass Du nicht schwindeln kannst. So kann ich doch alle Deine Worte in mich aufnehmen, ohne hinterher enttäuscht zu sein. Du bist halt mein lieber, lieber---ja was denn? Ich finde nicht die Worte, die groß genug wären, meine Liebe zu Dir auszudrücken. Aber Du weißt es doch, mein Geliebter!

Noch eine große Freude hast Du mir bereitet. Die letzte Woche sind Deine Bücher gekommen und als ich sie auspackte, war es mir, als würden sie mir Deine Grüße überbringen. Ich habe sie alle zärtlich gestreichelt und da haben sie sich einfach in mein Herz eingeschlichen. Sie sind wohl Dein Eigentum, aber ich besitze sie ganz, obwohl ich erst in allen flüchtig blätterte. Du hast beim Einkauf dieser Lieblinge sosehr an mich gedacht, ich spürte es, mein Lieb. Hab innigen Dank dafür. Als ich die Dichtung Bechers in die Hand nahm, schlug es sich selbst auf und mein Auge fiel auf folgendes Gedicht:

Als ich Dich aus den Augen verlor,
Gingst Du im Herzen auf.
Sag, ist das nicht der Liebe
Zeitwechsel und Verlauf:
Erst wenn wir uns verlassen,
Erst im Geschiedensein
Beginnt sie zu erwachen
Und prägt sich fest uns ein...

Sag, muss ich das Buch nun nicht lieben, wenn es mich so eindringlich anspricht? Die lieben Bücher! So, nun habe ich doch ein paar Gedanken zu Papier gebracht, obwohl ich noch immerzu schreiben könnte. Im allgemeinen geht es uns soweit noch gut, nur Mutti liegt mit einer schweren Grippe im Bett. Kein Wunder, wenn man aus dem Schlafzimmer das Wasser mit Eimern in der Nacht raustragen muss. So mein Schatz, für heute sag ich Dir gute Nacht. Ein Kuss auf Deine lieben Augen und viele, viele auf Dein „Goschel". Auf Wiedersehn, mein Liebster! Freue Dich so wie Dein glückliches Mädchen.

Robert an Gertrud

6. Januar 1948

Mein Liebling!

Nochmals alles Gute und recht viel Glück sendet Dir für das Neue Jahr sowie viele herzliche Grüße und Küsse Dein Schatz. Mir geht es gut und ich hoffe und wünsche, dass auch Du wieder gesund und munter bist.

Schreibe mir bitte gleich, wie Du die böse Krankheit überwunden hast und wie es Dir sonst geht. Gestern war ich bei unserem Bekannten Robert zu Besuch. Der wohnt einfach fabelhaft. Eine schöne ruhige Gegend, viel freies Gelände, einen großen Park, eine romantische Gegend. In seiner Junggesellenklause prima neues Möbel mit einer Bettcouch, die seidene Steppdecke sowie das Leintuch und Federkissen legt er über Tage in den kleinen Schrank und hat dadurch eine immer einladende weiche Sitz- und Liegestätte. Davor steht ein einfacher Tisch und ein Polstersessel, in einer Fensterecke steht ein Tisch mit Schreibgelegenheit, davor ein Polsterstuhl, an der Wand hat er ein einfaches geschmackvolles Bücherbrett angebracht. Neben der Türe ist in einer Nische ein weißes Waschbecken mit Spiegel und Handtuchhalter. Als Trennungswand ist ein großer Schrank dazwischengestellt, der mit einer sauber, dem Zimmer angepasste Rückwand harmonisch sich einfügt. Das Innere des Schrankes ist sehr praktisch eingeteilt. Das sind Gegenstände, die mir besonders gefallen haben und die mich auch sofort heimisch werden ließen. Er fühlt sich auch sehr wohl und ist mit seinem Dasein zufrieden. Er lässt auch viele Grüße bestellen und wünscht Dir alles Gute.

Nun mein Schatz, wie sind Dir die Feiertage bekommen? Hast Du alles gut überstanden und vor allem, warst Du mit allem zufrieden oder was hat Dir nicht gefallen. Kleine Formfehler lassen sich leider nicht immer vermeiden, man kann nur daraus lernen, um es in Zukunft besser zu machen. Leider war es auch sehr schwer, geeignete Geschenke zu machen, doch auch das wird sich hoffentlich bald bessern. Ich war mit den Feiertagen sehr zufrieden. Ich denke gern an jede Stunde zurück und werde noch lange in der schönen Erinnerung schwelgen. Es ist so schön, einen Menschen zu haben, den man von Herzen gern hat und der die eigenen Kräfte in den Dienst der gemeinsamen Sache stellt. Wenn man dessen gewiss sein kann, wenn man einmal müde oder schwach werden sollte, ist jemand da, der hilft, über diese Klippe hinweg zu kommen. Der aber auch teilnimmt an Freuden und Erfolgen des Lebens, der in steter Liebe und Treue als wirklicher Lebenskamerad zur Seite steht und bis zum Lebensende bereit ist, mit zu gehen.

Mein lieber Schatz! Ich glaube, dass Du mich verstehst und auch weißt, wie Du mich nehmen musst. Ich kann leider nicht in überschwänglichen Worten Dir von Liebe und Treue und alles Mögliche aus dem großen Wortschatz von Verliebten erzählen. Doch Du weißt, dass ich Dich lieb habe und immer lieben werde, auch ohne große Beteuerungen.

Ich freue mich oft über Kleinigkeiten, über ein liebes Wort, ohne es besonders zeigen zu können. Ich will aber auch bemüht sein, daran zu denken, dass auch Du mein Liebling kleine Aufmerksamkeiten liebst und notwendig hast, dass auch Dir ein liebes Wort von mir Freude und neue Kraft gibt. Ich glaube, im Erkennen der Dinge liegt unsere Stärke und hier liegt der Punkt, der uns zu vollem Glück führt. Wir wollen im Neuen Jahr uns noch enger binden und näher kommen, um vorwärts und höher dem Ziele entgegen zu gehen.

Nun mein Schatz will ich noch etwas anderes mitteilen. Deine Freundin Hilde wird ein Päckchen Abzeichen erhalten, ich glaube, dass es sie freuen wird. Bestelle bitte viele Grüße von mir. Auch recht viele Grüße an die Eltern und Schwestern. Nun mein Liebling will ich für heute schließen. Hoffentlich bist Du wieder gesund und munter, was ich ja von mir sagen kann. Sei recht herzlich gegrüßt und geküsst von Deinem Dich liebenden Butzel.

Auf ein frohes und gesundes Wiedersehen.

---

11. Januar 1948

Lieber Schatz!

Recht herzliche Grüße und Küsse sendet Dir Dein Liebling. Mir geht es gut, was ich auch von Dir hoffe und wünsche. Bist Du wieder gesund und wohlauf? Bei uns war es ein paar Tage richtig winterlich, doch nun verschwindet der Schnee schon wieder und die Gegend sieht wieder kahl und leer aus. Doch bin ich zur Zeit so stark beschäftigt, dass ich wenig Zeit habe, um mir die Natur anzusehen. Ich habe eine interessante Arbeit, die mich allerdings ganz in Anspruch nimmt. An Tanz und Vergnügen ist hier nicht zu denken, höchstens ab und zu einmal im Kino. Nun mein Liebling, was tust Du tagsüber und wie verbringst Du Deine Zeit? An sich eine dumme Frage, denn Du armes Kind wirst ebenso in Anspruch genommen sein wie ich auch. Denn ich kenne Dich doch mein Schatz. Bei Dir ist auch der Tag nie lang genug. Doch übertreibe bitte nicht und denke daran, dass wir beide noch ein langes Leben beisammen sein wollen. Ich habe Dich so lieb und möchte immer in Deiner Nähe sein. Hoffentlich haben wir bald das Glück, in einem trauten Heim vereint zu sein. Doch bis dahin wollen wir uns treu bleiben, durch unsere Briefe ein enges Band über die Zonengrenzen spannen und immer daran denken, dass wir gemeinsam an einer großen Aufgabe arbeiten. Unser Lohn wird ein glückliches, schöneres Leben sein. Nun mein Schatz will ich für heute Schluss machen. Die Pflicht zur Arbeit ruft. Mit Sehnsucht auf Dein liebes Brieflein wartend grüßt und küsst Dich aus vollem Herzen

Dein lieber Schatz.

---

12. Januar 1948

Du—Du mein Liebster! „—gibst mir Kraft und großen Mut, kannst all mein Leid vertreiben..." so heißt es in einem schönen, alten Volkslied, und es ist wahr! Es ist was Eigenes um die Seelen zweier Menschen, die sich mit ihrem ganzen Sein zugetan sind, deren Schwingungen durch ein Wort, durch ein paar Zeilen zur Ruhe und zum Klingen kommen. Dein Brief heute traf mich in einer inneren Verzweiflung, vor der ich mich selber schämte und vor der ich gerne geflohen wäre. Aber sie folgte mir auf Schritt und Tritt und ließ sich nicht abschütteln. Seit Deinem Abschied war ich nur noch eine leere Hülle und nichts vermochte mich wieder anzufüllen mit all den Empfindungen, die mir lieb waren. Jeder Schritt, der Dich von mir wegführte, nahm ein Stück von meinem Herzen mit und als Du meinen Blicken entschwunden warst, glaubte ich diesen großen Schmerz eines zerrissenen Herzens in meiner Einsamkeit nicht mehr ertragen zu können. Ich hätte Dich zurückrufen mögen, mein Herz schrie nach Dir und meine Lippen riefen Deinen Namen, aber sie riefen ihn in die Kissen. Du konntest es nicht hören und es hätte ja auch keinen Zweck gehabt. Von da an kam ich mir überall fremd vor, fremd in einer Umgebung, die mir zwar vertraut und lieb war; aber Du warst ja auch fort und meine Heimat, mein Zuhause ist nur noch dort, wo du bist. Mein Leben gehört mir nicht mehr! Es ist an Dich gekettet mit tausend Fesseln, und wenn Du von mir gerissen würdest, so muss ich mich in Sehnsucht nach Dir verzehren.

Ja Du, Du hast eine Idee, Du hast etwas, was Dein ganzes Leben ausfüllt und alles übrige sind nur Randbemerkungen. Aber mein Leben, meine Passion ist die Liebe und Sorge um Dich! Und alles Irdische und Materielle erscheint bei mir im umgekehrten Sinne als kleine Schemen am Rande. Ich glaube, wir sind beide zu echt und natürlich, zu sehr das, was wir sein sollen. Du Mann – ich Frau, deren sehr große Wesensverschiedenheit sie einander verzehren lässt in süßem Leid und schmerzlichem Glücke, das in stetigem Wechsel die Gemüter durchzieht, bis sie dieses Auf und Nieder der gepeinigten Seelen in einem einzigen Wesen vereinigt sehen, das dann wohl auch Verstehen und Erlösung bringt. „Wem nie durch Liebe Leid geschah, dem ward auch Lieb durch Lieb nie nah." Nie habe ich diese Worte verstehen können, doch heute ist mir deren Sinn so klar und einfach. Nachdem ich gestern eigentlich nur wieder meine Gedanken zu Papier gebracht habe, will ich heute Deinen lieben Brief beantworten. Zunächst einmal mein Lieb, hab innigsten Dank dafür. Du weißt ja gar nicht, wie sehr Du mir damit weiter geholfen hast. Als ich Deine Zeilen gestern in Händen hielt, war es wieder so licht um mich und ich war Dir so nah. Ach ich hätte Dir in den letzten 8 Tagen so gerne schon öfter geschrieben, das heißt ich habe es jeden Tag, ja stündlich in Gedanken getan, aber meine Apathie ging soweit, dass ich dazu nicht fähig war. Du bist mir deshalb nicht böse, mein Liebling, gell? Hast Du eigentlich meinen Brief, den ich noch vor Weihnachten schrieb, gleich erhalten? Du erwähntest nichts davon. Schreibe mir recht oft, mein Liebes und gib mir ab von Deiner Kraft, lass sie überströmen auf mich, damit sie in mir wachse und ich sie wieder an andere Menschen abzugeben vermag. Ich kann ohne Dich und Deine Liebe nicht mehr leben! Vergiss das bitte nicht! Nun also zu Deinem Brief und Deiner Wohnungsschilderung. Ja mein Schatz, Du lebst und wohnst ja wie ein Graf! Ich freue mich so sehr, dass Du es so gut getroffen hast und Du Dich in Deiner Umgebung so wohl fühlst. Aber ich fürchte fast, Du wirst mir zu sehr verwöhnt, dass es Dir dann bei mir, d.h. in diesem Falle schon bei uns, nicht mehr gefällt!?Was meinst Du? Auf jeden Fall ist es herrlich, dass es bei Dir so schön bequem ist in jeder Weise und Du in Ruhe Deinem Studium nachgehen kannst. Doch was meinst Du mein Du in Ruhe Deinem Studium nachgehen kannst. Doch was meinst Du mein Schatz, wenn ich unser Heim (wie das *klingt! Wie zweierlei Glocken!) ähnlich bequem und gemütlich einrichten könnte? Die Anzeichen dazu sind vorhanden und es hat sich schon manches getan inzwischen, so dass ich fest daran glaube. Tag und Nacht lässt mir dies Projekt keine Ruhe mehr und ich suche in Gedanken alle Möglichkeiten zur Gemütlichkeit, die sich heute ergeben, auszuschöpfen. Deine Vollmacht in allem vorausgesetzt. Ich verspreche Dir immer in Deinem Sinn zu handeln, aber auch in diesem Falle einen gewissen Egoismus einzuschalten. Ich will mit allen Mitteln unserer Liebe ein Asyl, eine Insel bauen, wo sie sich vor den Menschen flüchten kann und wo wir uns ganz allein gehören. Ein Puppenhaus soll es werden, das den Ausgleich bringen soll für den Alltag, in dem es immer Feiertag ist. Und ein ganz klein bissel wagt sich die Hoffnung hervor, dass es ein warmes, freundliches Nest werde für unser Kindchen. Ich sehe Dich jetzt lächeln. Ach Du! Ich bin nun einmal so. So ein kleines weiches Wesen, das mich braucht und das ich beschützen kann, ich sehne mich einfach danach. Ja Du selbst, Du bist mir Geliebter, Kamerad und Kind, für das ich sorgen darf, ein großer Bub, der mich vielleicht auch braucht. Aber darin ist unsere Liebe noch nicht erschöpft. Meine Hände, sie quellen über vor Zärtlichkeit! Sie wollen streicheln, sie wollen umhegen. Und wenn Du nicht bei mir bist, dann werden sie zurückgestoßen. Sie werden nicht gebraucht. Ach und dann sind sie so arm und leer. Hier in der Großstadt habe ich auch nicht mehr meine Blumenkinder und all die Tiere, denen ich meine Zärtlichkeit schenken könnte. Dies alles, mein Liebes, macht meine Sehnsucht so riesengroß. Kannst Du mich verstehen? Ich bin wohl ein erwachsener Mensch, aber meine Seele und mein Herz werden immer die eines Kindes bleiben und sind daher wohl auch von so empfindsamer Art. Vielleicht hätte ich einmal gar kein Mensch werden sollen, sondern eine Blume – eine Glockenblume? Siehst Du, schon wieder bin ich abgeschweift. Jetzt aber wieder der Straße nach. Du fragst mich, wie ich die dumme Krankheit überwand. Übrigens, hoffentlich bleibst Du davon verschont?!! Ja jetzt habe ich endlich wieder ein menschenähnliches Gesicht! Die Drüsen sind noch etwas dick, aber ohne Schmerzen. Doch bin ich aber zu früh aufgestanden undmuss nun dafür büßen. Seit letzter Woche habe ich ein ganz schön geschwollenes Knie und nach längerem Gehen wahnsinnige Schmerzen. Das andere Knie hatte gleich aus Sympathie auch angefangen. Alle Anzeichen sprechen für Gelenkrheuma. Nun war ich am Sonntag Nachmittag bei meinen Eltern und als ich abends wieder nicht mehr gehen konnte, ließ mich Mutti nicht fort. Ich blieb dann gestern und heute bis zum Nachmittag im Bett und wärmte und bearbeitete mit einer entsprechenden Salbe. Nun kann ich Gott sei Dank wenigstens wieder gehen. Hoffentlich erneuern sich die Schmerzen nicht mehr. Ich bin jetzt wieder zu Hause bei Mutter. Sie sagt wohl immer, ich sei eine alte Großmutter, aber ich kann doch nichts dafür. Nicht dass es mir am Willen fehlen würde, nein, aber es lässt sich doch nicht alles mit Energie bekämpfen. Gell Du glaubst nicht, dass ich eine Zimperliese bin?! Es ist ja heute bei den Ernährungsverhältnissen leider so, dass man gleich so klapprig wird und der Körper so lange braucht, bis er sich wieder restlos erholt hat. Doch nun Schluss mit der Jammerei! Wenn nur Du mir nicht krank wirst. Denn bei Euch Männern wirkt sich die Mumps viel schlimmer aus, so sagt mir Frau Dr. Lettmann, die übrigens seit 1. Januar in ihrer Praxis bei allen Krankenkassen zugelassen ist.*

Du glaubst nicht, mein Schatz, wie glücklich mich Deine Worte machen, mit denen Du sagst, dass Dir die Urlaubstage gut gefielen und Du daran noch lange zurückdenken wirst. Ich hatte Dir ja so viel verdorben und ich fürchtete, Du würdest enttäuscht wieder abgefahren sein. Ich bin so froh, dass dies nun nicht der Fall ist und Du trotz allem Unschönen eine schöne Erinnerung an diese Tage hast. Aber auch für mich hat diese kurze Zeit soviel Beglückendes gehabt, trotz vielem, unter dem ich zu leiden hatte. Doch nicht durch Dich veranlasst, sondern durch die Verhältnisse. Immer noch muss ich erstaunt zurückdenken, wie wir in der kurzen Zeit auf unserem Weg zueinander mit Riesenschritten vorwärtsgekommen sind. Du hast mich in diesen Tagen um Jahre reifer gemacht. Hast Du das alles auch empfunden? Ich glaube schon, ich lese es wenigstens aus Deinen Zeilen. Du schreibst von Formfehlern. Ja mein Liebes, die lassen sich allerdings nicht immer vermeiden. Dafür sind wir alle fehlerhafte Menschen, außerdem sind wir uns auch noch nicht so nahe gekommen, um ohne Fehler miteinander zu leben. Aber wir wollen uns helfen, indem wir uns aufmerksam machen auf diese Fehler. Gell mein Liebling? Das sind ja nur Steine, die wir uns auf dem Weg zueinander wegräumen, damit sie kein Hindernis sind. Ich weiß, dass Du Dich über Kleinigkeiten freust, ich spüre es. Doch auch mit diesen Kleinigkeiten kannst Du mich belohnen. Wie gerne denke ich z. B. an Dein liebes, frohes Lachen, das ich so gern höre und mit dem Du mich während Deinem Hiersein so oft erfreutest. Das hat mir auch die Hoffnung gegeben, dass Du Dich ein bissel wohlfühltest, denn es klang so frei und aus dem Herzen kommend. Noch oft, sehr oft sollst Du lachen können, mein lieber Bub! Du Dummerle! Was machst Du Dir nur Gedanken wegen zuwenig Geschenke! Daran denkt doch niemand und außerdem warst Du selbst mir das schönste Geschenk und ich werde Dich immer als Geschenk des Schicksals ansehen. Also nichts mehr davon! Hab mich lieb und komm mir bald und gesund, und kugelrund?, wieder zurück. Etwas schöneres kannst Du mir gar nicht schenken.

Nun noch etwas ganz Lokales. Graffs haben tatsächlich ein Mädelchen. Man weiß ja, dass diese Geschöpfchen immer vorwitziger sind als Jungens. Bei Kockmeyer, von dem ich Dich übrigens vielmals grüßen soll und er war betrübt darüber, dass Du ihm nicht einmal geschrieben hast, bei ihm also ist ein 2. Sohn angekommen. Also Du siehst, Deutschland wächst, blüht und gedeiht! Allerdings muss ich Dir auch wieder eine traurige Mitteilung machen. In der letzten Nacht Deines Urlaubes ist Herbert Grass seinem heimtückischen Leiden erlegen. Am 5. wurde er zu Grabe getragen, begleitet und geehrt von vielen. Soll man den Jungen nun bedauern? Der Arzt sagte, dass im Falle seiner Genesung die Beine gelähmt geblieben wären. Was ist für solch einen jungen Menschen nun befreiender? Die Toten, sie sind ja nicht verloren. Sie leben ja weiter in uns, mit uns.

Ein langer brieflicher Erguss ist das nun wieder geworden, aber ich fühle mich jetzt so erleichtert. Ich habe mir mit diesem Brief die Schwermut vom Herzen geschrieben und nun bin ich wieder fröhlicher geworden. Du mein lieber guter Schatz, nimm meine Briefe als ein Teil von mir und nimm sie so, wie ich sie Dir aus ehrlichem Herzen geben möchte. Es ist nirgends eine Phrase, nur mein Wesen. Schlaf gut mein Liebes, Du, und komm mir auf dem Regenbogen unserer Liebe entgegen, auf dass wir uns in der Mitte treffen. Ich küsse Dich heiß und zärtlich und sende Dir viele innige Blumengrüße. Immer Dein Liebling. Die Eltern lassen alle herzlich grüßen. Besonders Mutter und Mutti, die Dich lieb hat wie einen eigenen Sohn.

Robert an Gertrud

16. Januar 1948

Mein lieber Schatz!

Die herzlichsten Grüße und Küsse sendet Dir aus innerstem Bedürfnis Dein Liebling. Wie geht es Dir, bist Du wieder gesund? Mir geht es gut und ich wünsche natürlich das selbe von Dir. Ich bin zwar sehr beschäftigt, doch mein Liebling hat doch auch gerne ein paar Zeilen und da muss ich das natürlich miteinbauen in meinen Arbeitsplan. Nach ein paar Tagen Regen haben wir heute mal wieder Schnee. Im übrigen ist es aber so, dass man ohne Mantel und Handschuhe noch im Freien gehen kann. Bei Euch wird es nicht viel anders sein. Wenn es so weiter geht, kann man ja zufrieden sein. Nun mein Schatz, wie geht es bei Dir täglich zu? Bist Du wieder im Geschäft? Was machen die Pläne? Hast Du schon etwas erreicht Mein Liebling! Ich werde Dir laufend Päckchen senden. Schreibe mir bitte, was Du erhalten hast, aber nur die Bücher mit Titel. Ich glaube, dass Du über manche Dinge sehr erfreut bist. Mehr kann ich leider nicht für Dich tun. An Karola habe ich auch ein paar Zeitungen geschickt und ein Buch, an Deine Freundin natürlich. Mein Liebling, in Eurer Presse wird eben mal wieder eine Flut von Schmutz geschrieben; solche Beispiele hat leider die Geschichte uns schon viele gegeben. Lasst Euch nicht verrückt machen. Seht bitte die Hintermänner an, dann ist alles klar. Der Beschluss von Frankfurt muss doch irgendwie verwischt werden, ebenso die Ernährungskatastrophe im Ruhrgebiet. Diesen Herren ist kein Mittel zu schlecht, wenn's um ihren Proft geht. Das sollte nur ein kleiner Hinweis sein.

Nun mein Schatz verbleibe ich mit den besten Grüßen und Küssen dein Dich liebender Butzel.

Viele Grüße an die Eltern und Geschwister, vor allem zu Vaters Geburtstag die herzlichsten Glückwünsche und alles Gute.

Gertrud an Robert

18. Januar 1948

Mein geliebter Schatz!

Das 2. Brieflein ist da! Einen herzlichen und festen Kuss und vielen lieben Dank dafür mein Liebling. Ich habe mich so sehr gefreut, Du. Deine Post ist jetzt viel schneller da, in einer zweitägigen Reise hat es der Brief geschafft. Ob er wusste, dass ich darauf gewartet habe? Hoffentlich hatte es mein Brief genauso eilig, zu Dir zu gelangen. Oder war er etwa zu schwer dazu? Ich freue mich, dass es Dir gut geht und Du mit Deiner Arbeit und Deine jetzigen Leben zufrieden bist. Da wirst Du mich ja gar nicht vermissen?!? Hast Du nun noch genau so gut zu essen oder brauche ich Dir Deine Hose nicht mehr weiter zu machen? Du musst doch Kraft sammeln, mein Butzel, denn wenn Du hier bist, kann ich Dir leider nicht so viel anbieten. Das machtmir eigentlich jetzt schon Sorgen. Aber das will ich ja eigentlich nicht, denn Du meinst ja, man würde hässlich davon und ich möchte es doch nicht darauf ankommen lassen, dass Du Dir deswegen eine andere Freundin anschaffst. Nicht wahr? Kaum gesund, wird sie schon wieder eifersüchtig, gell? Aber Du weißt ja, wie ich's meine, Butzel. Ja gesund bin ich wieder ganz und nun hätte ich nur noch einen Wunsch, dass man nämlich auf den Schlaf verzichten könnte. Aber leider! Ich habe schon wieder so viele Pflichten und Aufgaben, dass ich sie manchmal gar nicht übersehen kann. Eigentlich wollte ich mich in den nächsten Monaten in der Hauptsache der Einrichtung unseres Heimes widmen und alles andere zurück stellen. Aber Du weißt ja, ich kann so schlecht nein sagen. Heute hatten wir Landesleitungssitzung, um neben den eigentlichen Verantwortlichen einen Arbeitsausschuss zu bilden. Da soll ich nun den Literaturvertrieb übernehmen. Natürlich wieder eine ziemliche Mehrarbeit und Verpflichtung. Ich weiß es ja, dass es nötig ist, mitzuarbeiten, aber man müsste die Möglichkeit haben, sich zerteilen zu können. Daneben möchte ich aber auch meinen Beruf nicht vernachlässigen. Im Gegenteil. Ich habe jetzt in der vergangenen Woche ein Gesuch um vorzeitige Prüfung an die Handwerkskammer abgeschickt mit Zeugnisabschriften und einem Zeugnis von Frl. Rinderknecht. Nun muss sie in der kommenden Woche selbst nach Kaiserslautern zu einer Sitzung. Ich hoffe, dass sie mir dann Bescheid mitbringen kann. Ich bin so gespannt! Wenn nur diese Ungewissheit auch einmal geklärt wäre. Doch ich habe das Gefühl, als würde alles gut werden. Wie sich ja schon manches andere im neuen Jahr zu unseren Gunsten geklärt hat. Wenn es mit der Prüfung klappt, dann muss ich mich allerdings in den nächsten beiden Monaten noch schwer dahinter klemmen, denn wenn schon, dann möchte ich nicht nur gerade mitMühe eine Prüfung bestehen. Dann muss ich die nächsten Wochen Mutti öfter eine Fahrt nach Speyer abnehmen wegen der Möbelangelegenheit, die sich auch zum Guten fügt. Wir waren am Donnerstag dort und es war einiges Erfreuliches, was wir zu hören bekamen. Das Möbel, auch was die Franzosen requirierten, bleibt in jedem Fall Eigentum der Eltern. Von einem geldlichen Abfinden kann nicht die Rede sein, nur von einer Mietzahlung. Die Küche ganz und vom Schlafzimmer, was eben noch aufzufinden ist, kann auf ein Gesuch hin wieder zurück erstattet werden. Die ganzen Möbel werden nämlich in der nächsten Zeit von allen Privatpersonen durch die Behörde herausgeholt und in ein Möbellager gebracht. Das ist natürlich sehr erfreulich. Mutti ist aber tatsächlich nicht mehr imstande, diese Strapazen auf sich zu nehmen. War ja ich schon am Donnerstag Abend wirklich erledigt. Wir sind aber auch tatsächlich von früh um 8 bis um 17.45Uhr in einem Stück gerannt von Pontius bis Pilatus und haben uns nur ½ Stunde zum Mittagessen gegönnt. Du siehst also, es wird mir auch in Zukunft nicht langweilig werden. Von der Arbeit zu Hause und meiner persönlichen und für unser Heim ganz zu schweigen. Aber wenn nur ein bissel ein Erfolg zu verzeichnen ist, so macht doch alles wieder umso mehr Freude, nicht wahr? Aber es ist wahr, der Tag ist mir nie lang genug. Du mein lieber, guter Schatz, es ist so lieb von Dir, dass Du Dich um mich sorgst. Ich danke Dir. Ich will trotz aller Arbeit daran denken an unser gemeinsames und hoffentlich noch langes Leben. Ach dass es so schönwerden könnte, hätte ich nie geglaubt. Manchmal habe ich fast etwas Angst, dass dieses große Glück einmal jäh zerreißen könnte. Doch diese Gedanken weise ich gleich weit von mir, denn erst will ich dieses Glück ganz auskosten und deine Liebe restlos in mich aufnehmen. Kein Glück wird uns geschenkt, es muss erkämpft und erarbeitet werden und noch habe ich meinerseits Kraft genug und gebe das Rennen um das Glück noch lange nicht auf. Immer wieder muss ich Deine Zeilen lesen und immer wieder den einen Satz, dass Du mich so lieb hast. Ach ich bin ja so froh und glücklich, dass ich Dir etwas bedeute und sein kann. Ich will nicht müde werden in meiner Liebe zu Dir und immer, so gut ich kann, über Deinem lieben Leben wachen. Bald, in einigen Monaten schon, werden wir so glücklich sein wie vielleicht noch nicht bisher. Wenn ich daran denke, schwindelt mir fast. Du mein geliebtes Wesen! Ich glaube die Treue, gegenseitige Treue bedarf wohl bei uns keiner Erwähnung. Sie ist so selbstverständlich, dass das Gegenteil mir so fremd und eigenartig erscheint. Untreue ist in meinem Leben nur ein Wort im Duden, es ist mir so fern und unbekannt wie der Nordpol. Also keine Angst mein Schatz, Du kennst mich ja, gell? Lieber, lieber Bubi! Sag mal, sollen eigentlich die beiden Herzen in Deinem Brief symbolisch sein? Eigentlich reizen sie mich zu einer philosophischen Betrachtung. Während nämlich das eine eine gleichmäßige schöne Rundung besitzt, ist das andere im Hintergrund kleiner und ein bissel arg gedrückt. Ich nehme an, dass dieses letzte Herz das meinige ist, denn es wird von Dir fast zur Hälfte bedeckt und das ist wohl das Vorrecht eines männlichen Herzens. Aber warum dann diese Verkümmerung? Hast Du bei mir etwa einen Fehler entdeckt? Und so klein?! Dabei ist es so groß, d. h. es dehnt sich manchmal so sehr aus, dass es fast platzen möchte. Was dann? Dass Du mit Deiner Zeichnung einige Verwirrung und Kopfzerbrechen anrichten würdest, hättest Du sicher nicht gedacht, gell? (Hörst Du mich lachen?) Nun mein Liebster einen innigen Gute-Nacht-Kuss und recht herzliche Grüße von uns allen, besonders aber von Deinem immer glücklichen Mädchen. Schreibst Du bald wieder?

Gertrud an Robert

22. Januar 1948

-wenn ich ein Vöglein wär und auch zwei Flügel hätt, flög ich zu Dir, weil's aber nicht kann sein, bleibe ich allein.

Nun, aber meine Gedanken schicke ich auf Wanderschaft und heiße sie in Dein Kämmerlein einkehren. Was wirst Du wohl gerade tun? Sicher bist Du beim arbeiten und vergisst alles um Dich her. Da werde ich also meinen Gedanken den Auftrag geben, Dich so lange zu drangsalieren, bis Du einmal von Deinem Buch aufschaust und vielleicht bei einem Blick aus dem Fenster etwas entdeckst, was Dich an mich erinnert. Meine Liebe findest Du überall, sie ist Dir immer nahe, in Wind, Wolken und Bäumen, in Mond und Sternen. Vielleicht setzt sich einmal eine Schneeflocke auf Deine Hand, dann denke, dass es eine meiner tausend Gedanken ist, die ich stündlich zu Dir aussende. Nimm sie in Dich auf, die kleinen Freuden, die Mutter Natur wie Spielbälle unter die Menschen wirft. Glücklich der, welcher geschickt genug ist, sie aufzufangen. Verschließe Dich ihnen nicht, trotz Deiner vielen Arbeit. Dein Herz soll doch groß und weit werden und sich nicht noch mehr verhärten. Du sollst mir nicht einseitig werden, es gibt nämlich noch so viele andere Dinge und Schönheiten im Leben außer Arbeit und – na ja, Du weißt schon. Sie im rechten Augenblick und an rechter Stelle im eigenen Leben zu verwerten, ist wohl nicht so einfach, aber zur inneren Harmonie und Ausgeglichenheit sehr notwendig. Also mein Liebes, schau öfter einmal von Deiner Arbeit auf, lass Deine Augen ausruhen und sich erfreuen an dem ewigen Gleichklang des Lebens in der Natur. Vor allem nachdem Du es ja so einfach hast, und Dir das Land fast ins Zimmer dringt, Dein Blick nicht an Steinmauern abprallt und es dann nicht wagt, in die Höfe zu schauen. Himmel – gibt es den überhaupt in der Großstadt? Scheint es nicht so, als würde er sich viel weiter von der Erde entfernt haben? Und als würde er sich verstecken vor all dem Gewirr der Drähte und den dicken Rauchschwaden? Vielleicht gibt es deshalb soviel Hass auf der Welt, weil der Himmel, der leuchtende

Himmel, nicht mehr zu den Menschen herabkommt? Ob die Menschen deshalb instinktiv eine tiefe Sehnsucht nach dem Himmel in sich tragen und ihn mit einer Gloriole umgeben, die ihn doch so schrecklich verstümmelt und seine wirkliche Herrlichkeit, seine große Einfachheit, verdeckt. Ach ihr Menschen – ihr dummen Menschen! Holt Euch doch den Himmel! Warum geht ihr denn nicht den geraden, einfachen Weg? Warum müssen es immer Seitenpfade und verschlungene Wege sein? Aber dazu muss man allerdings selbst ein reines und einfaches Herz besitzen. Wir wollen uns ein solches Herz bewahren, mein lieber, geliebter Schatz, wir werden uns den Himmel, unseren Himmel auf die Erde holen, ob uns noch andere Menschen folgen oder nicht. Aber wir werden ihnen den Weg dazu zeigen und sie somit aus ihrem niederen Dasein in eine schönere Höhe hinaufführen. Wir können es, ich weiß es sicher! Du Lieber, Guter, ich halte Deinen so lieben Brief Nr. 3 in Händen und hier hast Du viele tausend Küsse als Dank dafür! Es ist so lieb von Dir, dass Du so oft an mich denkst und die Zeit für ein Brieflein an mich ermöglichst Wie soll ich Dir danken! Wenn Dir nur meine Briefe auch so viel Freude bringen würden! Ich messe jetzt die Zeit nur noch nach der Sonne. Ist sie wieder warm und leuchtend, dann ist die Zeit nahe, die Dich mir bringt und die ich so herbeisehne. Mein Butzel! Doch noch ist es nicht so weit. Die Sonne verkriecht sich meist noch hinter einer trüben Wolkenwand, die viel Regen und manchmal auch so etwas wie Schnee bringt. Richtig unfreundlich. Im übrigen scheint es bei uns doch etwas kälter zu sein, wenigstens in der letzten Zeit. Ohne Mantel und Handschuhe könnte man sich nicht im Freien bewegen. Aber ich finde, das solltest auch Du nicht machen, Liebster. Gib acht, dass Du Dich nicht erkältest. Das kannst Du Dir meinetwegen aufheben, bis Du wieder bei mir bist, dann kann ich wenigstens auf Dich aufpassen. Ich freue mich schon sehr auf die Bücherpäckchen, wenn ich auch leider, leider augenblicklich keine Zeit und Muße finde, sie mir zu Gemüte zu führen. Aber nächsten Winter im Eigenheim! Ach Du Schatz, wenn ich Dich jetzt hier hätte, würde ich Dich halbtot drücken. Ich freue mich, ich freue mich! Ein kombiniertes Schlaf- und Wohnzimmer wird zunächst einmal, als Anfang sozusagen, unser Eigen sein. Für alles weitere brauch ich nun auch nicht mehr zum Wirtschaftsamt. Die Bezugsscheine werden jetzt bei Willi beantragt und ausgestellt. Ich bin aber auch froh. So habe ich wenigstens die Zeit des stundenlangen Anstehens gespart. Freust Du Dich auch mein Liebes? Vielleich kann ich Dich doch in ein fertiges Paradies führen?!

Doch nun noch einmal auf die Bücher zurückgekommen. Du meinst, Du könntest nicht mehr für mich tun? Aber Liebes, meine Liebe misst doch nicht nach Geschenken! Und im übrigen tust Du doch so unendlich viel für mich. Du hast mich lieb und machst mich glücklich. Was braucht es da noch mehr? Ich selbst will versuchen, Dir dies alles mit doppelter Liebe zu vergelten. Ich möchte nur Dich ganz besitzen und Deine Liebe. Das ist wohl unbescheiden genug. Aber ich begnüge mich nicht gern mit halben Sachen. Ich habe Karola geschrieben, dass sie in der nächsten Zeit einmal Bücher bekommen würde und dass diese für sie bestimmt sind. Ich bin gespannt, was sie mir schreibt. Was hast Du ihr denn geschickt? Von Friedel habe ich immer noch keine Nachricht. Aber wenn Du etwas passendes für sie hast, dann schicke es ihr an folgende Anschrift: Friedel Bicker, Wustenzell über Würzburg bei Kappelmann. Ich werde jetzt einmal anfragen, ob sie inzwischen schon gestorben ist. Gestern bekam ich auch einen Brief, über den ich mich sehr freute und zwar von Adi! Er ist schon 8Wochen daheim und findet sich im jetzigen Zivilleben noch nicht ganz zurecht. Aber er ist in seiner Art derselbe geblieben. Wenn Du mein Wesen auf einen Mann überträgst, dann hast Du Adi. Er lässt Dich unbekannterweise herzlich grüßen. Er schrieb, ob ich nicht einmal abkömmlich wäre, Großmama würde es gut tun, mich einmal wieder zu sehen. Sie will unbedingt in der nächsten Zeit hierher fahren. Stell Dir vor, mit 78 Jahren! Nun habe ich mir etwas ausgedacht. Hast Du Ostern ein paar Tage frei? Wenn ja, könntest Du nach Oldenburg kommen? Ich würde dann bis zu diesem Zeitpunkt auch dort sein. Meinst Du, das könnte möglich sein? Ich würde mich sehr freuen, wenn ich Dich den Großeltern einmal vorstellen könnte. Der Zeitpunkt wäre ja günstig, denn wer weiß, wann wir wieder einmal nach Norddeutschland kommen. Schreibe mir bitte, wie Du darüber denkst. Noch etwas Butzel, Mutti hat am 6. Februar Geburtstag.

Nun zu dem letzten Abschnitt Deines Briefes. Ja es ist wahr, wir sind augenblicklich hier im Westen was die Russen anbetrifft in einen Strudel von Hass und Hetze gerissen. Man möchte schon keine Zeitung in die Hand nehmen und manchmal möchte man gar nichts mehr hören und sehen. Aber leider, und das macht mir am meisten Sorge, überträgt sich das alles auch auf die Jugend und erschwert die Arbeit ungemein. Es zieht jeder an seinem eigenen Strick, der Kitt fehlt, der alle diese Stricke aneinander kettet. Einesteils 2 Schritte vor und andererseits einen Schritt zurück. Wie lässt sich das nur ändern? Ich lasse mich wohl nicht verrückt machen, aber es ist ungeheuer schwer, anderen gegenüber konsequent zu bleiben, denn es fehlt mir persönlich an geistigen Grundlagen und wenn ich ganz ehrlich sein soll, muss ich insgeheim vielleicht in meinem Unverstand der Gegenseite auch mal recht geben. Aber keine Angst, Schätzel, Du kennst mich ja, und außerdem habe ich ja Dich und kenne Deinen Glauben. Wenn mir auch dieser Glaube in manchen Dingen noch recht unklar ist, so genügt es mir doch, dass Du von ihm durchdrungen bist. Das soll nun nicht heißen, dass ich eine eigene Meinung ganz aufgegeben hätte. Nein, nein! Aber ich habe Vertrauen zu Dir und ich weiß, dass Du ein so guter Mensch bist und für Deine Mitmenschen nur das beste willst. So kann es nichts Schlechtes sein, was Du glaubst. Aber das sind Dinge, die wir, wenn Du wieder bei mir bist, zusammen besprechen wollen. Ich habe halt jetzt gar niemand mehr, mit dem ich mich darüber unterhalten könnte. Musst halt bald wieder kommen, mein Schatz! Noch 16Wochen, wie schrecklich!! Was hab ich gelacht über das beigelegte Witzbildchen! Mutti meinte, das wäre so echt. Ja, ja, wenn Frauen Hosen anhaben. Aber findest Du diese Sachlichkeit, die leider Wirklichkeit und kein

Witz mehr sind, schön und geeignet, ein Leben zu bereichern? Ich nicht. Das Leben ist sachlich genug, fast zu sachlich, warum soll man nicht versuchen, jeder auf seine Art und seinem Wesen entsprechend, möglichst viel Sonnenstrahlen und Blumen mit einzustreuen? Ich lass mich daran nicht hindern, für Dich und unser gemeinsames Leben. Jetzt habe ich Dir aber wieder eine Menge vorgequasselt. Du wirst sicher schon ganz durcheinander im Kopf sein vom lesen. Ich will deshalb aufhören, obwohl ich noch soviel zu erzählen wüsste. Doch Du musst ja diese „geistige" Kost erst einmal verdauen bis zum nächsten Brief. Alle lassen Dich recht herzlich grüßen, auch Hamforts und Herbert M. jr. Und viele andere. Die innigsten Grüße und viele Küsse auf Deinen lieben Mund! Dein Mädchen.

Robert an Gertrud

24. Januar 1948

Mein lieber Schatz!

Voller Sehnsucht erwarte ich einen schriftlichen Gruß von Dir. Leider ist dieses Jahr noch kein liebes Briefein eingetroffen. Hoffentlich liegt es nicht bei Dir, bist Du wieder gesund? Wie geht es Dir und was machst Du, mein Liebling? Bei mir ist soweit alles in Dein liebes Gesicht lacht mich an, Du sitzt jetzt neben mir und ich halte Dich fest in meinen Armen. Mein Liebling ist auch schon müde und sein Köpfchen sinkt an meine Brust, wo ich ihn fest an mein Herz drücke und den süßen roten Mund und die schönen müden Äuglein mit Küsschen verschließe. Wir beide sind nun in die Traumwelt versunken. Wir träumen vom Frühling, von der Zeit der Blumen und der Sonne, die unsere Herzen wieder froh macht. Wir beide wohnen allein in einem kleinen Märchenschloss inmitten einer bewegten Zeit und einer Epoche reich an Arbeit und Aufgaben. Doch mein Liebling ist der Sonnenschein, der mein Herz erhellt, und diese mächtige Kraft der Liebe wird uns begleiten bis ins hohe Alter. Ich träume von einem Abend, wo wir beide im Walzertakt durch den Saal schweben, mein Liebling als Rotkäppchen, um bei einem Kusse uns ganz nahe zu kommen und dann selig den Heimweg anzutreten. Uns geht es wie dem Mädchen mit den Schwefelhölzchen, das vor lauter Glück und Freude seine Umgebung und kalten Füße vergisst. Doch mein Liebling will ins Bettchen, es ist schon spät geworden. Mit den herzlichen Grüßen an die Eltern verabschiede ich mich. Noch einmal liegt mein Schatz mir in den Armen, fest an mich geschmiegt und mit glückstrahlenden Augen erhalte ich meinen letzten Gute-Nacht-Kuss. Nun werde ich wieder munter und stelle fest, dass ich allein bin. Der Traum ist aus und mir wird es kalt. Die Uhr ist auch schon vorgerückt also husch ins Bett. Dir mein liebes Mädchen sende ich die herzlichsten Grüße und süßesten Küsse bis zum nächsten Mal. Dein Bubi.

Robert an Gertrud

30. Januar 1948

Mein liebes gutes Mädchen!

Seit Montag sind nun Deine vielen lieben Zeilen in meiner Hand und ich war so froh, endlich wieder direkten Kontakt mit Dir zu haben. Leider komme ich erst heute abend dazu, Dir diesen Brief zu beantworten, es war mir aber wirklich nicht möglich, früher zu schreiben. Ich hatte soviel zu tun und jeden Abend war es 1 oder ½ 2 Uhr als ich schlafen ging. Mir ist oft zumute, als ob ich betrunken sei vor lauter lernen und lesen. Schon bald wie ein zerstreuter Professor. Doch sonst fühle ich mich wohl und hoffe es auch zu bleiben. Nun aber zu Deinem Brief. Deine ersten Seiten haben mich sehr stark beeindruckt und zeigten mir so richtig Deine große Liebe zu mir, die fast zu groß ist, denn Du bist ganz in mir aufgegangen und hast dadurch teilweise den Boden unter den Füßen verloren. Lieber Schatz! Ich weiß, was ich an Dir habe und wie teuer Du mir in meinem Leben geworden bist, doch das heutige Leben fordert mehr von uns und was auch kommen mag, keiner darf zerbrechen. Du schreibst, Dein Leben ist nur noch Sorge um mich, das hätte zur Folge, dass mein Leben nur noch Sorge um Dich dann sein müsste, ich muss aber die Zuversicht haben, dass mein Liebling ein ganzer Kerl ist, der mit 2 Beinen und einem klaren Kopf im Leben steht, um noch Großes leisten zu können. Und das bist Du ja auch wirklich; Deine nächsten Worte zeigen mir, dass Du den schwachen Punkt überwunden hast. Es ist für mich auch klar, dass die letzten Wochen und Monate Dein Leben so stark bereichert haben, dass es eben seine Zeit braucht, bis alles verdaut ist. Wenn einer es nicht mehr alleine schafft, muss der andere helfen, und in diesem Punkt gibt es für uns keinen Zweifel. Mein Schatz, verstehe mich richtig. Ich habe Dich sehr lieb und will Dich nie verlieren, darum schreibe ich so nüchtern. Ein oberflächlicher Liebhaber würde Dir jetzt 10 Seiten vorsetzen, die ein kleines Märchen wären, die so richtig romantische Schwärmerei ausstrahlen würden. Ich weiß aber auch, dass solche Menschen in schweren Zeiten kaputt gehen und meistens nach kurzer Ehe enttäuscht über die Wirklichkeit sich entfremden.. Das darf bei uns nie eintreten. Wir wollen dem Leben sehr viel abringen und uns eine glückliche Zukunft gestalten. Dabei muss man die Augen offen halten, den Kopf hoch tragen und fest auf dem Boden der Wirklichkeit bleiben. Doch diese Wahrheiten sind uns beiden ja klar und wir werden in 50 Jahren einmal stolz und zufrieden auf unser Leben zurückblicken.

Nun wieder zurück. Dein Weihnachtsbrief ist inzwischen auch eingetrudelt und er war mir ein Vorbote zu dem jetzigen. Du schreibst von unserem „Heim", ich kann *mich noch gar nicht daran gewöhnen, zu glauben, dass es wirklich wahr werden soll. Doch wenn Du, mein liebes Mädel, es schaffst, was soll ich dagegen einzuwenden haben. Ich erteile Dir hiermit zur Ausgestaltung Deines Puppenhauses, unseres Märchenschlosses, ALLE VOLLMACHT und erlaube Dir, einen gewissen eigenen Egoismus einzuschalten. Ich habe volles Vertrauen zu Dir und weiß, dass Deine Ansichten sich sehr oft mit meinen decken. Im übrigen lasse ich mich gerne überraschen und hoffe, dass Du, mein „Sonnenschein im Eigenheim", mit mir zufrieden bist. Gelesen, beglaubigt und genehmigt von Deinem Herzensdieb.*

Jetzt wäre ich doch beinahe in das Lager der Schwärmerei abgeglitten, doch wir beide können uns in dieser Frage ab und zu einen Seitensprung erlauben, ja mein liebes Frl. Glockenblume? Du mein Liebling sei unbesorgt, ich werde Dich hegen und pflegen wie eine Blume, ich verstehe Dich ja so gut. Du brauchst keine Angst haben, dass ich jetzt mit der Gießkanne komme, um Dich zu begießen, oder dass ich Dich im Winter in den Keller stelle, dass Du nicht erfrierst. So ein Lausbub, was? Ja mein Liebling, diese Zeilen bringen mich Dir so nahe, dass ich ganz vergesse, wo ich bin. Wenn ich Dich jetzt hier hätte, würde ich Dich in meine Arme nehmen und ganz fest lieb haben, wie ich das ja so gerne tue. Doch keine Angst, ich drücke Dich nicht tot, denn ich brauche Dich noch länger. Nun lese ich gerade, dass Du natürlich wieder zu früh aufgestanden bist und nun die Mumps in die Knie gerutscht ist. Du leichtsinniger Vogel, weißt Du was Gelenkrheuma bedeutet? Lass Dich bloß kurieren, denn mit solchen Dingen ist nicht zu spaßen. Als Zimperliese kann man Dich, mein Schatz, nicht bezeichnen, das wirst Du ja in Zukunft beweisen, doch Du weißt ja wie es gemeint ist, wenn die Eltern solche Worte gebrauchen. Bei mir brauchst Du Dir keine Sorgen machen, ich merke nichts von einer Mumps. Übrigens bestelle bitte viele Grüße an Edit Leffmann, sie kann Dir vielleicht manchmal helfen. Viele Grüße auch an Ludwig Rockmeyer, ich werde ihm aus bestimmten Gründen nicht schreiben, das wird er verstehen. Um Herbert Graß ist es schade, er war ein prima Junge. Nun fallen mir aber die Augen zu und ich muss zum Ende kommen. Recht viele Grüße an die Eltern, besonders die lieben Muttis, natürlich auch das Schwesterlein. Ich grüße und küsse Dich mein Liebling recht herzlich und wünsche Dir alles Gute und recht viel Erfolg.

Gute Nacht, Dein Bubi.

Gertrud an Robert

Februar 1948

Geliebter Schatz!

Du, Du kannst ja träumen, Du Butzel! Du siehst, ich bin erstaunt darüber, aber ich danke Dir von ganzem Herzen für diesen Traumbrief vom 24.1. Eigentlich brauche ich mich ja gar nicht so sehr zu wundern, denn gerade an diesem Tag, am 24., habe ich ganz besonders viele meiner Gedanken zu Dir geschickt und sie scheinen auch prompt bei Dir angekommen zu sein. Darüber freue ich mich sehr. Doch Du Armes, Du hattest noch gar keine Nachricht von mir, das tut mir so leid. Hoffentlich hat sich das inzwischen geändert. Deine Briefe sind eben sehr schnell da, 3-5 Tage, aber ich kann gar nicht genug davon bekommen und warte schon immer ungeduldig auf Deine nächste Post. Sie geben mir so viel Kraft und Mut und vor allem sie bringen mir viele liebe Worte, nach denen ich hungere und die ich so sehr vermisse. Mir tut es oft da drinnen im Herzen richtig weh und es schnürt mir den Hals zu. Nicht dass jemand hässlich zu mir wäre, nein das nicht. Aber die Gleichgültigkeit macht mich ganz krank. Und da sehne ich mich so sehr nach Dir und deinen lieben Worten. Ich weiß, ich bin ein komischer Mensch, aber was kann ich denn dafür? Ich muss noch lernen, mein Herz nicht offen zur Schau zu tragen und es zu schützen versuchen vor allen Angriffen. Ob ich das aber jemals fertig bringe? Die Menschen tun mir alle weh und nur bei Dir fühle ich mich allen Angriffen gefeit. Bist Du bei mir, dann ist mein Wesen so in dem Deinen aufgegangen, dass alles, was von außerhalb kommt, gar nicht bis ganz zu mir dringt. Es beginnt nun für uns eine Zeit, in der wir jeden Tag, in glücklicher Erinnerung an vergangene Stunden, an unserem geistigen Auge vorüber ziehlassen. Ach Liebes, ich habe in den letzten Tagen sehr, sehr viel über uns und unsere Liebe nachgedacht. Ist es nicht eigenartig, dass bei uns alles anders war, anders als man es immer erzählt bekam und anders als man es sich selbst vorstellte? Wir wussten vom ersten Moment an, dass wir zusammengehören. Aber wir wollten das übersehen und haben uns gemieden. Das heißt eigentlich nur unbewusst. Doch das Schicksal hat über uns hinweg gehandelt. Es führte uns bei einem Walzer erneut zusammen und –weißt Du noch?- wir haben uns staunend wieder erkannt. Heute weiß man alles, was man damals nur unbewusst fühlte. Dann war alles Folgende so selbstverständlich, als wäre uns aufgeschrieben, wie wir handeln müssten. Es war alles ohne Besonderheit und – ohne Leidenschaft. Fast wollte ich im Frühjahr und Sommer an eine Vernunftsverbindung glauben und das war etwas, was mich ängstlich machte; denn dazu wäre ich nicht geschaffen. Ich wusste zuvor ganz genau, dass ich mir darüber nicht im Klaren war. Doch ich habe den Weg gewagt und ich habe und werde ihn nie, nie bereuen! Morgen haben wir ein halbes Jubiläum. Es ist ein halbes Jahr, dass ich bei Dir bin, und es war eine schöne, eine glückliche Zeit. Wir waren zu Anfang wohl nur gute Kameraden, doch inzwischen sind wir vorwärts gegangen auf dem Wege zueinander; wir haben versucht, uns kennen zu lernen, und ist es nicht beglückend, wenn man an seinem liebsten Menschen täglich neue Wesenszüge entdeckt, die zu noch mehr Verständnis führen? Siehst Du, Liebes, und je mehr wir uns kennen lernen umso größer und tiefer wird unsere Liebe. Ja es ist wahr, reine Liebe ist wie ein tiefer Brunnen, den man nicht ausloten kann. Je mehr man ihn erforschen will, umso tiefer wird er. Aber wir wollen diese unsere Liebe heilig halten und sie vor geilen Blicken zu schützen versuchen Bald, nur noch wenige Monate, wird unser Märchenschloss, von dem auch Du träumst, Wirklichkeit werden und auch das letzte Restchen Glück wird unser sein. Frühling, Sonne, Blumen! Das soll unsere Losung sein und wir wollen unser Tagewerk im Glauben daran fröhlich beginnen. Ach Du mein Liebes! Ich weiß gar nicht, ich kann heute meine Gedanken gar nicht so zu Papier bringen, wie ich es gerne möchte. Dabei jagt mir so viel im Kopf rum, es wirbelt nur so. Ich glaube, ich muss bald mal zu Dir kommen. Auf jeden Fall schreibe mir so bald wie möglich, wie Du über meinen Plan nach Oldenburg denkst. Ach schreib mir überhaupt so oft Du kannst, gell mein Liebling. Sei mir nicht bös, wenn ich heute so wenig schreibe, Du Liebes, gell? Der nächste Brief wird wi+eder länger. Du mein allerliebster Schatz nimm viele tausend Küsse in Gedanken an den morgigen Tag, Dein Liebling.

Robert an Gertrud

3. Februar 1948

Mein geliebter Schatz!

Tausend Dank für Deinen lieben Brief und recht viele Grüße und Küsse. Ich habe mich so gefreut, dass Du nun wieder gesund bist und eine ganze Menge erfreuliche Sachen erlebt hast. Mir geht es gut und ich hoffe und wünsche, dass auch Du viel schöne und angenehme Stundeverleben wirst. Ich wünschte oft, Du könntest bei mir sein und Dinge sehen und hören, die diese vielen kürzlichen Lügenschleier zerreißen, die leider bei Euch gelegt und immer von neuem errichtet werden. Alles zu dem Zweck, die Menschen irre zu machen und persönlich im Trüben zu fischen. Doch die Wahrheit und das Recht werden sich eine Bahn brechen und den Hass vernichten, damit die Menschen wieder Menschen werden. Ein alter Wahlspruch lautet: „aus dem Funken wird die Flamme". Sie wird diese Heuchler und Pharisäer in Schach haltenund zu Grunde richten. Die Geschichte lehrt uns, dass das Neue immer erst nach hartem, zähen Ringen das Alte verdrängen konnte und dann wollten die Menschen nie glauben, dass sie selbst in ihrer Beschränktheit ihr eigenes Glück bekämpften. Hier herrscht bei den Menschen wirklich ein neuer Geist, aber nicht auf Gewalt und Bajonette gestützt, sondern auf dem Glauben und der

Zuversicht, dass sie für sich arbeiten, für Deutschland. Für mich ist es unglaublich, dass der Westen sich oft schämt, das Wort Deutschland auszusprechen. Dass viele dem Ausland mehr glauben als ihrem Herzen. Jeder denkende Mensch muss doch fühlen, dass der unser Freund nicht sein kann, der uns nicht gestattet, nser Schicksal in die eigenen Hände zu nehmen; der uns nur diktiert, ohne unsere eigenen Sorgen und Wünsche zu berücksichtigen. Ist das vielleicht die gelobte Freiheit, wenn man z. B. in der englischen Zone 22 Bücher verbietet, die zum Teil schon bald 100 Jahre erlaubt waren; oder bei Euch das Theaterstück „Hauptmann von Köpenick" und anderen nicht zulässt, die geeignet sind, dem Volk die Augen zu öffnen? Denke bitte daran: Demokratie ist eine Herrschaftsform des Staates. Der Staat ist das Machtinstrument der jeweils herrschenden Klasse. Dazu gehört Polizei, Presse, Rundfunk usw. Es ist also ein Unterschied obder Staat von schaffenden Menschen regiert wird oder von Kapitalisten und Bankiers. Darin ist eigentlich alles enthalten, man muss nur etwas nachdenken.

Nun mein Schatz zu Deinem Brief zurück. Ich würde mich freuen, wenn Du mit Deiner Prüfung Glück hättest, damit Du wenigstens weißt, was nun los ist. Ich weiß, dass Du an Deinem Beruf hängst und Du sollst ihn auch nicht zu stark vernachlässigen. Wo ich allerdings nicht ganz mitkomme ist, dass Du den Literaturvertrieb übernommen hast. Wann willst Du denn das machen? Das kostet doch allerhand Arbeit, wenn es richtig durchgeführt wird, oder hast Du nur wenig zu verkaufen?

Mein Liebling, hoffentlich habt Ihr wirklich Glück mit den Möbeln aus Speyer. Ihr müsst halt jetzt auf Draht sein. Ich wünsche Euch recht viel Erfolg in der Angelegenheit und baldige Klarheit.

Nun noch ein Wort zu Deiner Philosophie der 2 Herzen. Wenn das eine verkümmert ist, so habe ich es halt nicht besser gekonnt, aber ohne Absicht. Wie kann Dein Herz verkümmert sein, wo es so voll Liebe steckt. Doch größer darf es auch nicht sein, sonst wird eventuell meines zu klein. Ich glaube aber, dass beide genau zueinander passen.

Nun muss ich Dir noch ein kleines Erlebnis erzählen. Ich hatte nämlich am Sonntag Geburtstag!! Mach bitte den Mund wieder zu, ja! Ich will es Dir erklären. Meine Kameraden haben das Datum verwechselt und alles vorbereitet. Ich bekam am Samstag eine Andeutung, konnte aber die Sache nicht verhindern, um meine Kumpels nicht zu blamieren und wartete der Dinge. Am Sonntagmorgen wurde ich mit einem Ständchen geweckt, Blumen standen auf dem Tisch und das Händeschütteln begann. Nach dem Kaffee arbeiteten wir 4 Stunden am Wiederaufbau. Backsteine wanderten von Mann zu Mann auf einen Haufen, Schubkarren und Schaufeln spürten unsere übermütige Kraft und es war eine Freude, wie es bei lustigem Gesang rasch vorwärts ging. Nach dem Essen machte *ich mein Mittagsschläfchen, dann las ich ein Buch, nachdem Abendessen startete eine kleine Feier. Mit Musik, Gesang, Bier und Tee verging der heitere Abend zu schnell. So verlebte ich Geburtstag. Alle glaubten fest daran, nur 2 Freunde wussten Bescheid. Kurz vor unserer Trennung werde ich den Schwindel aufdecken und dieses Erlebnis klarstellen. Ja mein Liebling, so was kann passieren. Doch es war auch einmal schön, außer der Reihe zu feiern.*

Am Samstag war ich auch mal wieder im Kino, hier kostet jeder Platz 1 RM, aber prima gepolstert und tadelloses Kino. Das zeigt uns auch wieder einen kleinen Fortschritt, jeder hat das Recht, seinen Platz selbst zu wählen, ohne auf den Geldbeutel zu sehen. Sie spielten „Ehe im Schatten". Ein prima Film der DEFA. Er zeigt das Leben des Schauspielers Joachim Gottschalk, der eine jüdische Schauspielerin zur Frau hat und sich während des Krieges, um dem KZ zu entgehen, vergiftete. Auch „Professor Mannlock" ist ein sinnvoller Film. Ich wünschte, Ihr könntet viele solche Filme bei Euch auch sehen. Am 14. haben wir auch einen Faschingsabend, um die Gedanken und Beine wieder etwas durchzuschütteln. Gehst Du auch zu einem Ball? Lieber Schatz, ich weiß, was ich an Dir habe und zweifle nicht an Deiner Treue, ich erlaube Dir auch alles und doch läuft mir ein komisches Gefühl den Buckel hinunter, wenn ich daran denke, dass Du in den Armen eines anderen liegst. So dumm bin ich, trotz meiner Weisheit. Nun mein Liebling will ich Dich recht innig herzen und küssen und verbleibe mit den besten Grüßen, mit meinen Gedanken immer bei Dir. Gute Nacht. Viele Grüße an die Eltern und Geschwister. Besonders die beiden Muttis.

Gertrud an Robert

7. Februar 1948

Du mein über alles geliebter Butzel! Ach warum kann man nicht alle Gedanken mittels einer Apparatur wie mit einem Herzkardiogramm aufschreiben? Du müsstest Dich dann ausschließlich mit lesen beschäftigen, denn meine Gedanken kreisen immer um Dich, Du mein Liebes. Aber ich weiß ja, damit bist Du nicht zufrieden und Du möchtest oft den greifbaren, d. h. in diesem Fall den sichtbaren Beweis dieser Gedanken. Geht es mir doch genau so. Ich sehne mich sosehr nach Deinen Briefen und bin schon immer ganz ungeduldig bis zum nächsten. Aber ach Butzel, ich lasse mich halt immer noch zu sehr von der Arbeit versklaven anstatt in erster Linie an Dich zu denken. Wenn ich mich einmal von all den Pflichten und Verpflichtungen losreiße, dann bin ich meistens so müde und da siegt dann gewöhnlich der sogenannte „innere Schweinehund" und ich schreibe wieder nicht. Aber dafür wirbeln im Kopf die vielen, vielen Gedanken nur so durcheinander. In der letzten Zeit passiert es mir öfter, dass ich mich todmüde ins Bett lege und einfach nicht einschlafen kann, weil mein Geist ein eigenes Leben führt und nicht zur Ruhe kommen kann. Mache ich dann die Augen zu, dann sehe ich so vieles, wie es sein könnte und vielleicht einmal werden wird. Ich habe zwar den Willen, mich dagegen aufzulehnen, aber anscheinend bin ich nicht stark genug.

Weißt Du mein Liebes, es will halt täglich erkämpft werden, unser zukünftiges Glück, unser Märchenschloss. Einesteils bin ich ja froh, dass Dir das alles erspart bleibt, aber andererseits ist es doch oftmals schwer, so alleine ohne ein bissel Hilfe von lieben Menschen. Ich bin so froh, wenn Du wieder bei mir bist und ich nicht alles alleine zu entscheiden habe; denn wenn ich eine Entscheidung treffe (was ja in letzter Zeit öfter sein musste und auch noch sein wird),dann ist da jemand, der mir ständig zu verstehen gibt, dass er Angst hat, ich würde Dir was wegnehmen. Ach Du, ich will Dir auf keinen Fall etwas vorjammern, aber Du darfst mir ruhig glauben, dass die vergangenen und kommenden Monate eine sehr große seelische Anspannung für mich bedeuten. Das kannst Du wahrscheinlich nicht verstehen, aber ich weiß und spüre es an mir selber, wie sehr mir so vieles zusetzt. Nochmal soviel Arbeit würde mich innerlich nicht so sehr aufregen. Ach Butzel, Mutter ist ja so misstrauisch mir gegenüber und ich kann tun, was ich nur kann, sie empfindet mich immer als Fremde und als unwillkommener Eindringling. Doch was gibt ihr das Recht dazu? Ich nehme ihr doch wirklich nichts – im Gegenteil. Ich tue für sie, was in meinen Kräften steht, und dabei denke ich bestimmt nicht an mich oder an meinen Vorteil, im Gegenteil, ich wage schon gar nicht mehr, an mich zu denken. Wenn ich nichts rede oder krampfhaft einen Unterhaltungsstoff suche, braucht sie von sich aus den ganzen Tag kein Wort mit mir zu wechseln. Dann muss ich oft eine spitze oder versteckte Bemerkung runterschlucken. Weißt Du, dies alles und das ständige Gefühl, nicht gern gesehen zu sein, macht mich oft so verzweifelt und ich brauche alle meine Kraft, um über diese Klippe hinwegzukommen. Du kennst mich ja, ich kann es einfach nicht ertragen, wenn jemand etwas gegen mich hat.

Sei mir bitte, bitte nicht bös, wenn ich Dir das alles schreibe und Dich damit belästige, aber ich kann doch mit niemand darüber sprechen und will es auch nicht. Gell Du verstehst mich, mein Schatz? Ich weiß ja, dass ich trotz alledem noch schön auszuhalten habe und mir keiner diesen Kummer abnehmen kann. Wahrscheinlich habe ich auch noch selbst viel Schuld, indem ich mir immer noch zu sehr viel persönliches Recht anmaße und meine, dieses Recht für mich beanspruchen zu können. Ich finde so oft keinen Ausweg aus diesem Wirrwarr. Hilf Du mir mit Deinen Briefen und Deinen lieben Worten, mein Geliebter, und gell Du hast mich immer, immer lieb? Manchmal meine ich, das Alleinsein nicht mehr ertragen zu können und in diesen Momenten schlägt die Sehnsucht wie eine große Welle über mir zusammen und zieht mich in ihren Strudel. Ach, hoffentlich kannst Du Ostern nach Oldenburg kommen und mir dadurch die lange Zeit verkürzen. Mutti fährt *nächste Woche dorthin und 8 Tage später nach Kiel und wird wahrscheinlich auch Ostern noch dort sein.*

So jetzt aber was ganz anderes. 5 Deiner Päckchen sind inzwischen angekommen. Habe vielen innigen Dank dafür Du mein lieber Schatz. So viel schöne Dinge! Ich schreibe Dir schnell mal auf, was drinnen war. Also: Zwei ??, die „Geschichte der Arbeiter", fünf Dramen, „Der Alpdruck", von Alfred Kurella: S. l. i. M., „Mozart-Novelle", „Was uns die Dinge erzählen", „Romantisches Vorspiel", „Lustige Geschichten" und die vielen kleinen Heftchen usw. Nun habe ich noch einige besondere Wünsche, vielleicht kannst Du sie erfüllen? Das heißt, nicht für mich allein, sondern für uns. Schau doch mal, ob Du keinen Duden erwischen kannst, und wie steht es denn mit Atlanten, gibt es die wieder? Und dann gibt es im Verlag Joachim Boesmer, Berlin-Lichterfelde, ein Kochbuch von Anne-Marie Bartel „Mit Verstand und Liebe". Wenn Du mir dieses besorgen könntest, damit ich noch einiges lerne, wie man Ehemänner „fesselt"! So das waren meine Wünsche. Mein größter Wunsch ist, wieder bei Dir zu sein. Aber auch dieser Tag rückt immer näher. Die Sonne, wenn sie sich überhaupt zeigt, sagt mir das schon ganz deutlich. Sie scheint immer goldener und ihre zunehmende Wärme verheißt den Frühling und das Wiedersehen. Ach wollte sie nur recht oft scheinen! Die Welt ist dann nicht mehr so grau und öde sein.

Heute abend gehe ich mit Anneliese, Werner und Hans Schwandner zu einem Maskenball. An Weihnachten habe ich so große Sprüche gemacht, wie ich mich an Fasnacht amüsieren will und nun, da es soweit ist, fehlt mir die rechte Lust dazu. Am 24. Januar hatten wir in der Jugend einen Maskenball und da war ich wieder so enttäuscht und so traurig ohne Dich, dass ich eigentlich nirgendwo mehr hinwollte. Es sind halt so viele Erinnerungen gerade in diesen Tagen und es kann gar nichtmehr so schön werden wie vor einem Jahr. Aber Mutti meinte, ich solle nicht Trauerkloß spielen und so will ich's halt mal versuchen. Morgen werde ich Dir darüber ausführlich erzählen.

Für heute, mein geliebter Schatz, soll es mal genug sein. Viele, viele Küsse auf Deinen lieben Mund und—ach Du!!

Dein Mädchen.

Gertrud an Robert

11. Februar 1948

Mein Liebster!

So heute wäre nun Aschermittwoch und also somit ein Tag, an dem man normalerweise recht missgestimmt und verkatert sein sollte. Doch ich könnte von mir nur das Gegenteil behaupten, wie käme ich auch zu einem Kater! Nicht einmal mit einem „Moralischen" brauche ich mich rumzuschlagen. Vor einem Jahr war das wesentlich anders! Da war ich an diesem Tag schon ein bissel durcheinander, aber so ziemlich machtlos den Dingen gegenüber. Manchmal kann ich es fast nicht glauben, dass alles erst ein Jahr zurückliegt. Ich habe das Gefühl, als läge alles eine dunkle Ewigkeit zurück. Geht es Dir genauso?

Gestern, an unserem Tag, durfte ich auch wieder ein Brieflein von Dir empfangen, nachdem am Samstag der so liebe Brief vom 30.1. bei mir mal wieder gerade zur rechten Zeit kam. Nun habe ich also sehr viel Stoff für meinen Brief und ich muss wohl mit der Beantwortung schön der Reihe nach beginnen.

Schon seit Sonntag will ich Deinen Brief beantworten – ich will gar nicht mehr das Wort „Dank" gebrauchen, denn es klingt mir so ausgeleiert und ist mir nicht groß genug für meine Freude, die mir Deine Briefe bereiten – also seit Sonntag schon habe ich meine Antwort in Gedanken fertig, aber die Hände haben mal wieder nicht ausgereicht. Mutter hat nun einen Pass eingereicht auf Grund eines Attestes von Karola (pro forma) und wird ihn wahrscheinlich morgen schon bekommen. Jetzt habe ich ihr noch schnell zwischenein einen neuen Mantel genäht, d. h. heute wird er fertig, und dadurch musste ich meine Pläne wieder umwerfen. Aber schön wird der Mantel, ich freue mich! Gestern haben wir auch Mutti an die Bahn begleitet und sie für einige Wochen in eine andere Gegend „abgeschoben". Ich freue mich für sie, denn ich glaube, dass diese Reise sehr viel zu ihrem seelischen Gleichgewicht beitragen wird. Sie ist im Augenblick gesundheitlich nicht recht auf der Höhe, und der Arzt, den sie konsultierte, Dr. Hammer, scheint sich ihr gegenüber nicht ganz ausgesprochen zuhaben. Jedenfalls werde ich ihn einmal selbst fragen. Wir brauchen doch unsere Muttis noch und sei es nur, um einen Rat zu holen. Papa kommt es ja hart an, das Alleinsein. Er lief in den letzten Tagen rum wie ein verscheuchtes Huhn. Hoffentlich fressen sich die beiden nicht auf.

Nun aber zu Dir mein Schatz. Ich freue mich so sehr, dass es Dir so gut geht und Du wenigstens jetzt unter lieben Menschen bist, die Dich nicht enttäuschen. Ich wollte, Du würdest diese Atmosphäre auch hier vorfinden. Doch ich fürchte... Ach, ich wollte, ich könnte bei Dir sein! Du hast Deinen jugendlichen Schwung so wunderbar auffrischen können und wenn Du von übermütiger Kraft schreibst, so muss ich, vom geistigen Standpunkt aus gesehen, ein Bissel verwundert den Kopf schütteln. Und dabei möchte ich so gerne übermütig sein und dabei ein immer langsamer sich drehendes Rad mit neuer Kraft und Schwung anzuwerfen. Aber es geht leider nicht immer, wie man möchte.

Doch Du gibst mir ein bissel ab, wenn Du kannst, gell? Siehst Du, das sind alles stichhaltige Gründe für Dein baldiges Kommen.

Immer wieder lese ich Deine lieben Worte und ich habe das Gefühl als hätten sie dynamische Gewalt, die mich blindlings vorwärtstreibt bis zu unserem Wiedersehn. Jedes Wort klingt wie eine Verheißung und macht meine Sehnsucht so groß. Ach wie freue ich mich auf den Frühling und wie schön wird die Zeit werden. Nein, nein mein Liebling, meine Liebe zu Dir ist nicht zu groß, sie ist mir Bestimmung. Wenn ich sie in meinen Briefen zum Ausdruck bringe, so bedeutet das für mich wohl eine Erhebung, aber den Boden verliere ich dabei doch nicht. Dazu weiß ich nur zu gut, dass eine Vogel-Strauß-Politik und ein Sphärenflug nichts nützen und bessern würden. Aber ich möchte Dir doch so schreiben, wie ich empfinde. Der Mensch ist ja nicht jeden Tag gleich in seinen Empfindungen, wie wäre das schrecklich, und wenn meine Worte auch manchmal verzagt scheinen, so haben sie schon in diesem Augenblick ihren Stachel verloren, wenn ich sie niederschreibe. Du sollst mich ganz kennen, wie ich richtig bin, auch mit Fehler. Ich will ja gar nicht so schreiben, als hätte ich nur Tugenden. Das wär ja nicht wahr. Nimm mich so wie ich bin, und dazu gehört auch meine Liebe zu Dir, die gar nicht groß genug sein kann. Du meinst, Dein Leben müsste ebenfalls nur noch Sorge um mich sein. Aber Liebes, ich weiß doch, dass Du ein Mann bist und dass es Deine Aufgabe ist als solcher die Welt mit Taten zu durchdringen und ich weiß auch, dass ich niemals von Dir verlangen kann, was Du fürchtest, dazu nur verpflichtet zu sein. Aber wir Frauen sind der Erde näher und wissen um ihre Geheimnisse. Lass mich mit meiner Liebe Deine Arbeit und Deine Taten günstig beeinflussen und gib Du mir Deine Liebe zurück und mache mich glücklich. So wollen wir uns gegenseitig ergänzen und vorwärts helfen. Aber Du sollst Dich nie zu irgend etwas verpflichtet fühlen, was Dich in Deinem Fluge hindern könnte. Liebe fordert keine Gegenleistung, sie ist einfach da, aber sie will gehegt und gepflegt sein. Ich weiß, Du verstehst mich, mein Liebling, und ich habe auch Deine Worte richtig aufgefasst. Ich habe den festen Glauben, dass wir uns nicht entfremden, dazu sind wir wohl tolerant genug. Dass Du schreibst, ich brauche Dich noch länger, hat mir soviel Kraft gegeben und ich habe mich so darüber gefreut! Ach Du Liebes! Tag und Nacht träume ich von unserem „Schloss" und ich sehe uns darin arbeiten und glücklich sein. Fast will ich manchmal glauben, dass alles nur eine Fata Morgana wäre. Aber es wird Wirklichkeit werden! Und „unser" Frühling auch! Was kann uns dann die Welt anhaben?

Nun ist es genau 24 Stunden später und bevor ich in die Stadt gehe, will ich diesen Brief fertig schreiben, damit er recht bald in Deine Hände kommt. Inzwischen kamen auch wieder zwei Päckchen. In dem einen waren die beiden Schillerbände und verschiedenes, in dem anderen: „Ein Prolet erzählt" und Der stille Don". Ach Butzel, wie schön wäre es, wenn wir mit einigen lieben Freunden einmal „Die Räuber" oder den „Tell" in verteilten Rollen lesen würden! Vielleicht im neuen Märchenschloss?

Nun fällt mir gerade noch was ein. Was soll mit dem Stoff geschehen, der einem Deiner Päckchen war? Soll ich den an jemand abgeben oder soll das die „Außendekoration" für unser Häuschen werden? Schreibe mir bitte mal darüber. Jetzt aber wieder zu Deinem lieben Brief zurück. Tja, mit dem Literaturvertrieb ist das so eine Sache. Ich hatte ebenfalls von Anfang an Bedenken. Aber man stürmte von allen Seiten auf mich ein, ich müsste entweder den Literaturvertrieb übernehmen oder die Kindergruppe in der Landesleitung. Es wäre sonst niemand da und außerdem wäre ich das Dir schuldig. Also gewissermaßen eine moralische Verpflichtung. Nun bisher hatte ich noch nichts zu tun, denn es sind bis jetzt keine Bücher gekommen. Ich warte halt einmal die Dinge ab-

Siehst Du mein Schatz, jetzt bist Du auch mal unverhofft zu Deiner Geburtstagsfeier gekommen. Das ist doch gar nicht unangenehm? Ich musste lachen. Vor allem, wenn ich mir die langen Gesichter vorstelle bei der Aufklärung der Sache. Aber Hauptsache, es war schön und hat Euch Freude gebracht. Davon kann man heute ja nicht genug hamstern. Hoffentlich wird auch Euer Faschingsabend recht lustig und froh und ihr könnt Euch durch echte Freude vom Alltag lösen. Ich werde mal ganz fest an Dich denken. Übrigens scheint bei Euch Fasching 8 Tage später zu sein, denn wie schon erwähnt, bei uns ist der ganze Rummel schon rum.

Aber Du liebes, liebes Dummerle, was schreibst Du da, Du stellst Dir vor, dass ich in den Armen eines anderen liegen würde? Aber geh, wie kann man nur so was denken! Ich schrieb Dir Samstag ja, dass ich am Abend zu einem Maskenball gehen wolle. Ja und als ich dann Deinen lieben Brief vorfand, wäre ich am liebsten daheim geblieben. Aber dann wollte ich auch kein Spielverderber sein und raffte mich auf, mitzugehen. Aber Du darfst mir glauben, am liebsten wäre ich nach einer Viertelstunde schon wieder weggegangen. Es war so furchtbar voll und die Menschen so krampfhaft ausgelassen. Direkt eklig! Ich hab vielleicht 4 mal mit Werner und Hansel getanzt und dabei ist mir bald schlecht geworden, so war da eine dicke Luft. Dann hat mich ein Fremder zum Tanzen geholt und das war mir so zuwider. Ich glaube, ich habe ganz steif getanzt, denn ich ekelte mich, wenn er mich anfasste. Danach habe ich mich auf die Galerie verzogen und dort saß ich von 9 bis 2Uhr nachts und schaute mir die Menge an. Ich wäre viel lieber nach Hause gegangen und hätte Deinen Brief beantwortet.

Ich wollte aber doch auch nicht alleine von Friesenheim heimtippeln. Auf jeden Fall war mir das Ganze mehr eine Qual denn eine Freude. Später setzte sich dann Werner zu mir und wir wälzten inmitten einer tobenden, ausgelassenen Menge tiefschürfende Probleme. Das war geradezu ein Witz! Auf jeden Fall habe ich mir geschworen, nie mehr ohne Dich fortzugehen. Nun musst Du nicht denken, das würde ich jetzt nur auf Deine Andeutung in Deinem Brief hin schreiben. Nein, da hatte ich diesen Brief noch gar nicht, und dieser Entschluss stand bereits am Samstag abend fest. Du kennst mich ja und weißt, wie empfindsam ich in Bezug auf Feste feiern und fröhliche Entspannung bin. Ich habe eben darin meine eigene Anschauung. Also Du kannst ganz unbesorgt sein, mein Liebling, mir können die Arme eines anderen Mannes tatsächlich nur Ekel bereiten. Obwohl ich eigentlich nicht sagen kann, dass sich mir jemals in meinem Leben ein Mann ungebührlich genähert hätte. Im Gegenteil. Das ist ganz eigenartig. Ich bin noch nie auf der Straße angepöbelt worden, wie man so sagt. Früher, als man noch suchte, war ich oftmals traurig darüber, denn ich glaubte, es wollte mich niemand. Aber heute bin ich ganz froh darüber. Und heute ist es genau so. Jeder Mann, selbst unsere Jungens, die oftmals rüpelhaft sind, begegnet mir mit Respekt. Ich bin ja froh darüber. Aber woran mag das liegen? Wieviele Mädchen beklagen sich über das GEGENTEIL-

Als ich Deine Worte las, hätte ich Dich am liebsten ganz schnell, ganz fest lieb gedrückt und Dir viele Küsse gegeben, denn die Eva in mir frohlockte und freute sich teuflisch. Denn so komisch es klingt, Eifersucht ist der beste Beweis der Liebe und außerdem, ich erinnere mich sehr gut, hat ein gewisser jemand einmal erklärt, dass er Eifersucht albern fände und sie ihm nichts anhaben könnte. (Wenn man innerlich Hände reiben könnte, so tue ich es hiermit). Aber siehst Du Butzel, man soll nichts so fest behaupten, denn das sind Dinge, die sich nicht befehlen lassen. So und nun denkst Du Dir nicht mehr solche Dinge aus, gell mein geliebter Bubi? Komm, ein Kuß auf Deine Stirn, damit diese Gedanken verschwinden.

Jetzt ist es aber für heute genug mein Schatz. Alle, alle lassen recht herzlich grüßen und Dir alles Gute wünschen. Ich mein Liebes, schicke Dir viele tausend Grüße und recht viele Küsschen auf Deinen lieben Mund.

Herzlichst Dein Liebling.

Gertrud an Robert

18. Februar 1948

Lieber Schatz!

Am Sonntag habe ich bereits angefangen zu schreiben, bin aber über den Anfang nicht hinausgekommen, und das war ganz gut so. Ich war nämlich zusehr enttäuscht und sehr traurig, dass sich mein Plan, mit dessen Gelingen ich eigentlich ganz bestimmt gerechnet hatte, so jäh als „nur Wunsch" entpuppte. Diese Stimmung hätte sich dann ganz bestimmt in meinem Brief wiedergespiegelt und das wollte ich doch nicht. Nun habe ich mich an diese neue Umstellung meiner Pläne gewöhnt und heute also werde ich nun „sichtbar" mit Dir plaudern.

Nimm zunächst einmal meinen innigsten Dank für Deinen Brief vom 8.2. und das Päckchen vom gleichen Tage. Viele Küsschen dafür, mein Butzel! Sehr amüsiert habe ich mich über die entzückende Zueignung. Eine gewisse Ähnlichkeit kann ich allerdings bis jetzt noch nicht feststellen, aber jeder Künstler sieht ja den Gegenstand seiner Ausdruck gewordenen Gedanken mit eigenen Augen, nicht wahr? Das soll ich doch sein, gell? Aber sind das Zukunftsträume? Ich meine nur von wegen der niedlichen Zöpfe, die allerdings im krassen Gegensatz stehen zu den auf „husch" dressierten, sehr erfahrenen Lippen, und der ganz schön runden Bäckchen. Alles in allem eine sehr jugendliche „Unschuld vom Lande" mit leicht kaputtem Einschlag! Trotzdem scheint sie noch sehr schüchtern zu sein, denn ihr Herz ist von der linken Seite in das rechte Hosenbein gerutscht (d. h. vorausgesetzt dass ihr Rock aus Folie besteht und er für andere sichtbar wird). Was meinst Du? Du würdest Dich beleidigt fühlen? Aber bitte, das ist doch kein Spott, sondern Kunstkritik! Ja, ja, ja! Komm her, kriegst a Bussel, damit'st net krainst! Nein aber ganz ernstlich, ich habe mich über das Bildl wirklich gefreut, denn es war so richtig mein lieber Lausbub mit einem schmunzelnden und einem ernst gemeinten Auge. Aber die dazugehörigen Worte, d. h. es sind eigentlich nur Fragmente, habe ich nicht ganz verstanden. Sollen das Fragen sein, die die Selbsterkenntnis fördern und soll ich mir oder Dir dazu die Antwort geben? Das einzige, was ich restlos verstehe, ist das Ziel: Hab mich lieb! Ja Du mein Liebes, immer habe ich Dich lieb und ich kann es gar nicht mehr erwarten, bis Du wieder bei mir bist und ich Dich jeden Tag mit meiner Liebe umgeben kann. Ich weiß ja, Ungeduld hilft da nichts, aber manchmal kommen halt mal solche Stunden, in denen man meint, die Zeit schleunigst vorrücken zu müssen.

Nun wollte ich mir die Wartezeit ein bissel verkürzen und da ist nun die schreckliche Zonengrenze wieder im Weg. Da kann man auch das alte Volkslied von den beiden Königskindern abändern: „Sie konnten zusammmen nicht kommen, der Zonengrenzen waren so viele!" Sag mal Schatz, kann ich nicht wenigstens versuchen, zu Dir zu kommen? Ich meine, könntest Du ein paar Tage trotz meiner Anwesenheit lernen? Du musst mir mal darüber schreiben, gell? Ach Du, ich glaube, wenn wir wieder beisammen sind, müssen wir uns wohl erst ganz langsam und vorsichtig begegnen, denn sonst könnte all die angesammelte Liebe und Sehnsucht auf einmal explodieren! Wie freue ich mich auf den Tag des Wiedersehens! Hundertmal habe ich mir diese Stunden schon in Gedanken ausgedacht! Hoffentlich bist Du wenigstens bis Pfingsten bei mir, denn da haben wir ja ein Jubiläum zu feiern. Weißt Du, manchmal habe ich ein Gefühl wie ein Kind am Weihnachtsabend, wenn es vor der verschlossenen Tür steht. Was wird sich dahinter zeigen? Der nun überall beginnende Frühling ist nun auch nicht dazu angetan, die Sehnsucht und Ungeduld einzudämmen. Die Trauerweiden beginnen bereits fleißig an ihren grünen Schleierchen zu weben und die Holunderbüsche gar haben es noch eiliger. Bei ihnen zeigen sich bereits schon richtige Blättchen. Auch die Beerensträucher lassen sich schon durch die ab und zu hervorblinzende Sonne bestechen und sind bereits fleißig bei der Arbeit, ihre kahlen Zweige für den Einzug des Frühlings zu schmücken. Aber d#er Winter, der sich bisher nicht aus seinem Bau gewagt hat, kann diese festlichen Vorbereitungen anscheinend nicht sehen und grollend schickt er nun noch einmal den Frost, all diese Herrlichkeit zu zerstören. Aber er wird sich vergeblich bemühen, denn der Glaube an den Frühling und die warme Sonne hat bereits von der Natur schon zu stark Besitz ergriffen.

Doch zurück zu Deinem Brief. Den politischen Inhalt versuche ich zu verdauen, aber antworten werde ich Dir nicht in meinem Brief. Das bewahre ich mir für später auf. Ich verstehe Dich sehr gut, mein Schatz, aber ich meine, dass all diese Dinge das Wesen einer Frau nie so restlos durchdringen können wie einen Mann. Es sei denn, sie entferne sich zu sehr von der ihr von Natur aus eigenen Bestimmung. Ja eine ganz und gar geistige Vertiefung der Dinge ist unbedingt möglich und darin steht wohl auch eine Frau dem Manne nichts nach. Aber, und das ist meiner Meinung nach das Hauptproblem der Frauenpassivität, was für einen Mann, der ja immer der aktivere Teil ist, Lebensaufgabe, Hingabe und Tatendrang bedeutet; für einen Mann, der ja auch immer, ob im Kleinen oder Großem, die Welt von außen ändern und erneuern möchte, das kann für eine Frau nur Teilaufgabe sein. Ihre Bestimmung ist es, die Welt zuerst von innen zu bauen, dem äußeren Weltgefüge des Mannes Inhalt und Seele zu geben, ihn allerdings auch zu unterstützen und zu versuchen, auf seinem stürmischen Wege nicht zurück zu bleiben. Du wirst mir nun allerhand Gegenbeispiele bringen, ich weiß es. Aber sieh Dir einmal den tieferen Grund der Handlungsweise dieser Frauen an. Entweder sie hielten in treuer Kameradschaft zu dem geliebten Mann, dessen Leben und geistiges Schaffen sie nicht preisgeben wollten (aber wer weiß wohl um ihre geheimen seelischen Auseinandersetzungen?), oder sie lebten ein Einzelleben und stellten sich somit in die Kreise der tätigen Männer .Aber diese Frauen werden nie ganz ihrem eigentlichen Wesen entsprechen. Mehr oder weniger, je nach Charakter und

Temperament werden sie das auch instinktiv empfinden. Sie erscheinen irgendwie verkümmert. Natürlich gibt es auch hier Ausnahmen, aber sie sind gering. Die wirklich großen Frauen, im wahrsten Sinne des Wortes, sind wohl diese, die beides, männliches Weltgefüge und fraulichen Inhalt, zu einer schönen Harmonie verbinden können, die nicht durch Worte, sondern durch Herzenswärme und immerwährender Menschenliebe den Menschen mit stummer Geste den Weg weisen, den sie gehen sollten. Siehst Du mein Schatz, das ist meine, vielleicht einseitige, Auffassung zu diesen Dingen. Man ist oft versucht zu denken: was wisst Ihr Männer von uns? Wir sind so anders, wir sind die Erde und Ihr Männer geht über uns hinweg und in Eurem stürmischen Lauf bedenkt Ihr nicht, wie weh Ihr uns oft tut. Aber wir lächeln, denn wir wissen, dass Ihr nicht anders sein könnt und so handeln müsst und deshalb haben wir Euch so lieb. Oder Das sind meine politischen Gedanken, und diese zu einer klaren Linie zu bringen, erscheint mir ebenso wichtig wie Deine Gedanken und ich möchte, dass diese beiden Wege nicht nur parallel dem Ziele entgegenlaufen, sondern sich in inniger Verschmelzung gemeinsam dem Endpunkte nähern. Das ist mein großer Wunsch!

Nun mein geliebter Bubi, soll es wohl für heute genug sein. Ich wüsste allerdings noch manches zu erzählen, aber die Zeit ist schon sehr fortgeschritten und ich muss heute packen. Mutter ist seit Montag bei Karola. Ich will Dich ganz fest umarmen und Dir viele heiße Küsse geben. Du mein Liebes, ich hab so Sehnsucht! Tausend herzliche Grüße!
Dein Schatz.

Gertrud an Robert

21. Februar 1948

Sonderveranstaltung der VVN mit dem Film „Ehe im Schatten".

Ich kann nicht! Ich muss meine Gedanken darüber aufschreiben und mit wem könnte ich da am besten davon und darüber reden, als mit Dir, mein Liebster! Noch nie in den vergangenen Monaten habe ich Dich soo sehr vermisst wie gerade jetzt, obwohl ich Dir sehr, sehr nahe bin. Wenn ich die Augen schließe, dann brauche ich nur die Hand auszustrecken und ich kann Dich anfassen. Ach, es ist qualvoll! Aber ich will Dich zu mir bannen. Setz Dich zu mir, mein Geliebter. Du, und nun gib mir Deine Hand, hab mich sehr lieb. Nun will ich Dir erzählen:

Ja also der Film! Liebes, ich schäme mich! Ich kann es mit meinem Verstand niemals fassen, dass Menschen zu solchen Handlungen fähig waren! Und wie nah stand man selbst vor diesem Abgrund, durch Erziehung und Beispiel Taten *zu vollbringen, die den 2.Menschen in uns, das Gewissen und die Menschlichkeit, erzittern ließen! Wo liegt der Sinn in solchem Tun? Wozu leben eigentlich die Menschen? Nur, um sich gegenseitig zu quälen? Warum nur ist das alles so sinnlos? Kein Mensch lebt doch nur für sich, d. h. ihm wurde doch nur ein Leben verliehen, damit er für andere da sein kann und ihnen helfend zur Seite steht. Darin nur sehe ich einen Sinn. Heute, nach einem gewissen Abstand all die Probleme des Films betrachtet, erscheint alles noch viel ungeheuerlicher und man ist geneigt, zu glauben, dass diese Dinge alle einem bösen Traum angehören. Ach wäre es nur so! Aber wie schrecklich ist die Wirklichkeit! Welches Recht hat ein Mensch, einem anderen Menschen das Leben, das er sich nicht selbst gegeben hat und über das er wiederum diesem Leben Rechenschaft abzulegen hat, derartig zu erschweren und zur Qual zu machen?!? Ach gell ich schreibe da so wirres Zeug. Aber sei mir nicht böse, mein geliebter Schatz. Ich bin ein bissel durcheinander geraten. Vielleicht hätte ich nicht gleich schreiben sollen, sondern erst eine Nacht darüber schlafen. Aber ich bin mal wieder so voll Zweifel über die Menschen und darüber, dass sie sich nicht ändern lassen.*

Aber trotz allem kann mir der Zweifel heute nichtmehr soviel anhaben. Ich habe mich in mich selbst gefunden und weiß und kenne mein Lebensziel und meine Aufgabe, und ich schwöre Dir hier mit meinen Worten, dass ich in meinem ganzen Leben zu allen Menschen nur gut und lieb sein will. Das soll meine schönste Lebensaufgabe sein. Früher, während des Krieges hatte ich oft Stunden und Tage, in denen ich gar keinen Sinn mehr im Leben sah und da war mein steter Trost folgender Spruch: „Vielleicht wartet auf uns schon der Mensch, dessen Tränen wir zu trocknen haben. Wir ganz allein und sonst niemand auf der Welt. Lohnt es nicht, dafür zu leben?" Ja, dafür habe ich dann gelebt und nun, da Du schreibst, Du bräuchtest mich noch länger, bin ich für dieses wartende Leben reichlich belohnt. Aber nun weiß ich auch, dass damit noch nicht das Ziel erreicht ist, dass wir uns nicht ganz selbst gehören, sondern ständig für die anderen Menschen da zu sein haben. Mit unserem Beispiel und unserer Liebe. Wenn es auch scheint, als seien es diese Menschen gar nicht wert, dass man sich um sie kümmert. Das soll uns nicht von unserem Wege abhalten, ich werde dabei immer an Deiner Seite sein. Vielleicht gibt es doch einige wenige, denen wir dadurch helfen können.

Ich sagte Dir einmal, wir gingen gerade über den Marktplatz nach Hause, erinnerst Du Dich noch?, ich habe das Gefühl, als müsste ich, gerade ich an Dir etwas gut machen. Ich hatte Dir gegenüber ein Schuldgefühl. Ja ich möchte ein ganz kleines bissel gut machen, was andere Menschen an ihren Brüdern gefehlt haben. Ich schäme mich für sie! Werden die Menschen das verstehen? Ach Liebes, ich möchte gern ein großer Künstler sein, ein Dichter, oder nein ein Komponist, damit ich alle die vielen Gedanken zum Ausdruck bringen könnte, um den Menschen damit einen Weg zu weisen, sie aufzurütteln aus ihrem Stumpfsinn! Aber das konnte bisher in der Musik nur Beethoven. Seine Töne wühlen in den Herzen der Menschen und fegen sie rein von allem Gedankenunrat. Eine Beethovensymphonie empfinde ich immer als Seelenwäsche. Ich komm mir danach so reich und weit vor. Aber ach, ich bin ja nur ein ganz kleines Subjekt im großen Weltall, das von den Brosamen der Großen zehrt und selbst nichts zustande bringt. Doch es kommt wohl mehr darauf an, dass man den Platz 100%ig ausfüllt, auf den man vom Leben gestellt wurde. Nichtjeder kann ein Genie sein, doch jeder hat seine Pflichten, die zu erfüllen ihm aufgetragen ist.

Jetzt ist es schon spät geworden, mein Schatz. Lass mich für heute abbrechen. Morgen werde ich meinen Brief fortsetzen. Wenn ich ein bissel verrückt geschrieben habe, so sei mit net bös deswegen. Es kam mir halt alles gerade so in die Feder. Schlaf gut, Du mein lieber, guter Butzel! Doch eh Du wieder gehst, sollst Du noch viele hundert Küsse bekommen. Ach ich lass Dich einfach nichtmehr fort, ich nehme Dich mit in meine Träume und bin sehr glücklich mit Dir mein Liebling! Ach wann bist Du endlich wirklich bei mir?!

Gute Nacht Du...

Sonntag Nachmittag

Sag, Liebes, ist Dir was? Ich habe seit einigen Tagen eine solche Unruhe in mir. Es kam auch in der letzten Woche kein Brieflein, aber vielleicht hängt das mit dem vielen Schneefall bei Euch zusammen. Auf jeden Fall schreib mir gleich, wenn Dir etwas fehlt, ich bin in Sorge um Dich! Ich habe das Gefühl, als wärest Du irgendwie in Gefahr! Nimm Dich in Acht! Auch vor den Menschen, gell mein Butzel? Ich kann ja leider nur mit meinen Gedanken um Dich sein, aberDu fliehst sie seit kurzer Zeit, ich fühle es. Komm wieder zu mir, gell?

Seit einer Woche habe ich auch wieder neue Sorgen und zwar um Walter und Emmi. Walter ist nur noch eine wandelnde Leiche und in der letzten Zeit wieder öfter krank. Die beiden werden vielleicht bis zum Frühjahr heiraten müssen! Walter will wohl, verantwortungsbewusst wie er ist, die Konsequenzen seiner Handlung tragen, er ist ja auch sehr verliebt. Aber das ist auch alles. Doch was viel schlimmer ist, und darüber sind wir uns einig (wir das sind Hilde, Herr Bulla und ich, sonst weiß es niemand), diese Ehe wird in Brüche gehen, denn Emmi ist nicht die richtige Lebensgefährtin für Walter, sie ist nicht imstande, sich einen größeren Gesichtskreis zu schaffen, zumindest nicht, den ihren an Walters Wesen anzupassen. Außerdem, das gibt uns sehr zu denken, er zieht Vergleiche, d. h. er möchte es nicht und weist diese Gedanken energisch von sich. Er dachte wohl auch daran, Emmi in ein Erholungsheim zu schicken für einige Zeit, aber er kann ihr diesen Vorschlag auf keinen Fall machen. Das ist ja auch verständlich. Jedenfalls macht er sich sehr viel

Sorgen und er scheint sein Tun sehr zu bereuen, er ist ja auch erst 20 und Emmi 18 Jahre! Doch ich persönlich sage immer wieder, in diesem Alter ist der Mensch noch zu beeinflussen und wenn man nun auch das Unheil nicht mehr abwenden kann, so kann man doch ein manches Chaos abschwächen und abbiegen. Tagelang habe ich darüber nachgedacht, wie man hier helfen könnte und ich habe auch etwas gefunden, allerdings möglicherweise auf unsere Kosten. Aber was macht das, wenn man 2 Menschen geholfen hat, ihre Sorgen ein klein wenig zu mindern und sie evtl. wieder froh zu machen! Dein Einverständnis vorausgesetzt, habe ich mich erboten, sie in unser Häusel aufzunehmen und ihnen den Raum, der Bad sein soll, als Küche und eines der oberen Zimmerchen abzutreten. So hätten sie wenigstens für den Anfang einen Unterschlupf bis sie etwas anderes gefunden haben. Sie wissen noch nichts von meinem Vorschlag. Erst wenn die Sache wirklich akut wird, sollen sie sich dafür oder dagegen entscheiden. Aber ich bin froh, wenigstens ein bissel helfen zu können! Weißt Du und außerdem könnte ich Emmi ein bissel unter meine Obhut nehmen und ein wenig mit Rat und Tat zur Seite stehen, so dass man doch vielleicht eine Katastrophe vermeiden könnte. Was meinst Du, soll ich diesen meinen Vorschlag aufrecht erhalten? Ich weiß nicht, jetzt da der Plan in mir Raum fand, könnte ich ihn nicht mehr zurück ziehen, denn ich müsste mir dann immer Vorwürfe machen, wenn es ihnen einmal schlecht ging. Kannst Du mich verstehen, mein Schatz? Schreib mir mal Deine Meinung.

Ja also das Häusel. Letzten Montag wurde der erste Spatenstich vollzogen, allerdings kamen nicht so viele Arbeiter wie eigentlich sollten. Inzwischen ist nun auch noch dieser dumme und völlig überflüssige Frost eingetroffen, so dass die Arbeiten wahrscheinlich nicht fortgesetzt werden können. Na hoffentlich klappt es doch noch bis zum 1. Mai, bis dahin sollen sie nämlich stehen. Ach ich darf nicht daran denken, sonst freue ich mich noch krank. Hilde wird vielleicht ein gleiches Exemplar im Sommer in Koblenz erhalten! Was sagst Du nun? Ja es scheint ernst zu werden. „Man" beschafft sich schon bereits die Möbel. Natürlich eine einfachere Sache als bei uns, bei den Beziehungen! Aber immerhin es kommt dadurch auch uns manches zu Gute. Ja, ja das kommende Frühjahr macht sich bemerkbar!!! Bei Dir auch? Hast Du auch „Frühlingsgedanken"?!?

Inzwischen sind auch laufend Literatursendungen eingetroffen, d. h. es kommen noch immer welche und ich hatte vergangene Woche eine Menge Arbeit damit. Das Zimmer gleicht einer Buchhandlung. Aber wer soll es denn machen? Kein Mensch kümmert sich darum. Nicht einmal zum Abholen und Wegbringen konnten sich einige Herrschaften finden. Na ich hab es auch allein geschafft mit dem Handwagen, aber das nächste Mal schlage ich Krach! Übrigens lässt Papa einmal fragen, ob Du nicht das Buch von Anna Seghers „Das siebte Kreuz" beschaffen könntest? Er würde sich sehr dafür interessieren. Nun mein lieber Bubi, für heute langts mal wieder, sonst schreib ich noch mehr so dummes Zeug. Alle, Eltern und

Geschwister, lassen Dich vielmals grüßen. Und ich selber, ach Du weißt ja mein Liebes, ich denke immer an Dich und grüße und küsse Dich aufs Herzlichste.
Dein Mädchen.

Gertrud an Robert

1. März 1948

Mein geliebter Schatz!

Puh – war das eine heiße Woche! Kaum Zeit zum atmen! Diese Woche wird es nicht viel besser, aber nichts desto trotz werden jetzt einige Schreibstunden eingeschaltet, denn vor mir liegen zwei Deiner lieben Briefe und Du musst sonst so lange warten. Das heißt, ich nehme an, dass Du auf meine Briefe wartest. Mutter ist wieder in Mannheim und kommt am Mittwoch mit Rolf wieder. Ich habe ja geschimpft, denn sie ist kaum imstande, normalerweise den Tag über zu arbeiten, sie klagt in der letzten Zeit über Gelenksschmerzen, und ich habe an ihr die 8 Wochen über gepäppelt, so gut es mir möglich war, und nun wird in kurzer Zeit alles bald wieder beim Teufel sein. Was mir anderes übrig bleiben, als noch mehr zu arbeiten und noch weniger zu schlafen. Allerdings macht sich das leider, leider bemerkbar. Ach so oft sehne ich mich nach einem bissel Ruhe! Einmal wieder richtige Entspannung und ein Mensch sein! Nicht nur eine Maschine. So schön und befreiend jede Arbeit sein kann, so kann sie doch übertrieben angewandt bremsend wirken. Verzeih mir die so wenig „mutig und tapferen" Worte. Du sollst mir auch nicht darauf antworten. Was nützt es mir, wenn ich mir selber Mut zuspreche und mich ständig hochreißen muss. Deshalb beweisen die Tatsachen doch das Gegenteil. Ich bin manchesmal so leer und ausgehöhlt, dass ich gar nichts empfinde. Und dann kriecht die Bitterkeit wie ein hässliches Tier an mir hoch. Ich schüttle sie wohl ab, ich will ja ga0r nichts von all dem wissen! Du schreibst wohl, man soll den Dingen gegenüber einen kühlen Kopf bewahren. Das weiß ich ja alles. Aber ich bin nun einmal nicht für Kühle geschaffen. Die mich umgebende Atmosphäre muss

eine gewisse Wärme ausstrahlen. Jedes Deiner Worte, die mir bestätigen, dass Du mich ein bissel lieb hast, reiße ich gierig an mich. Ich lese sie wieder und immer wieder und spüre ihrem Sinn nach. Sei nicht bös, Du! Ich weiß, ich bin undankbar, aber wirst Du mir verzeihen? Es ist manchesmal alles so schwer und dunkel und – aber nein- ich will nichtmehr davon schreiben. Wahrscheinlich bedarf es nur einer Auffrischung der Energiereserven. Ich bin so müde, müde! Und Du bist so weit von mir! Ach Du mein Geliebter! Du bist so lieb und gut zu mir und gibst Dir so viel Mühe, mir zu helfen! Ich schreibe so wenig in Deinem Sinne. Bist Du nun enttäuscht?

Ja, ich bin Dein, mein lieber, lieber Schatz, aber wirst Du Dich in der Trennungszeit nicht so sehr von mir entfernen, dass Du mich vielleicht gar nicht mehr verstehst? Ich schreibe morgen weiter, mein Liebling, sonst entsteht noch mehr Unsinn!

Inzwischen ist es Mittwoch früh geworden und ich habe mir lange überlegt, ob ich das vorher Geschriebene nicht einfach vernichten soll. Aber Du kennst mich ja, das wäre mir wieder unehrlich vorgekommen. So bleibt es also, auch wenn Du enttäuscht sein solltest.

„Und dräut der Winter noch so sehr
mit trotzigen Gebärden,
und streut er Schnee und Eis umher,
es muss doch Frühling werden!"

Und es wird! Wenn auch die Nächte noch kühl sind, so hat am Nenn Herz und Munde nie erklingen, Und es wird! Wenn auch die Nächte noch kühl sind, so hat am Nachmittag die Sonne doch schon viel Kraft und lässt die Menschen wieder hoffen. Man riecht schon die junge Erde und einmal hatte ich sogar das Gefühl, als würde ein stark duftendes Veilchen in meiner Nähe blühen. Selbst einige Amseln flöten schon vor dem Fenster und die Luft ist voll von Blumen und junger Kraft. Ach, nun beginnt wieder eine Zeit, die mich nicht mehr zu Hause halten will! Dann wird mir die Stube zu eng und ich möchte, einen Wanderstab in der Hand, die Welt erobern und dem Frühling entgegen gehen. Es ist eigenartig, wie dieser lose Knabe die Menschen wandeln kann. Nur, man müsste in diesen Wochen nicht in der Großstadt leben müssen. Da ist der Glanz des Frühlings so sehr mit grauen Schleiern überzogen und die Menschen gehen an diesem lockenden Leuchten vorbei .Gell, wenn Du wieder bei mir bist, dann werden wir öfter das Großstadtpflaster verlassen, bitte, bitte! Weißt Du, in diesen Frühlingstagen erwacht immer wieder meine alte Liebe zur Dorfeinsamkeit und ich sehne mich nach ihr und all den vielen kleinen Wundern, die in der Stadt einfach übersehen werden. Doch ein Großteil meiner Wünsche und das bei mir schon jahrelang gehegte Luftschloss werden Wirklichkeit werden. Diese Tatsache allerdings macht mich oft ängstlich, denn bis jetzt wurden wir doch vom Glück nicht allzu sehr verwöhnt und nun dieser Segen auf einmal!

Am Sonntag Nachmittag war ich mit Papa in der Gartenstadt und wir haben den Platz unseres Märchenschlosses angesehen. Ach Liebes, wie ist es dort schön! So ruhig und frei, und was muss das im Sommer ein Blühen und Reifen sein und so aus nächster Nähe! Der Ginsterweg wird unsere neue Heimat werden. Weißt Du, wo Du ihn suchen musst? Pass auf, ich mach Dir eine kleine Skizze: Kommst Du klar? Jedenfalls werden wir sicher beneidet. Übrigens ein Stück Garten dabei und ein herrlicher Boden. Ich sehe schon im Geiste so allerhand wachsen und gedeihen. Die 12 Häuschen sind abgesteckt und an einem etwas ausgehoben. Sie werden alle unterkellert. Der in den letzten 14 Tagen so überflüssige Frost hat die Arbeit allerdings wieder unterbrochen, so dass es sehr fraglich sein wird, ob es bis Mai klappt. Aber die Hauptsache ist ja, dass es Gestalt annimmt. Morgen hole ich mir bei Architekt Blaumer die genauen Raummaße, damit ich für die Inneneinrichtung alles vorbereiten kann, so dass dann lediglich nur noch ein Umzug nötig ist. Bis dahin ist allerdings noch ein Weilchen. Aber gell, Du freust Dich doch auch, mein Liebes? Lass mir die Vorfreude, sie hilft mir immer wieder manches überwinden.

Mit Mutter komme ich jetzt besser aus, d. h. es ist eigentlich verkehrt ausgedrückt, aber die Situation hat sich wesentlich gebessert, nachdem ich einmal ausgiebig mit ihr über uns gesprochen habe und sie bat, mich doch auch als ihr Kind anzusehen. Sie hatte sich ganz fest eingeredet, dass kein Mensch auf dieser Welt sie verstehen könnte. Ich habe versucht, ihr diese Einstellung auszureden und ihr das Gegenteil zu beweisen in Worten und vor allem in Handlungen. So viel Liebe wie möglich versuche ich ihr entgegen zu bringen, sie hat sie auch sehr entbehrt. Doch mich persönlich kostet es manche Seelenkraft und es ist so wenig Gelegenheit, diese Kraft immer wieder aufzufrischen. Doch gerade werde ich Lügen gestraft. Ein Päckchen ist angekommen mit Deinen „Geburtstagsbüchern" und ich freue mich so sehr darüber! „Die Reise über die Karte" haben wir unter anderem auch bekommen. Überhaupt ist der Literaturbetrieb inzwischen mit Macht angelaufen. Am Montag habe ich allein 2200 Zeitungen verpackt und abgeschickt, die Woche zuvor ebenfalls und nun sind schon wieder welche da .Meine „Buchhandlung" nimmt auch immer mehr zu. Aber es macht mir trotz der vielen Arbeit Freude.

Mutti hat inzwischen auch geschrieben. Es geht ihr vor allem körperlich glänzend, denn sie hat alles und viel zu essen und das ist bei ihrem Zustand ja die Hauptsache. Allerdings schrieb sie, dass man in Oldenburg und in Kiel sehr anderer Ansicht ist, und dass sie glaubt, ich könnte mit einer Reise in den Norden nicht viel gewinnen. Ich würde ja sehr gerne einmal die Großeltern besuchen und mich mit Adi unterhalten, aber mein, bzw. unser Friede ist mir lieber. Wir haben ja miteinander zu leben und auszukommen, und alle verwandtschaftlichen Gefühle in Ehren, zuletzt hilft doch keiner. So bleibe ich also im Land und nähre mich redlich (das sowieso!).

Mit meiner Prüfung, tja da wirds nichts. Wenn überhaupt, dann frühestens zum Herbst und da mache ich nicht mit. Ich habe Frl. K. schon gesagt, dass ich den Vertrag lesen möchte und sie sieht das auch ein. Endgültiges ist allerdings noch nicht entschieden. Du kennst ja ihre Art.

Und nun mein Liebes bin ich wieder am Ende. Schnell noch mein übliches Sprüchlein von den Grüßen aller naher und fernen Verwandten und Bekannten. Allmählich fängt man an, immer dringender nach Dir zu fragen. Ich, mein Butzel, hab Dich sehr lieb und küsse Dich heiß und innig und bin immer Dein Mädchen.

Gertrud an Robert

Ostermontag 1948

Schon eine ganze Weile überlege ich mir eine Anrede, die alles das auszudrücken vermag, was ich für Dich empfinde. Doch alles ist mir zu schal und alltäglich.

Ich will Dich ganz einfach – Du – nennen und ich glaube, dass dieses kleine Wörtchen noch am ehesten imstande ist, eine ganze Welt in sich zu verschließen.

Du – mein Leben!

Du – mein ganzes Glück!

Heute also ist Ostern! Wie sehr habe ich diese Tage und mit ihnen den befreienden Frühling herbeigesehnt! Wenn ich nun heute auf die vergangenen Wintermonate zurückblicke, so sind sie, wenn auch mit Ungeduld ertragen, doch sehr schnell vergangen und das letzte Drittel unserer Trennung wird nun von Sonne, Wärme und Blumen überstrahlt, in deren Licht das kleine Pflänzchen Hoffnung wachsen und gedeihen wird. Ich bin nun wieder ganz ruhig und voll Freude und öffne mein Herz all den kleinen Schönheiten des Lebens. Wenn ich in den vergangenen Tagen unseres Beisammenseins oftmals unausstehlich und ungeduldig war, so verzeih es mir, mein Liebling. Ich bitte Dich sehr darum. Es waren halt ein bissel viel Eindrücke im vergangenen Jahr, die zu verdauen für mich nicht immer einfach sind und mit denen ich halt oft allein nicht fertig werde. Vielleicht, oder wahrscheinlich bin ich noch nicht „ausgegoren", wie man so schön sagt. Siehst Du, das sind eben die Nachteile einer jungen Frau. Aber Spaß beiseite, Liebes. Ich bitte Dich mein Liebes, habe Geduld mit mir und hilf mir tragen an dem, was das Leben so bringt. Siehst Du und nun könnte ich mich schon wieder ohrfeigen! Das ist eben dieser bewusste wunde Punkt bei mir. Immer bist Du es, der mir helfen muss, und ich selbst hatte noch überhaupt keine Gelegenheit, Dir nur auch ein kleines bissel in irgendetwas helfen zu können. Siehst Du Liebes, und diese Tatsache, dass Du in allem der Stärkere bist, ist es, was mir so oft Zweifel und Minderwertigkeitskomplexe bringt. Das ist natürlich wieder ausgesprochen dumm, ich weiß es. Aber dieser dumme Stolz kommt halt immer wieder, auch wenn ich ihn nicht aufkommen lassen will. Du Butzel, ich habe tatsächlich so ganz insgeheim schon mal gewünscht, Du würdest ein bissel, ein ganz klein bissel krank werden und würdest mich wirklich brauchen und ich könnte Dir vielleicht endlich deutlich werden lassen, wie sehr ich Dich liebe und wie ich für Dich und Dein Glück mein eigenes Leben hingeben möchte. Schimpf jetzt nicht, und schelte nicht wieder mein zu starkes Gefühl, vielleicht ist es auch nicht größer wie bei anderen Menschen, nur kann und muss ich es eben in Worten ausdrücken. Lass mir dieses Glück, Liebling, Du weißt ja nicht, wie reich es mich macht.

Ach Butzel, wenn ich Dich nicht sehe, dann weiß ich, dass Du in allem recht hast, aber wenn ich bei Dir bin und ich sehe Dein so liebes Gesicht und dein Lausbubenaugen, dann kann ich einfach nicht vernünftig sein und all das, was ich mir zuvor vorgeredet habe, ist einfach vergessen. Du musst dann nicht immer sagen „Das ist gefährlich" und mich einfach allen Zweifeln überlassen.

Du hilfst mir damit nicht. Ganz einfach ein bissel lieb musst Du dann zu mir sein und gleich ist alles vergessen. eine Wand schiebt, die im Laufe der Jahre immer dichter würde, nur weil wir Hemmungen haben, das auszusprechen, was uns bewegt und uns vielleicht manchesmal mit nichtigen Dingen quälen, die, ausgesprochen, gleich ihre dunkle Seite verlieren. Gell Liebes, lass uns immer daran denken. Wir wollen doch unseren Weg gemeinsam gehen, Du, und dazu gehört doch auch, dass wir gemeinsam mit all dem Neuen, das unser Zusammenleben in Wahrheit mit sich bringt, fertig werden. Wir sind noch viel zu sehr Einzelmensch und müssen noch lernen, vielmehr „wir" zu denken.

Ich weiß es ja mein Schatz, dass Du mich lieb hast, und in der letzten Nacht, für die ich Dir noch von Herzen danken möchte, in der Du Zeit und Raum vergessen hattest, habe ich mich geschämt, dass ich so undankbar dir gegenüber bin. Doch ich habe nur versucht, Dir dafür eine Erklärung abzugeben und ich glaube auch sicher, dass Du mich verstanden hast, gell mein Schatz? Ach ich glaube ja sicher, dass das alles anders wird, wenn wir mal allein sind, denn bisher waren wir es ja in Wirklichkeit nie gewesen. Immer waren irgendwie andere Menschen um uns. Wenn Du erst mal mein Bubi ganz allein bist! Du weißt, ich habe mir auch Gedanken darüber gemacht, ob es Dir vielleicht lieber wäre, wenn ich mich praktisch in Deine Arbeit vertiefe und es hat mich einen harten seelischen Kampf gekostet, bis ich zu der Überzeugung kam, dass das keine Lösung bringen kann. Ich werde Dir in dieser Beziehung immer Verständnis entgegen bringen und mit Deiner Hilfe versuchen, auf diesem Gebiet Schritt zu+ halten, und ich glaube, ich habe mich doch schon nach bestem Gewissen darum bemüht, aber meine Arbeit muss doch mehr von gestaltender Art sein, und so gern wie diese eine Seele in mir lernt und immer lernen möchte, so ist doch die andere Seele immer wieder Sieger, die nach formender, Ausdruck gewordener Arbeit drängt. So ist es doch wohl besser, wenn unsere Gegensätze sich harmonisch ergänzen zum Vorteil unserer Lebensgemeinschaft. Außerdem erinnere ich mich noch sehr gut, dass Du mir vor einem Jahr auf ähnliche Frage

beteuertest, dass Du eine Frau wollest und kein politisches Subjekt. So ist mir mein endgültiger Entschluss noch leichter gefallen. Doch bitte ich Dich sehr, mein Liebling, schreibe mir einmal offen und klar Deine Ansicht über diese Angelegenheit, gell? Ich weiß,

Du sagst ja jetzt wieder, das sind doch alles keine Probleme. Und doch mein Schatz, ist es glaube ich besser, man macht sich über diese Dinge vorher Gedanken, damit man nicht eines Tages von ihnen überfallen wird. Meinst Du nicht? Ich glaube nämlich, -dass man in diesen Angelegenheiten nicht in den Tag hinein leben kann und darf.

Deinen letzten Brief vom 14.3. erhielt ich auch nach meiner Ankunft und ich danke Dir von ganzem Herzen, mein Bubi. Vor allem für Deine so lieben, persönlichen Worte. Ach Du mein Liebster, ich hab Dich ja so lieb, Du. Wenn ich Deine Briefe lese, dann habe ich das Gefühl, als würde ein warmer Sonnenstrahl mein Herz berühren, und wenn ich dazu Dein liebes Bild ansehe, dann glaube ich oft, dieses Glück nicht allein ertragen zu können. Hab Dank mein

Liebes, dank für alles! Wie schön wird es erst, wenn wir in unserem Märchenschloss allein sind! Nein, ich will noch nicht dran denken .Als ich am Mittwoch Nachmittag nach einer schrecklichen, strapaziösen Fahrt wieder hier ankam wäre ich am liebsten wieder auf und davon. Der nächste Tag war noch schrecklich und ich konnte mich gar nicht mehr an den Alltag gewöhnen. Aber dieser hatte kein Mitleid mit mir und ich bin ganz froh darüber. So bin ich nun wieder mitten drin im Trubel und die nächste Woche habe ich mir viel vorgenommen.

Aber die beiden Ostertage haben wir uns zu wirklichen Feiertagen gemacht. Vater muss schon seit Tagen länger arbeiten, weil 2 Leute krank sind und so sind wir immer allein. Gestern Nachmittag sind wir nun, d. h. Mutter, Papa und ich, in die Gartenstadt gepilgert und haben uns den Fortschritt der Bauarbeiten angesehen. 5 sind bis jetzt ausgehoben, 12 müssen es sein. Die Arbeit geht also doch nicht so schnell voran wie voraus gesehen. Naja, aber die Hauptsache ist es Ja wohl, dass es überhaupt Wirklichkeit wird. Wenn eben nicht bis Mai, dann eben bis Juni oder Juli. Ach Butzel, da draußen ist es jetzt so schön. Alle Obstbäume blühen und die Menschen leben so ruhig und friedlich. Ich freue mich jedenfalls sehr. Übrigens geht man vom Bahnhof Mundenheim doch nicht viel länger als eine Viertelstunde.

Heute war ich mit Mutter den ganzen Tag im Stadtpark. Es ist seit Tagen ein herrliches Frühlingswetter. Kein Wölkchen am azurblauen Himmel und auf der Erde ein üppiges Blühen. Es ist eine so herrliche Zeit und mitten darin die Menschen mit einer Weltuntergangsstimmung, die mit all den Blumen um die Wette zu blühen scheint. Krieg wird bei uns spätestens in einem Vierteljahr prophezeit und, man soll es eigentlich nicht für möglich halten, es sträubt sich keiner gegen diese Gerüchte, man scheint sich damit abgefunden zu haben. Sagt man etwas dagegen, so wird man entweder als politisch nicht zurechnungsfähig oder als verrückter Optimist angesehen. Ich habe fast das Gefühl, als würde es manchen Menschen insgeheim in den Fingern jucken, endlich wieder eine Knarre handhaben zu können und ohne Überlegung blindlings auf den eigenen Bruder zu schießen. Es geht uns anscheinend immer noch nicht schlecht genug. In Landau wird augenblicklich das politische Internierungslager geräumt, und in SPD-Kreisen spricht man offen davon, dass das geschehen müsste, um dort die Kommunisten aufnehmen zu können!!!!!Nein man möchte manchmal heulen angesichts von solcher Borniertheit! Was man hier über den Volkskongress schreibt, kannst Du mit eigenen Augen lesen. Aber bitte, das ist die einzige Notiz, im übrigen schweigt man sich aus! Ich bin nun mal gespannt, wie sich die Dinge noch weiter entwickeln. Neugierig bin ich auch, was Mutti erzählt. Sie wird sehr wahrscheinlich Ende nächster Woche wiederkommen. Am Donnerstag habe ich auch von Willi einen Bezugschein bekommen über ein „Schlafzimmer komplett". Morgen werde ich mir nun einmal die Sache ansehen und ich werde Dir im nächsten Brief darüber berichten.

Nun mein Liebes, wie habt Ihr die Ostertage verbracht? Hoffentlich warst Du doch auch ein bissel fort gewesen, oder hattet Ihr kein gutes Wetter? Nun da ich Deinen Tagesablauf genau kenne, bin ich erst recht jede Minute in Gedanken bei Dir und immer wieder muss ich dann an die vergangenen schönen und erlebnisreichen Tage denken. Weißt Du, dann denke ich oft, dass es um jeden Tag schade ist, den wir schon seit 10 Jahren nicht miteinander verleben durften. Warum musste erst jeder seinen Weg allein gehen, bis uns das Schicksal zusammenführte? Seit 9 Jahren musste ich mich nach Dir sehnen, bis ich Dich nun endlich besitzen darf. Aber nun lass ich Dich auch gar nie mehr fort von mir. Einverstanden?

Du mein lieber Bubi, nun soll es doch für heute wieder genug sein. Ich bin ziemlich müde, inzwischen ist mir nämlich ein schöner Schnupfen „gediehen" und ein Husten ist im Anmarsch. Den ganzen Winter blieb ich davon verschont, doch das konnte ja nicht ausbleiben. Hoffentlich geht es Dir nicht auch so. Mutter sagt gerade, ich soll Dich vielmals grüßen und ich soll Dir schreiben, es hätte uns leid getan, dass wir den Kuchen gezwungenermaßen allein essen mussten. Habt ihr auch ein bissel Kuchen bekommen? Grüß bitte Hans und alle anderen recht schön von mir und sei Du mein Liebes recht fest umarmt und auch innigst geküsst. Dein Schatz!

Gertrud an Robert

5. April 1948

Mein Liebling!

Hurra! Das war eine ereignisreiche Woche! Ich weiß gar nicht, wo ich zuerst anfangen soll. Zunächst einmal mein lieber Butzel hoffe ich, dass Du die Osterfeiertage recht angenehm verbracht hast und Dir ein bissel Entspannung gönnen konntest. Du hast mir ja Deinen Plan mitgeteilt in Deinem Brief vom 24.3., der vergangene Woche eintraf und für den ich Dir recht, recht innig danken möchte. Dein „Ehebruch" sei Dir gnädig verziehen Du lieber Lausbub, aber dass es ausgerechnet eine „Witwe" sein musste? Doch hoffe ich, beim nächsten „Gelegenheitsverbrechen" dabei sein zu können. Ist Dir überhaupt der Besuch bei der lustigen Witwe bekommen? Na? Man kann ja nie wissen. Solche Damen sind gewöhnlich sehr anspruchsvoll! Jedenfalls waren wir, als Revanche gewissermaßen, am Dienstag in der „Saison in Salzburg" und haben mit dem Toni und der Vroni einem „Kuddelmuddel" beigewohnt. Doch es war wirklich ganz reizend gewesen, wenn wir auch erst um ½ 2 nachts nach Hause kamen. Mit Mutters Erholung wird es klappen, es hat allerdings einen harten Kampf gekostet, um sie zu überzeugen, dass es für sie nur von Vorteil sein kann. Sie ist manchmal so unvernünftig und eigensinnig wie ein kleines Kind. Nun habe ich sie endlich soweit gebracht, dass sie einen Arzt konsultiert. Heute war sie nun dort und, wie ich gesagt habe, sie hat keine organische Krankheit. Ihre Schmerzen sind rheumatischer Natur, die aber auch bei einem besseren körperlichen Allgemeinbefinden verschwinden würden. Allerdings auch bei mehr Lebensmut. Sie redet sich nämlich viel mehr ein und glaubt sich immer todsterbenskrank und es ist tatsächlich nicht der Fall. Na hoffentlich möbeln sie die 4 Wochen Hinterzarten wieder etwas auf. Sie will sich zuvor noch ihre Zähne machen lassen, sie hat aber auf das Urteil der Ärzte gewartet, ob es sich überhaupt noch lohnt!!!

Vor Pfingsten wird Herbert auch noch wenigstens die Küche machen und Mutter freut sich schon sehr darauf. Das bringt ihr dann auch wieder ein froheres Arbeiten, wenn die Umgebung heller und freundlicher ist. So jetzt kommt etwas „Familiäres", d. h. in diesem Falle die eigene Familie betreffend. Wie ich Dir schon schrieb, habe ich mir letzten Dienstag das zugesprochene Schlafzimmer angesehen und sofort am Nachmittag heimgeholt. Es ist zwar nicht das kombinierte Zimmer, wie ich es wünschte, aber es ist in mancher Hinsicht besser wie dieses und hat gewisse Vorteile. Es besteht aus 2 Betten, allerdings ohne Röste und Matratzen, um die ich mich jetzt erst noch mal extra die Beine ablaufen muss, 2 Nachtische, einen 1,80 m langen 3-türigen Kleiderschrank und einer Wäschekommode. Alles in hell Eiche natur. Ach Butzel, Butzel ist das nicht herrlich? Ich freue mich so und kann s manchmal noch gar nicht fassen! Denk Dir nur, das erste eigene Möbel! Nun, da es zu Hause ist, denk ich gar nicht mehr an den Kampf und den vielen Ärger, den es gekostet hat. Hoffentlich klappt weiterhin alles andere auch so. Man muss nur sehr viel Geduld haben und eine gewisse Hartnäckigkeit an den Tag legen. Aber denk Dir nur, wir schlafen dann im eigenen Haus in eigenen Betten! Es ist zu schön! Wir haben alles fein säuberlich in der Mansarde untergebracht und die letzten Tage muss ich immer ab und zu dort etwas „erledigen". Ganz glücklich schaue ich mir dann den ganzen Segen an und streiche einmal verstohlen über das Holz. Lach net, ich freue mich doch so! Ja mein Schätzchen, aber das ist noch nicht alles für die eine Woche, es kommt noch eine Überraschung! Am Donnerstag kam ich zu Frl. Rinderknecht und wollte sie endgültig um die Lösung des Vertrages bitten, da ruft sie mir schon entgegen, dass die Handwerkskammer geschrieben hätte und ich zur

Frühjahrsprüfung zugelassen sei!! Man höre und staune! Ich war natürlich selig, das kannst Dir denken, obwohl ich eigentlich immer das Gefühl hatte, dass es klappen würde. Ich schrieb es Dir ja auch. Siehst Du, meine Gefühle, meine Gefühle, sie hätten mich zum erstenmal zu trügen. Ja Schatz, dann wird sich Dein Frauchen auch bis Mai einer Prüfung unterziehen und hoffentlich bin ich Dir wenigstens in diesem Fall ebenbürtig. Ich bin doch sehr froh darüber und es gibt mir für die Zukunft doch eine gewisse Beruhigung und Sicherheit. So wie die Lage augenblicklich hier ist, kann es nur von Vorteil sein. Und Du weißt ja, ich hänge halt doch sehr an dieser Arbeit. Nun muss ich mich noch sehr anstrengen und ein Gesellenstück fabrizieren. Ideen habe ich mehr wie genug, aber leider sind wegen Materialmangel die meisten nicht durchführbar. Wenn ich nur wenigstens Stickgarn beibekommen könnte! Ich muss halt auch hier mal wieder „hausieren" gehen, allmählich habe ich es ja gelernt. Ja Liebes, sind das nicht viele schöne Ereignisse für eine einzige Woche? Ich glaube, dass uns der Frühling sehr hold gesinnt ist, dass er uns soviel Schönes auf einmal schenkt. Ach es ist halt unser Frühling, der nie aufhören soll, wenn auch vielleicht mal ab und zu ein Regenschauer angebraust kommt, dafür ist danach der Himmel umso blauer. Gell Du mein Liebes!

Nun aber noch mal zu Deinem Brief, mein Schatz! Die eine Seite mit Deinen Osterwünschen hat mir ganz besonders gut gefallen und ich muss sie jeden Tag ansehen, und dabei seh ich Dich, mein Liebster, ganz deutlich vor mir, mit einem schalkhaften und einem ernsten Auge. Da krabbelt ein Käferle schnurstracks auf das Herz zu. Was will es denn da? So ein liebes Käferle und das Osterhäsle. Anneliese hat ihn erspäht und sie behauptet zwar, es sei kein Osterhase, sondern ein Känguruh. Aber sie hat halt gar keine Phantasie! Ja dass wir nächste Ostern gemeinsam verleben mögen, das wünschte ich mir auch sehr von Herzen. Doch was wissen wir denn, was bis dahin sein wird. Du Liebes, wir wollen auch jede Stunde, die wir zusammen sein können, so schön wie nur möglich machen. Ich meine nun nicht in Bezug auf Vergnügen und Nichtstun. Nein, im Gegenteil. Aber Du verstehst mich schon, gell mein Schatz? Ich meine wir sollten immer dankbar sein um die gemeinsam verlebte und noch zu verlebende Zeit und uns immer aneinander erfreuen können. Recht glücklich, mein Schatz, hat mich Dein kleiner Fragesatz am Ende der lieben Seite gemacht: „Vielleicht auch zu 2 ½ ?" Oder hast Du das nur mir zur Beruhigung geschrieben? Aber ich glaube es nicht. Das würde ich auch niemals wollen. Du sollst immer nach Deinem eigenen Gefühl handeln, aber auch das meinige respektieren. Wie ich darüber denke, mein Lieb, habe ich Dir ja ausführlich selbst sagen können. Auch wenn Du mich als Mann vielleicht nicht ganz hast verstehen können. Aber ich kann mir eigentlich nicht recht vorstellen, dass Dir noch nie darüber Gedanken gekommen sind und Du Dir nicht auch so ein liebes Kindchen wünschest. Oder sollte ich mich wirklich so täuschen? Gewiss es ist ja heute nicht immer leicht, so einen kleinen Erdenbürger aufzuziehen. Doch wann wird diese Möglichkeit gegeben sein und bringen wir uns selbst nicht nun ein großes Quantum Sonnenschein? Ich weiß ja, dass Du vor manchem Angst hast und ich kann Dich auch vollkommen verstehen. Aber soweit müsstest Du mich auch kennen, dass ich nie einen „Rolf" erziehen würde. Du solltest bei diesem Gedanken doch ein bissel Freude empfinden und die anderen beiseite legen. Schreibst Du mir einmal darüber, mein lieber großer Bubi? Vielleicht hast Du dann weniger Hemmungen, denn ich weiß ja, sagen kannst Du so was nicht. Hab ich recht? Du---

So mein lieber Schatz, für heute soll es wieder genug sein. Die Eltern lassen alle herzlich grüßen und viele Freunde. Ich küsse in Gedanken heiß und innig Deinen lieben Mund und deine Augen und Deine beiden Hände. Mit vielen tausend Grüßen bleibe ich immer Dein Liebling

---

Robert an Gertrud

11. April 1948

Mein lieber Schatz!

Recht herzlichen Dank für Deine lieben Grüße! Gestern erhielt ich Deinen großen, so lang erwarteten Brief, der länger dauerte als ein normaler Brief. Er war nämlich geöffnet worden und dadurch verzögert. Das Päckchen war bereits am Donnerstag hier Ich habe schon versucht, einen Plan aufzustellen, wann und wie ich die vielen Pillen schlucken soll. Ich glaube, dass ich davon Dir verschiedene wieder mitbringe, sonst werde ich hier zu stark und reiße noch Bäume aus.

Nun zu Deinem Brief. Vor allem bin ich froh, dass Du wieder gut zu Hause gelandet bist. Es ist zwar traurig, aber leider wahr, dass heute Deutschland ein Gefahrenland geworden ist und überall eine Unsicherheit zu Hause ist, besonders durch die künstlichen Zonengrenzen. Der Zeitungsbericht über den Volkskongress zeigt mit aller Offenheit, wohin die Herren des Westens steuern. Das Volk in seiner Borniertheit und Denkfaulheit läuft dieser Verbrecherbande nach, einem neuen Abgrund zu. Die braunen Rattenfänger werden von den schwarzen abgelöst. Das ist das viel gerühmte Volk der Dichter und Denker. Es ist im Westen ein Werkzeug der Monopolherren von USA geworden und das Erwachen wird noch grausiger sein als 1945. Nun hat man auch den letzten Minister der KPD endlich aus der Regierung hinausmanövriert. Nun sind die Verräter unter sich und glauben, ihr schmutziges Geschäft für einen Judaslohn auf Kosten des deutschen Volkes durchführen zu können. Doch auch für sie schlägt die Stunde und wir werden ihnen ihre Suppe versalzen. Sie möchten uns in einen neuen Vernichtungskrieg stürzen und selbst als Handlanger der Reaktion übrig bleiben. Was sollten wir für Vorteile in einem Krieg sehen? Wir brauchen Frieden und Zeit zum Arbeiten, dann werden wir Deutschland retten können. Krieg aber bedeutet Vernichtung. Wer daran interessiert ist, kann leicht festgestellt werden. Die Arbeiter jedenfalls nie. Wenn man in SPD-Kreisen davon spricht, dass Landau für die Kommunisten geräumt wird, dann sieht man, wie weit die Verhetzung bereits gediehen ist. Dieser kleinbürgerliche Haufen, der nie weiß, wohin er gehört, sieht nur in der Arbeiterschaft seine Feinde. Ausgerechnet bei diesen Menschen, auf dessen Schultern sie stehen und wovon sie leben. Sie setzen ihre verhängnisvolle Politik der Vergangenheit fort, die 1914, 1918, 1933 bei dem Verrat der Interessen der Arbeiterklasse zugunsten der Bourgoisie endete. Doch auch ihre Bäume wachsen nicht in den Himmel und eines Tages wird ein Sturm sie entwurzeln und beiseite legen. Wir brauchen nur Zeit, Zeit und Frieden.

Ja Liebling, Du hast Dir einen schlechten Liebhaber ausgesucht, anstatt Dir glühende Liebesbriefe zu schreiben, rutschen mir immer wieder politische Themen aus der Feder. Vor allem freue ich mich, dass Du wenigstens schöne Ostern verlebt hast. Ein solches Wetter war dazu angetan, so richtig den kommenden Frühling einzuleiten und die gedrückten Herzen etwas freier schlagen zu lassen. Vor allem auch recht herzlichen Dank für Deine Frühlingsboten und das schöne Gedicht mit Scherenschnitt. Ich habe es neben mein Bett gesteckt. Wie ich Ostern verlebte, weißt Du ja inzwischen. Leider ist seitdem das Wetter nichtmehr so schön gewesen und jetzt ist so richtig Aprilstimmung, kalt, regnerisch, Sonnenblitze usw. Doch bald ist es Mai und dann geht es mit Riesenschritten in den Sommer und auch unserem Wiedersehn entgegen. Dass unser Häuschen nicht nach Termin fertig wird, ist mir klar. Doch Hauptsache es wird überhaupt dieses Jahr noch bezugsfertig. In diesem Punkt ist genau wie in so vielen Sachen ein himmelweiter Unterschied zum Osten festzustellen. Hier wird planmäßig gearbeitet, im Westen geht in erster Linie das voran, wo man viel verdienen kann. Ich freue mich so für Dich, dass Du doch Stück für Stück erfolgreich beibringst. Ich nehme an, dass das Schlafzimmer doch einigermaßen in Ordnung ist und vor der Währungsreform noch bezahlt werden kann. Später ist das Geld des kleinen Mannes ja doch beim Teufel. Eigentlich müsste man das eiserne Sparguthaben auch bekommen, vielleicht kannst Du Dich einmal erkundigen. Es ist bei der Deutschen Bank in der Ludwigstraße deponiert. In dringenden Fällen ist es, glaube ich, möglich. Mein gutes Mädchen. Hier ist wieder ein Punkt, wo Du doch praktisch auf Dich allein gestellt mir sehr viel hilfst. Was Du inzwischen alles geleistet hast, zeigt doch, dass auch Du mir viel gegeben hast und nicht ich nur der gebende Teil bin, wie Du Dir immer einredest. Ich bin in ideologischer Hinsicht Dir vielleicht in manchen Dingen überlegen, aber Du hast ebensolche starke Punkte, wo ich von Dir lernen kann und gelernt habe. Das kommt zwar nicht immer so offen zum Ausdruck, aber deshalb ist es doch so. Also keine Minderwertigkeitskomplexe, sondern gemeinsam an die Probleme des Lebens herangehen, gemeinsam schlagen, gemeinsam siegen. Der Mensch ist nicht fertig *oder vollkommen, er wächst mit den Aufgaben und warum sollte es bei uns anders sein? Wir werden uns den jeweiligen Verhältnissen anpassen und uns bemühen, immer Sieger zu bleiben. Natürlich hat jeder Mensch einen gewissen Egoismus, der ihn dazu verleitet, sich als den Mittelpunkt zu betrachten, das heißt wie Du richtig feststellst, man denkt in den meisten Fällen „ich" statt „wir". Diesen Fehler kenne ich bei mir sehr gut und es ist nicht immer einfach, sich auf „wir" umzustellen. Ich bin in manchen Punkten oft der Wirklichkeit voraus, das ist eben ein Hindernis. Doch wenn man selbstkritisch seine Mängel und Schwächen feststellt, gibt es auch Möglichkeiten, sie zu überwinden und in diesem Falle bist Du, mein Schatz, meine Frau fürs Leben, die mir dabei hilft und an meiner Seite durch dick und dünn mit geht.*

Ich tue nichts unüberlegt und treibe kein Spiel, sondern von der Notwendigkeit überzeugt ist mein Tun und Handeln. Mein Leben ist nicht immer ungefährlich, und das ist vielleicht mit ein Grund, dass ich nicht immer so redselig bin. Ich kann mir vorstellen, dass es Momente im Leben gibt, und ich habe solche genügend schon erlebt, wo man sich fragt, ob man berechtigt ist, einen Menschen an sich zu binden und ihm Lasten aufbürdet, die man eigentlich allein tragen müsste. Es ist nicht von ungefähr, dass ich so spät erst geheiratet habe. Du kennst meine Vergangenheit und weißt auch, wie ich zum Leben stehe. Für mich ist der Kampf um die Befreiung der Arbeiterklasse von jahrhundertealtem Joch und Ausbeutung das Ziel und die Hauptaufgabe meines Lebens. Ich bin kein Fanatiker, sondern ein sehr realistisch denkender überzeugter Marxist. Es ist eine geschichtlich unumstößliche Wahrheit, dass der Sozialismus das verbrecherische System des Kapitalismus ablösen wird. Wann das sein wird, hängt von unserer Arbeit, von unserem Einsatz ab. Doch der Anteil an diesem Befreiungskampf ist nicht bei jedem Menschen gleich.

Was Deine aufgeworfene Frage angeht, so hast Du recht. Wenn das Leben an Dich besondere Anforderungen stellt, weil Du mein Lebenskamerad bist, so bestehen diese in der Hauptsache des gegenseitigen Verstehens. Ich verlange von Dir in keiner Weise, dass Du etwas tun

sollst, was gegen Deine Überzeugung geht. Deine Arbeit werde ich in keiner Weise beeinträchtigen. Ich brauche eine Frau, die, wie Du so schön sagst, mit mir Schritt hält und von der Notwendigkeit meiner Arbeit überzeugt ist. Meine Aufgabe ist, Dir zu helfen, alle Steine, die im Wege liegen, zu beseitigen. Man darf nicht nur in den Tag hinein leben wie die Tiere, als Menschen haben wir gestaltend zu wirken. Mein Liebling. Ich sehe wirklich keine Schwierigkeiten für unsere Zukunft. Du weißt, wen Du Dir an den Hals gehängt hast, und ich weiß, was ich an Dir habe und vor allem besitzen kann. Es wäre allerdings falsch, eine feste Form auszuarbeiten für die Zukunft. Als Dialektiker wissen wir, dass alles in ständiger Bewegung und Veränderung ist, auch die Verhältnisse, und unser Leben muss sich immer den jeweiligen Situationen angleichen. Wer nicht mit dem Leben geht, kommt unter die

Räder. Wenn wir beide zusammen sind, wird sich alles so selbstverständlich gestalten, als wären wir beide nur 2 Hälften von einem Ganzen. Also, zerbreche Dir nicht unnötig den Kopf, denn das ist wirklich „kein Problem". Das ist wieder so echt, ja? So denkste doch. Nun mein Schatz, es war mir eine Freude, deinen Brief zu beantworten. Für heute schließe ich mit den herzlichsten Grüßen und Küssen Dein Dich liebender

Bubi.

Recht herzliche Grüße an die Eltern und Geschwister. Viele Grüße an Wille, Walter und Hilde.

Gertrud an Robert

15. April 1948

Mein Liebes!

Es ist jetzt 7 Uhr früh und bevor ich mein, nun schon tägliches, „Halbtagesrennen" in die Stadt starte, will ich erst noch ein bissel mit Dir plaudern. Die Zimmer habe ich schon gemacht, Essen ist auch gerichtet, so kann ich mir die Zeit nehmen, ohne hetzen zu müssen. Ja Schatz, der Alltag ist unerbittlich, er lässt uns nicht mehr zur Ruhe kommen. Aber das weiß ich, wenn wir in unserem Heim sind, dann gibt es auch Entspannungsmomente; dafür werde ich sorgen.

So, das war gewissermaßen die Einleitung, nun zu Dir mein Butzel. Zunächst einmal guten Morgen, mein Schatz und einen festen Kuss, sozusagen für den Tagesanfang. Vorgestern kam Dein lieber Brief bei mir an, auf den ich schon so sehr gewartet habe und für den ich Dir von Herzen danken möchte. So lang war er diesesmal unterwegs und hat sich gar nicht daran gestört, dass wir doch unsere Plauderstunden mit soviel Ungeduld erwarten. Auch Du hattest am 4. noch keine Nachricht. Hoffentlich ist inzwischen alles eingetroffen. Meinen Brief, den ich am 30.3. abschickte, ließ ich noch extra durch Eilboten abgehen, damit Du ihn ja recht bald bekommen sollst, und am 1.4. schickte ich ein kleines Päckchen ab, am 5. einen Brief, am 7. eine Karte und am 12. wieder ein Kartenbrieflein. Außerdem habe ich gleich nach meiner Ankunft ein Telegramm aufgegeben, das Dich anscheinend nicht erreichte, oder sollte es inzwischen nach so langer Zeit doch bei Dir eingetroffen sein?

Jetzt aber zu Deinem Brief. Ja Butzel, Kriegsgeschrei gibt es bei uns hier augenblicklich mehr wie genug und manchmal ekelt mich das alles so sehr an, dass ich einfach davon nichts mehr hören will. Die Menschen machen sich gegenseitig ganz verrückt und nun kommt auch noch die bevorstehende Währungsreform dazu und nun sind die meisten kopf- und haltlos. Aber keine Angst mein Liebes, ich lass mich davon nicht beeindrucken. Ich kümmere mich einfach nicht darum und wo ich kann, rede ich dagegen. Ich habe viel gelernt in der letzten Zeit und weiß, wo mein Platz ist, und was ich noch nicht restlos verstehe, empfinde ich instinktiv. Ich kann für mein Leben, meine Arbeit und meine liebsten Menschen wirklich keinen Krieg gebrauchen und wir können uns nur in einer friedlichen Zukunft entfalten. Das ist alles so einfach und so viele Menschen können das nicht verstehen und reden den größten Unsinn ganz einfach nach. Manchesmal möchte man mit einem Holzhammer auf die Menschheit los.

Das einzige, was mir augenblicklich Sorgen macht, ist unsere Wohnungseinrichtung nach einer Währungsreform. Es ist doch soviel, was zu einem Haushalt gehört, aber es lässt sich nicht übers Knie abbrechen. Diese bevorstehenden Ereignisse können wir ja nicht abwenden und ich bin einesteils froh, wenn der Rummel endlich vorbei ist. Aber ich denke halt immer, wenn wir dann auch kein Geld mehr haben, so sind wir doch reicher wie mancher Besitzende, denn wir haben ja unsere gegenseitige Liebe und unsere Jugend, die uns beide Kraft genug geben werden, so hoffe ich, das Gebäude unseres Lebens wirklich von Grund auf ohne Hilfe und Grundlagen aufzubauen. Ich glaube sicher, dass wir es schaffen werden, meinst Du nicht auch mein Liebes? Wenn ich Dich und Deine Liebe nicht hätte, würde ich vielleicht in all dem Wirrwarr manchesmal verzweifeln. So aber weiß ich, wofür ich lebe und arbeite und ich bringe für alles soviel Kraft und Ausdauer auf, wie ich mir eigentlich früher nicht zugetraut hätte. Wenn Du nur erst wieder bei mir bist, mein Schatz, ich kann es nun kaum mehr erwarten. Wirst Du einen bestimmten Tag angeben können, an dem Du ankommst? Das wäre schön. In Gedanken habe ich mir das Wiedersehen schon so oft ausgemalt, aber in Wirklichkeit wird es wahrscheinlich doch ganz anders.

So, den 2.Teil dieses Briefes schreibe ich 12 Stunden später. Heute morgen hat es nicht mehr zum Ende gereicht. Von meinem „Rennen" war ich verhältnismäßig schnell wieder zurück, habe aber wieder einmal nirgends etwas erreicht und alle Gänge umsonst gemacht. Man müsste sich das eigentlich alles aufschreiben, die Lauferei, die Schwierigkeiten und die ganzen Lebensverhältnisse. Ich glaube, spätere Generationen werden diese Dinge alle nicht für möglich halten. Weißt, wenn man schon immer hört „Nein! Noch nicht. Vielleicht die nächste Woche! Fragen Sie noch mal nach!" das wirkt jedes Mal wie ein kalter Guss aus der Gießkanne. Ich habe mir in der letzten Zeit angewöhnt, jeden Tag in einem Terminkalender aufzuschreiben, wann und wo ich wegen diesem oder jenem wieder „nachfragen" soll. Du lachst? Es ist tatsächlich so. Das kann nämlich ein normaler „Durchschnittsmensch" nicht alles behalten.

Aber sonst geht es mir verhältnismäßig gut. Das heißt, ich will in den nächsten Tagen doch zum Arzt. Ich bin wohl nicht krank, aber ich fühle mich nicht recht wohl. Ich bin wieder immer soviel müde und wenn es mal dem Abend zugeht, habe ich das Gefühl, als würden meine Beine platzen. So sind sie geschwollen. Die Haut ist ganz gespannt und wenn man draufdrückt, bleibt mindestens ½ Stunde ein Loch. Warum muss das alles wiederkommen? Ach ich fürchte mich davor. Und ich will und darf doch nicht schlapp machen. Wir haben in diesem Jahr doch noch soviel vor! Diese ganze körperliche Verfassung macht mich aber oft so niedergedrückt, dass ich das jetzt endlich satt habe und die nächste Woche mich aufraffe und einen Nachmittag im Wartezimmer verbringe. Ich schreibe Dir das aber alles nicht, damit Du Dir darüber Gedanken machen sollst, Du Liebes. Bis Du wiederkommst, hoffe ich, die Hauptsache dieses Rückfalls überwunden zu haben, damit unserem nachträglichen Frühlingsfest nichts mehr im Wege steht. Ach Du glaubst nicht, wie ich mich freue, wenn wir wieder einmal zusammen am Sonntag fortfahren. Nach Edenkoben (ich weiß gar nicht, da zieht es mich direkt hin!), oder Dürkheim oder sonst wohin. Einfach in den Wald zu den Bäumen und Blumen. Ach und wenn es erst in unserem eigenen Garten blüht! Gell, jetzt freust Dich doch auch und vor lauter Freude hast Du Dir gleich Kreuzweh geholt? Das war auch ein bissel viel auf einmal für den Anfang. Du Schätzel, wenn ich mir vorstelle, wie wir in all der Herrlichkeit leben werden, dann möchte ich die ganze Welt umarmen!

Du fragst, was unsere Künstlerklause macht? Ja allerdings so kann man es wohl nennen. Das wird das reinste Kunstgewerbemuseum. Handgemalte Gardinen, handbedruckter Möbelbezug, handwerklich angefertigtes Möbel, gestickte Decken und Kissen und vielleicht auch gewebte Teppiche. Ich freue mich sehr darauf! Hoffentlich gefällt es Dir. Leider wird es aber noch nicht fertig sein bis Du kommst, aber man weiß wenigstens, dass es Wirklichkeit wird und das ist ja schon sehr viel wert. Ach und dann Du noch, hoffentlich immer, bei mir und all die Blumen und die Freude! Ich glaube, dann fange ich erst wirklich an zu leben! Dann erst hat alles einen Sinn. Doch bis dahin heißt es noch tüchtig arbeiten, damit wir uns all die Herrlichkeit auch verdienen.

Für die beigelegten Bildchen danke ich Dir mein lieber Schatz. Die Zimmeraufnahme ist wohl am schönsten, das heißt am natürlichsten. Die Einzelaufnahme hat ja leider etwas zu viel Licht. Aber Du lieber Butzel, deshalb bist Du doch mein Bubi, jedoch hättest Du mich ruhig anschauen dürfen. Was war denn da wieder für ein hübsches Mädchen, dass Du da so intensiv zur Seite sehen musstest, hm? Freundchen nimm Dich in Acht! Da werden Weiber zu Hyänen, mein Lieber!!!? Das traust Du mir nicht zu? Na, mal abwarten. Aber nicht dass

Du deswegen Dein Kommen hinauszögerst, sonst krachts!! Hör Mal,-mein Liebes, sollte es Dir möglich sein, bitte das musst Du aber in jeder Beziehung entscheiden, so möchte ich Dich bitten, wenn Du wieder in die Stadt kommst, Verschiedenes einzukaufen. Es gibt da nämlich alle Glaswaren frei, aber ich hatte keinen Platz mehr. Weißt Du, wir könnten ein Likörservice gebrauchen und Gläser, Glasschüsseln und der gleichen. Nun musst Du aber wissen, ob es Dir möglich ist, die Dinge entweder zu schicken odermitzunehmen. Ich möchte Dich ja nicht damit belasten, aber ich wollte es Dir nur mal geschrieben haben- Geht es nicht, so leben wir trotzdem.

Für heute mein Liebster soll es genügen. Lass es Dir gut gehen und komme recht bald! Ich grüße Dich vieltausendmal und küsse Dich recht innig auf den Mund und bleibe immer

Dein Mädchen.

Robert an Gertrud

19. April 1948

Mein lieber Schatz!

Heute erhielt ich gleich 2 Briefe und weil sie gar so viel Erfreuliches brachten, will ich Dir gleich antworten. Ich bin so froh, dass Du nun endlich etwas Großes erreicht hast, was für unser späteres Leben ja immerhin eine gewisse Rolle spielt. Es ist doch ein beruhigendes Gefühl, zu wissen, wenn einem der Mann geärgert hat, kann man in sein eigenes Bett steigen und eventuell das Bügelbrett dazwischen legen. Nun ich merke, es wird jetzt wirklich ernst mit uns beiden, so langsam müssen wir uns aneinander gewöhnen. Ich bin jetzt Besitzer eines Schlafzimmers geworden und wer weiß was ich noch alles bald besitzen werde. Halber Hausbesitzer, Kleingärtner, Kaninchenzüchter, mein Verstand geht bald nicht mehr mit. Ich glaube, ich muss jetzt „Sie" zu mir sagen. Dazu kommt noch, dass Du tatsächlich jetzt noch eine Fachprüfung ablegst und mich in dieser Beziehung glatt an die Wand drückst. Mein liebes Mädchen. Du schreibst, Du wirst Dich einer Prüfung unterziehen und dann bist mir wenigstens in diesem Falle ebenbürtig. Damit bin ich aber gar nicht einverstanden. Ich bitte Dich wirklich, mir nicht zuzumuten, dass auch ich noch schnell das Handwerk der Stickerei erlernen muss, damit Du mir ebenbürtig bist. Ich gönne Dir alleine den Triumph in diesem Falle mir turmhoch überlegen zu sein. wünsche Dir vor allem ruhige Nerven und recht viel Erfolg. Dir kleiner Schmetterling fällt doch so etwas nicht besonders schwer, Du hast ungeahnte Fähigkeiten und was Dir fehlt, ist etwas mehr Selbstvertrauen in Dein Können. Vor allem muss ich Dir eine Rüge erteilen für die Zukunft. Es ist möglich, dass es in bürgerlichen Ehen sogenannte getrennten Besitztümer gibt, wo ein Teil nur darüber Verfügungsrecht hat. In einer proletarischen Ehe gibt es das nicht. Die paar Kröten, wo auf der Bank liegen, gehören nicht mir, sondern uns. Dass Du es nicht unter den Hammer bringst, ist für mich klar, sonst hätte ich mir ja einen anderen „Engel" ausgesucht, der um mich herumschweben soll. Dass aber ausgerechnet Du mein Schatten geworden bist, gehörst Du untrennbar zu mir und das gilt nicht nur heut, sondern immer. Ich weiß, wie es gemeint ist, und mein Liebling versteht mich ebenfalls. Also hole, was Du für richtig hältst, Du hast mein volles Vertrauen.

Deinem Schwesterlein werde ich einmal einen Vortrag halten über „moderne Kunst". Meinen Osterhasen als Känguru zu bezeichnen, ist doch allerhand. Erstens ist ein Osterhase kein Kaninchen und zweitens ist das eine expressionistische Kunststudie in später Abendstunde. Nun bald werde ich sie einmal mit meinem Besuch beglücken.

Nun zu einem Steckenpferd von Dir. Mein Schatz, ich bin nicht gegen Kinder, dass ich nicht richtig ziehe, ist in verschiedenen Gründen zu suchen.   1. bist Du noch jung und ein Kind würde Dich bald ganz an das Haus fesseln. Du könntest nicht wandern, tanzen, deine Jugendarbeit nicht mehr besuchen.   2. Zu einem Kind gehört Wäsche, Kinderwagen, kräftige Verpflegung, viel Zeit, Arbeit, Entbehrungen besonders von Deiner Seite. Ein Kind heißt Abschied von der Jugendzeit. Wenn Du trotzdem Dir darüber klar bist, das Opfer zu bringen und vielleicht Dein Glück dadurch zu vergrößern, wenn Du darin eine Erfüllung Deiner Träume siehst, sollst Du Deinen Wunsch haben. Ich habe wirklich in erster Linie immer an Dich gedacht, denn Du hast die Arbeit, ich habe mehr das Vergnügen, die Freude. Mein Liebling, versteh mich bitte richtig. Ich bin nicht gleichgültig dieser Frage gegenüber, denn es ist eigentlich selbstverständlich, dass ich nicht kinderlos einmal sterben will, nur traue ich halt der gegenwärtigen verrückten politischen Lage nicht zu-viel Ruhe und Frieden zu.

Nun bin ich wieder am Ende. Recht viele Grüße an die Eltern und Geschwister. Sei recht herzlich gegrüßt und geküsst von Deinem Bubi.

Auf ein frohes Wiedersehen!